生涯学習実践技法シリーズ

生涯学習［自己点検・評価］ハンドブック

［行政機関・施設における評価技法の開発と展開］

井内慶次郎 監修

山本恒夫・浅井経子・椎 廣行 編

文憲堂

カバーデザイン――道吉 剛・稲葉克彦
Cover Design by Michiyoshi Design Laboratory Inc.

■ シリーズ刊行にあたって

昨今の情報コミュニケーション技術の発展はめざましく、斯界でも遠隔大学公開講座、最先端メディアを活用した生涯学習実践などの研究開発が次々と行われるようになった。

それらの取組みに追われていた平成15年の夏に、突然文憲堂小林恒也氏の訪問を受け、新たに検討をすすめている「生涯学習実践技法シリーズ」の監修の労をとってもらえないか、という依頼を受けた。同行された山本恒夫教授、浅井経子教授から検討をすすめている企画の概要も承った。まことに光栄のことではあるが、私には重すぎると思い、お断りした。

昭和20年８月15日、敗戦の日の夜、東京五反田のホームから眺めると、一面の焼野が原の闇の中に、ぽつぽつと裸電球が瞬き、人懐かしさに、ホームを去り難く、暫く椅子に座りこんだ。それから間もなく復員、復学して、22年春大学を卒業し、文部省社会教育局に職を奉ずることになった。日本国憲法公布施行の直前であった。

入省後暫くして、社会教育法等の立案を命じられた。いろいろな曲折はあったが、24年の「時の記念日」６月10日に、社会教育法が成立し、公布施行された。同法の規定の中で、凡そ国や地方公共団体の任務として、

“すべての国民が、あらゆる機会、あらゆる場所を利用して、自ら実際生活に即する文化的教養を高め得るような環境を醸成するように努めなければならない。”

という修文に苦労した案文が、法第３条として確定した時は、静かな深い感動を覚えた。

このようなサービス行政に若干でも関与できたらどんなに生き甲斐があり、幸せなことであろう。こんな気持が心の伏水流となって流れ続けてきたように思えてならない。

平成２年６月いわゆる「生涯学習振興法」（生涯学習の振興のために施策の推進体制等の整備に関する法律）の施行を承けて、３年10月、全日本社会教育連合会から『生涯学習を振興するための行政』が刊行された。その時編者として関係したが、爾来十年余の月日が推移した。国の内外は目まぐるしいスピードの速い激変の明け暮れであった。この間、現に生涯学習ということで、どのような営み、活動が展開されて来たことか。どのような進展、停滞、混迷があったのか。新しい時代を迎えて、これからどのようなよい汗をかけばよいのか。

その後、山本先生、浅井先生からさらに具体的な企画の構想を伺い、多くの友人、知人から現状における生涯学習の実践の問題点、課題を伺った。周囲の熱意あるすすめに推されて、私は監修者をお引き受けすることにした。

「生涯学習実践技法シリーズ」の編集･執筆には、椎廣行国立教育政策研究所社会教育実践研究センター長、伊藤康志独立行政法人国立オリンピック記念青少年総合センター事業課長（当時）にも参加していただくことになった。

「生涯学習実践技法シリーズ」の最初の企画として、生涯学習の言葉だけが独り歩きしないように、

(1)生涯学習に関する国レベルの審議会の答申等の客観的な正確な認識のために、

(2)生涯学習関連の自己点検、評価のために、

(3)インフォーメーション、テクノロジー（IT）を活用する生涯学習ｅソサエティ、コンテンツ、メディアネットワーク活用のために、

関係者に親しみやすいハンドブックをまず３冊刊行、提供しようということになった。

生涯学習の現場と、学界と行政の接点としての国立教育政策研究所社会教育実践研究センター（略称国社研）の重さをしみじみ思う昨今である。

五十余年前、焼野が原に瞬いた裸電球。実際生活に即する文化的環境の醸成。この「生涯学習実践技法シリーズ」が、その時と同様に、新しい時代の瞬きとなって役立って欲しいものと心から祈り、シリーズ刊行の言葉とする。

監修者　井内慶次郎

■ まえがき

社会教育を中心とする生涯学習振興領域で自己点検・評価への関心が高まったのは、公民館、公立図書館・博物館の設置・運営基準の改定で自己点検・評価を行うことになり、いわゆる行政評価もこの領域に及んできたからだといってもよいだろう。

教育や学習の評価には歴史もあるが、国際的な動向のあおりを受けながら、民間企業などの成果主義に基づく評価の影響が公共部門に及んだのはそう古いことではない。我が国の社会では、評価文化が成熟していないから、自己点検・評価といわれても戸惑いがあり、ましてや第三者評価ともなるとさまざまな混乱が生じている。

どの領域の評価でも、当分は試行錯誤を繰り返さざるをえないといわれているが、生涯学習振興関係の自己点検・評価も例外ではないであろう。しかし、何の手がかりもないのでは、混沌とした状態から抜け出るのに時間がかかる。本書は、そのような状況に鑑み、自己点検・評価を行う際の何らかの手がかりを提供すべく、企画されたものである。

本書は、ハンドブックとして利用していただけるように、自己点検や自己評価はかくあるべしというようなべき論は避け、技法や事例を中心とした。

事態は時々刻々と動いている。それを追っていてもきりがないので、事例には極力それぞれのURL（インターネット・ウェブサイトのアドレス）を入れるようにした。その後の動きを追うのに、活用していただければさいわいである。

本書は、おおまかに理論編、技法編、事例編に分けてある。理論編では、生涯学習関係の評価についての考え方、行政機関の評価や施設の自己点検・評価を扱っているが、技法や資料を扱わざるをえないところでは、それらを取り込んである。技法編では、各方面で客観的な評価資料が求められることが多くなってきたことを考慮し、そのための評価技法を取り上げ、また、自己点検・評価の項目を事例によりながら示した。事例編は、平成16年５月現在のものである。本書は、全体的に生涯学習振興行政、社会教育施設を扱っているが、考え方や技法は広く学校関係でも利用していただけるものと思っている。

自己点検・評価については、われわれとしても初めてのとりまとめであり、至らぬところが多々ある。今後、検討を加え、改訂していきたいが、ご叱正いただければさいわいである。

文憲堂の小林恒也社長には、ひとかたならぬお世話になった。この場を借りて御礼申し上げる次第である。

平成16年６月

編者　山本　恒夫
浅井　経子
椎　　廣行

本書利用の手引き

一般に自己点検・評価の手順は、わかっているようで、実際に実施するとなるとどうしてよいかわからず、困ることが多い。そのようなときに本書を利用していただきたいが、利用の仕方の例をあげておくので、参考にしていただければさいわいである。

自己点検・評価の手順

1．評価可能な目標・計画の策定

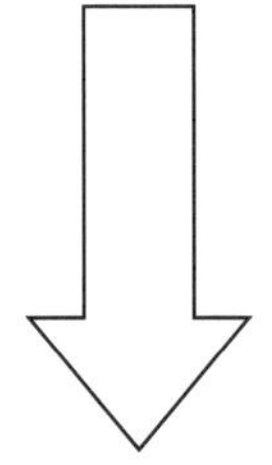

2．評価項目・指標の作成

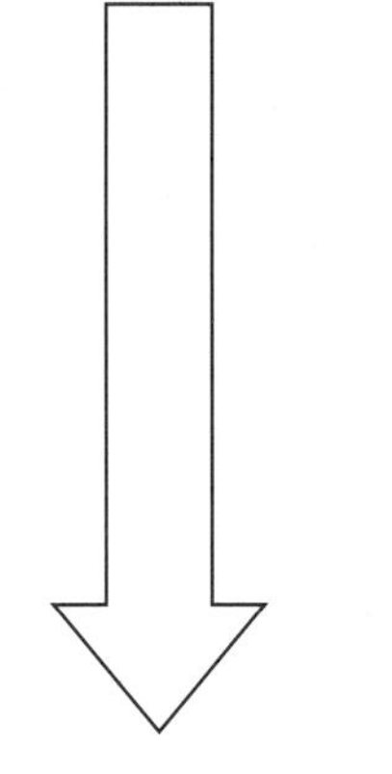

3．評価技法の選択

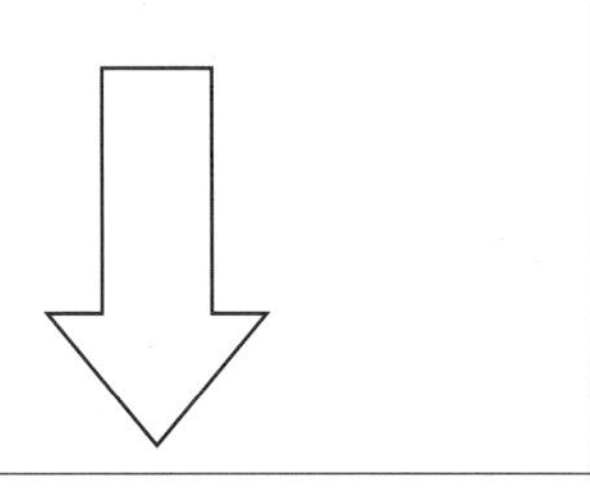

【自己点検・評価の手順】

1．評価可能な目標・計画の策定

目標・計画を策定する場合には、自己点検・評価ができるようにしておかなければならない。

・目標・計画の例 → 第3、6章

最近は数値目標を求められることが多いが、数値目標を立てる場合には、どのような定量的評価を行うかを予め定めておく必要がある。

・注意事項等 → 第6章

2．評価項目・指標の作成

⑴評価項目・指標を作る前に、まず評価結果の事例をみて、どのような様式でまとめるかのあたりをつける。

・様式の例 → 第2、4、5、6、8章

それと同時に、当該目標・計画に関係のありそうな評価項目・指標の事例を可能な限り多く集める。

・評価項目･指標の例 → 第4、5、7、8章

⑵集めた評価項目・指標の事例を参考にしながら、当該目標・計画に関する評価項目・指標を作る。その際には、評価技法の選択も行う。

・評価項目･指標の作り方 → 第6章

3．評価技法の選択

定量的評価、定性的評価の技法を選択する。これは上の「2．評価項目・指標の決定」の際に行う。

特に定量的評価の技法を用いる場合には、第6章に例をあげてあるので、その例をなぞってやってみる。技法は、本を読んだだけではわからないことが多い。

・評価技法の例 → 第3、4、5、6章

4．評価資料の収集
5．資料の分析と問題・課題の指摘
6．評定

4．評価資料の収集

5．資料の分析と問題・課題の指摘

6．評定

4～6については、公表されている評価結果の全容を調べると役に立つ。本書の資料編には、事例の全体を調べるときのために、それぞれのURLを付してあるので利用していただきたい。

・評価結果の事例 → 第8章

自己点検・評価の考え方・手順の確認

1．自己点検・評価の用語や考え方のチェック

2．自己点検・評価手順の確認

【自己点検・評価の考え方・手順の確認】

1．自己点検・評価の用語や考え方のチェック

自己点検・評価で使われる用語や考え方がはっきりしないときには、索引や目次を活用して調べる。

目次から → 第1、2、5章

2．自己点検・評価手順の確認

自己点検・評価の作業中に、その手順を改めて確認する必要が生じたときには、索引や目次を活用して一般的な手順を調べると共に、それを事例で具体的に確認するとはっきりする。

目次から → 第2、6章

事　　例 → 第3、8章

生涯学習［自己点検・評価］ハンドブック／目次

［第８章］　評価表等の目次

［Q＆A／目次］

理　論　編

第１章　生涯学習関連の自己点検・評価、第三者評価と行政評価
第２章　生涯学習関係の事業評価の考え方と公民館事業評価の手順
第３章　独立行政法人の評価
第４章　地方公共団体における生涯学習関連行政評価
第５章　生涯学習関連施設の自己点検・評価

第１章　生涯学習関連の自己点検・評価、第三者評価と行政評価

最近は生涯学習関連の行政機関・施設にあっても、自己点検・自己評価が求められたり、第三者評価や行政評価が課せられることが多くなった。本章ではそれらがどういうものかを述べることにしよう。ここでは、自己点検・自己評価を簡単に自己点検・評価ということにしたい。

1. 自己点検・評価の考え方

1　評価の捉え方

まず、評価をどう捉えたらよいのだろうか。評価といってもさまざまな評価がある。ここで扱うのは、生涯学習関連の機関・施設であるから、次のように捉えておくことにしたい。

評価

設定された目標をどの程度達成したかを確かめるために情報や証拠を集め、その達成度を判断すること。その過程全体を評価ということもある。

2　自己点検・評価

自己点検と自己評価は同じような意味で使われたり、区別されて使われることもあったりして、用語法にあいまいなところもあるが、ここでは区別して、次のように捉えておくことにしよう。自己点検・評価は、この両者の総称としておきたい。

⑴　自己点検

一定の項目についてある時点での自己の状態を明らかにし、問題や課題を析出すること。

⑵　自己評価

設定された目標についてのある時点(S_1)での自己の状態を明らかにしたうえで、一定期間後に達成（あるいは到達）した状態をS_1の状態と比較したり、目標値と比較して達成（到達）度を明らかにし、問題や課題を析出すること。

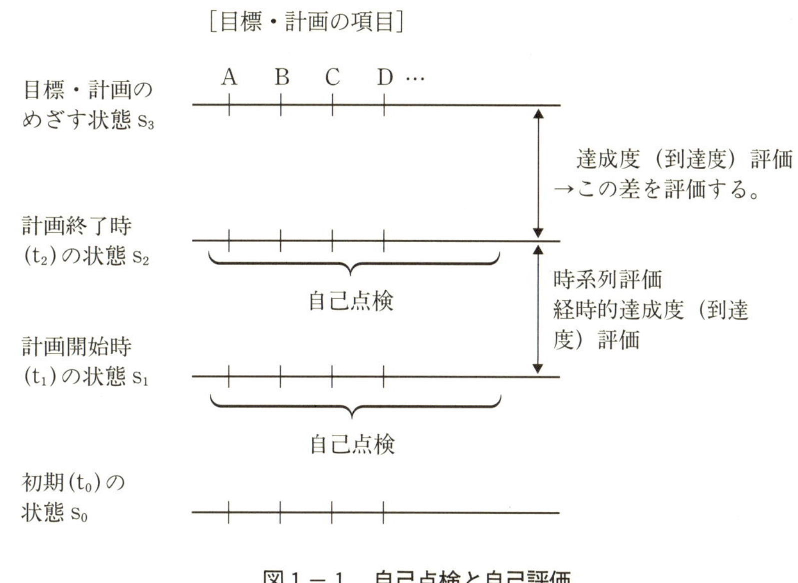

図１－１　自己点検と自己評価

必要に応じ、達成（到達）状態を他と比較して問題や課題を析出することもある。

自己点検と自己評価を図１－１で説明すると、自己点検は、ある項目（ここでは目標・計画の項目）に関して、ある時点のある状態、ここでは計画開始時 (t_1) の状態 s_1 や計画終了時 (t_2) の状態 s_2 がどうなっているかを明らかにすることである。

それに対し、自己評価は、目標・計画のめざす状態（ここでは状態 s_3）に照らして、達成の状態（ここでは状態 s_2）がどの程度であるかを明らかにすることである。時系列評価の場合には、計画開始時から終了時までの一定時間ごとの到達度を明らかにすることである。たとえば経年的評価などが、それに当たる。

このような自己点検・評価の目的は、次のようにいえるであろう。

自己点検・評価の目的

1)　自己（たとえば機関・施設）の事業・活動の向上を図るための資料を得ること。
2)　自己（たとえば機関・施設）の目標・計画の改善を図るための資料を得ること。

したがって、自己点検・評価では、改善や向上のための資料の中に、問題、課題、改善点の発見や指摘をも含むことになる。

3　自己点検と自己評価の違い

すでに、これまでのところからも明らかなように、自己点検と自己評価の違いはその目的にあるのではなく、その時の状態だけを調べるだけなのか、それに加えて、達成度までも明らかにするのか、というところにある。ただ、それも最初に述べたように、必ずしも明確に区別されるわけではない。しかし、ここでは、図１－２のようにその違いを示しておくことにしよう。

自己点検・評価はこれからも他章でとりあげられるので、ここで例をあげることは差し控えたい。

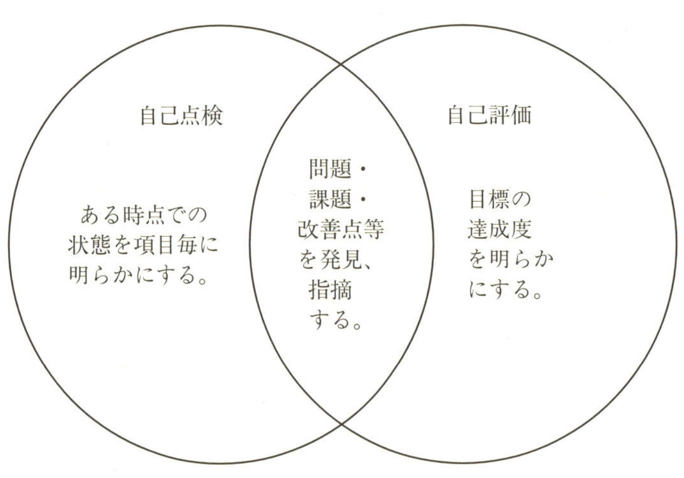

図2－2　自己点検と自己評価の違い

4　自己評価の困難性

生涯学習関連の行政機関や施設での自己評価に関しては、まだ本格的な評価法が開発されていない。一般的に自己評価は、

①目標・計画の目指す状態についてのモデルの設定。

②目標・計画の目指す状態についての自己の現在の水準の評価。

③モデルと自己の現在の水準との差の評価。

というような手順で行われるが、①ではモデルの設定がむずかしく、②、③では評価の客観性を確保しえないという難点がある。

行政機関や施設の場合、①のモデルの設定は、目標・計画の目指す状態（図１－１では状態s_3）を分析することによって行われる。目標・計画の設定は比較的容易にできるとしても、めざす状態を分析するためには、その状態を構造的に捉える枠組が必要である。それは専門家に加わってもらい作ることになるであろうが、時間と労力のいる作業である。それを行うゆとりがなければ、計画にいくつかの評価項目を対応させるだけで評価を行わざるをえなくなり、必要な評価資料が得られないということになりかねない。

②、③の評価で客観性を確保するためには、すべてを定量的評価にすればよいであろうが、教育や学習では質が問われ、定性的評価によらざるを得ないことも多い。最近は定性分析法も開発されているが[(1)]、その成果が評価法に導入されるまでには至っていない。現在の段階では、定量的評価と定性的評価を組み合わせて使うしかないであろう。

2. 第三者評価

自己点検・評価の他に、最近は外部評価あるいは第三者評価の必要性がいわれる。外部評価と第三者評価の違いは、外部評価では当事者（当該機関・施設など）が評価者を選ぶことが多いのに対し、第三者評価では当事者以外のところで評価者を選ぶことが多い、という程度でしかない。

これまでいわれてきた外部評価では、当事者が評価者を選ぶために当事者よりの評価になりがちになるという批判がある。そのため、これからは、各方面で第三者評価が多く行われるようになるであろうから、ここでは、他者によって行われる評価を第三者評価で代表させ、第三者評価について述べることにしたいと思う。

ここでいう第三者評価は、自己評価に対する他者評価で、評価対象（たとえば機関・施設）と関わりを持たない他者（第三者）による評価のことである。

1　第三者評価の目的

第三者評価の目的としては、ふつう次の２点をあげることが多い。

1)　対象（たとえば機関・施設）の改善を図るため。

2)　社会の理解・協力が得られるように、対象（たとえば機関・施設）を説明するため。

2　第三者評価の方法

第三者評価の方法は、評価のためのデータをどのようにして入手するかによって、次のように分けられる。

1)　対象（機関・施設など）の自己評価を使って第三者の基準や方法で評価する。

2)　対象（機関・施設など）から提出された資料を使って第三者の基準や方法で評価する。

3)　対象（機関・施設など）について第三者としての調査を行い、第三者としての基準や方法で評価する。

評価技法については第６章で扱うのでここではふれず、第三者評価の例だけをあげておきたい。

文部科学省の独立行政法人の評価は、文部科学省独立行政法人評価委員会のもとに分科会、さらにその下に直接評価を行う部会が設置されており、上の分類でいえば2)のタイプの第三者評価である。

これは後章で扱うので簡単に例としてあげるだけにしておきたい。

国の独立行政法人制度においては、従前の国の機関や特殊法人とは異なり、業務運営の効率化と質の向上を図るため、明確かつ具体的な中期目標及び中期計画の下で、業務遂行面の自主性・自律性を発揮させる一方、所期の目標の達成状況を事後に厳格にチェックすることとされている。

このため、独立行政法人の評価においては、目標・計画の明確・具体性を確保し、当該目標・計画と業務の実績の対比による客観的かつ厳格な評価を行うことが不可欠とされる。また、これを通じて、マネジメントの改善を含め中期目標期間中の法人の業務運営、予算、人事等の改善を適切に進めることが必要とされている。

評価の目的は、国立科学博物館の場合、次のようになっている。

(1) 目標・計画の改善を図るための資料を提供すること。

(2) 職員等が自らの活動の向上を図るための資料を提供すること。

(3) 国立科学博物館の充実・発展を図るべく、国、社会、国民の理解・協力を得るための資料を提供すること。

具体的な評価は、次のように各年度と中期目標期間終了時に行われる。

①各事業年度に係る業務の実績に関する評価

事業年度ごとに、中期計画の実施状況を確認することにより、中期目標の達成の見通しを評価し、業務運営の改善等に反映させる。

②中期目標に係る業務の実績に関する評価

中期目標期間終了時において、中期目標の達成状況を評価するとともに、業務の継続の必要性、組織の在り方その他組織及び業務の全般にわたる検討に資する。

3. 行政評価

行政評価は自己点検・評価、第三者評価と異なる。

自己点検・評価、第三者評価は評価法だが、行政評価は評価対象のことをいっている。

行政評価は行政の改善を図るための行政活動についての評価で、政策評価と執行評価に分けられる。ただし、その名称はさまざまである。

政策評価：

行政評価の一種で、政策目標設定の妥当性、目標達成（到達）度についての評価。

執行評価：

行政評価の一種で、事業の執行過程についての評価。

◆**説明責任**（accountability：アカウンタビリティ）
行政機関や公共施設、企業などが透明性を維持して社会の了解や支持を得るために、事業や活動、運営等について説明する義務、責任のこと。行政評価との関係についてはP.49の〔Q&A 5〕を参照。

行政評価の方法は、
①自己点検・評価による場合
②第三者評価による場合
③自己点検・評価と第三者評価を併用する場合
に分けられる。

ここでは、例としていわゆる三方式（事業評価方式、実績評価方式、総合評価方式）による文部科学省政策評価をあげておくことにしよう（文部科学省のホームページ〔http://www.mext.go.jp/〕の中の「政策評価」を参照）。

文部科学省政策評価実施要領（平成13年３月15日、文部科学大臣決定）

【評価の目的】

⑴　国民に対する行政の説明責任（アカウンタビリティ）の徹底
政策評価の実施を通じて、行政と国民との間に見られる行政活動に関する情報の偏在を改善し、行政の透明性を確保することにより、国民に対する行政の説明責任（アカウンタビリティ）を徹底し、行政に対する国民の信頼性の向上を図る。

⑵　国民本位の効率的で質の高い行政の実現
政策評価の実施を通じて、民間でできるものは民間に委ね、政府の行政活動の範囲について行政が関与する必要性がある分野に重点化･適正化を図るとの観点を徹底することにより、「行政サービスの利用者」としての国民が求める質の高い行政サービスを必要最小限の費用で提供する効果的・効率的な政策運営を実現する。
また、政策評価の結果を企画立案やそれに基づく実施に反映させるとともに、政策評価の継続的な実施を通じて得られる知見を行政組織が学習・蓄積していくことにより、政策の質の向上及び行政の政策形成能力の向上を図る。

⑶　国民的視点に立った成果重視の行政への転換
政策評価の実施を通じて、政策の実施のためにどれだけの資源を投入したか(インプット)、あるいは、政策の実施によりどれだけのサービス等を提供したか(アウトプット)、サービス等を提供した結果として国民に対して実際どのような成果がもたらされたか（アウトカム）ということを重視した行政運営を推進することにより、政策の有効性を高めていく。また、職員の意識改革を進め、手続面を過度に重視するのではなく、国民的な視点に立って成果を上げることを一層重

◆生涯学習社会

①いつでも誰でも自由に学習機会を選択でき、②いつでも誰でも自由に学ぶことができ、③学習成果が適切に評価される社会をいう。平成３（1991）年の中央教育審議会答申『新しい時代に対応する教育の諸制度の改革について』は、「生涯のいつでも自由に学習機会を選択して学ぶことができ、その成果を評価するような生涯学習社会」と述べている。その考え方は平成４（1992）年の生涯学習審議会答申『今後の社会の動向に対応した生涯学習の振興方策について』以降の答申にも引き継がれ、平成15（2003）年の中央教育審議会答申『新しい時代にふさわしい教育基本法と教育振興基本計画の在り方について』では「国民の誰もが生涯のいつでも、どこでも、自由に…」と、「誰もが」「どこでも」が付け加えられた。

視する行政運営に重点を置くことによって、国民にとって満足度の高い行政を実現する。

【政策目標】

生涯学習関係の平成14～16年度政策目標は、次のようになっている。

政策目標１　生涯学習社会の実現

施策目標１－１　生涯を通じた学習機会の拡大

施策目標１－２　地域教育力の活性化

施策目標１－３　家庭教育の支援

施策目標１－４　奉仕活動・体験活動の推進による青少年の豊かな心の育成

政策目標７　スポーツの振興と健康教育・青少年教育の充実

施策目標７－１　生涯スポーツ社会の実現

施策目標７－２　我が国の国際競技力の向上

施策目標７－３　学校体育・スポーツの充実

施策目標７－４　学校における健康教育の充実

施策目標７－５　青少年教育の充実と健全育成の推進

これらは、政策－施策－事務事業として階層構造になっており、それらに応じた評価が行われる。

【評価の方式】

政策評価方式の種類

政策評価を行うに当たっては、政策特性等に応じて合目的的に「事業評価方式」「実績評価方式」及び「総合評価方式」やこれらの主要な要素を組み合わせた一貫した仕組みなど、適切な方式を用いるものとする。

ａ．事業評価方式

個々の事務事業や施策の実施を目的とする政策を決定する前に、その採否、選択等に資する見地から、当該事業又は施策を対象として、あらかじめ期待される政策効果やそれらに要する費用等を推計・測定し、政策の目的が国民や社会のニーズ又は上位の目的に照らして妥当か、行政関与の在り方からみて行政が担う必要があるか、政策の実施により費用に見合った政策効果が得られるかなどの観点から評価するとともに、必要に応じ事後の時点で事前の時点に行った評価内容を踏まえ検証する方式

◆奉仕活動・体験活動

奉仕活動とは､個人が経験や能力を生かし、個人や団体が支え合う、新たな「公共」を創り出すことに寄与する活動のことで、体験活動とは、小・中・高等学校段階の青少年の教育という面から、奉仕活動のみならず社会、自然に関わる活動のことをいう。

平成14 (2002) 年の中央教育審議会答申『青少年の奉仕活動・体験活動の推進方策等について』で奉仕活動・体験活動の推進が提言された。それに先立ち、平成13（2001）年の学校教育法（第18条の２、第40条、第51条、第51条の９）、社会教育法（第５条）の改正によってその法的根拠が示された。また、奉仕活動・体験活動等の推進のために、国レベルでは全国体験活動ボランティア活動総合推進センターや全国奉仕活動・体験活動推進協議会が、地方公共団体レベルでは体験活動ボランティア活動支援センターが設置された。

ｂ．実績評価方式

政策を決定した後に、政策の不断の見直しや改善に資する見地から、あらかじめ政策効果に着目した達成すべき目標を設定し、これに対する実績を定期的・継続的に測定するとともに、目標期間が終了した時点で目標期間全体における取組や最終的な実績等を総括し、目標の達成度合いについて評価する方式。

ｃ．総合評価方式

政策の決定から一定期間を経過した後を中心に、問題点の解決に資する多様な情報を提供することにより政策の見直しや改善に資する見地から、特定のテーマについて、当該テーマに係る政策効果の発現状況を様々な角度から掘り下げて分析し、政策に係る問題点を把握するとともにその原因を分析するなど総合的に評価する方式。

注

⑴　たとえば、西田豊明『定性推論の諸相』朝倉書店　平成５年　などを参照。

参考文献

・島田晴雄・三菱総合研究所政策研究部『行政評価』　東洋経済新報社　平成11年

・古川俊一・北大路信郷『公共部門評価の理論と実際』　日本加除出版　平成13年

・小野達也・田淵雪子『行政評価ハンドブック』　東洋経済新報社　平成13年

第２章　生涯学習関係の事業評価の考え方と公民館事業評価の手順

本章では、まず**1.**で生涯学習領域における事業評価の基本的な考え方や留意点などについて述べ、その上で**2.**で公民館事業評価の一つの手順を具体的に示すことにしよう。その場合、事業評価といっても、個別事業の評価、機関・施設・団体経営や運営に関わる事業全体の評価、政策評価の中でいわれる三方式のうちの事業評価方式（詳しくは第１章を参照）などがある。ここでは機関・施設・団体等の自己点検・自己評価との関わりで、機関・施設・団体経営や運営に関わる事業全体の評価を中心に取り上げることにする。

1. 生涯学習関係の事業評価の考え方

1　事業評価とは

事業評価とは、事業活動の実態や成果を分析・測定し、実施機関・施設・団体等の目標や当該事業目標に照らして解釈・価値判断を加えることである。機関・施設・団体が行う個々の生涯学習関連事業についての評価、またはその総体としての事業全体についての評価があり、前者にはプログラム評価等の個別事業評価があり、後者には年間事業評価がある。

2　事業評価の目的と意義

事業評価の目的と意義として、次のようなことがあげられる。

〈目的〉　次の段階の計画（目標を含む）に生かして、当該事業、単年度計画、中・長期計画などの見直しや改善のための資料とする。

計画(Ｐ)→実行(Ｄ)→評価(Ｓ)→…のサイクルをマネジメント・サイクルというが、事業評価を次の段階の計画にフィードバックすることにより、次の段階の計画はよりよいものに改善されることになる(図２－１、図２－２を参照)。それを想定し、事業評価を行うのである。

〈意義〉　①当該事業、単年度計画、中・長期計画の改善を図ることができる。

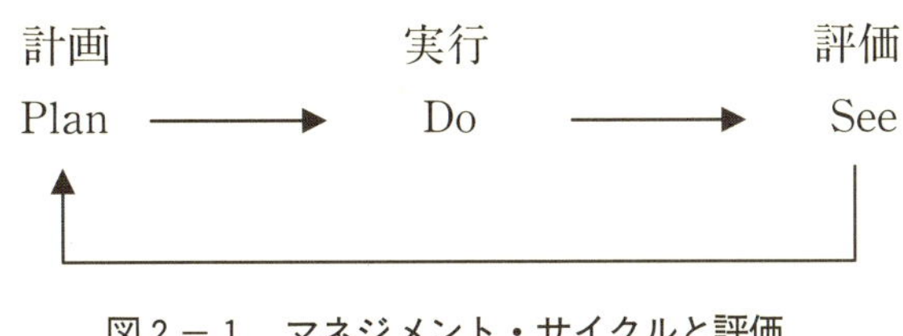

図2－1　マネジメント・サイクルと評価

(注) 計画（Plan）には目標の設定が含まれる。
計画（Plan）は、成果および評価（See）を予想して立案する。
評価（See）結果は、次の段階の計画（Plan）に生かし、改善に役立てる。

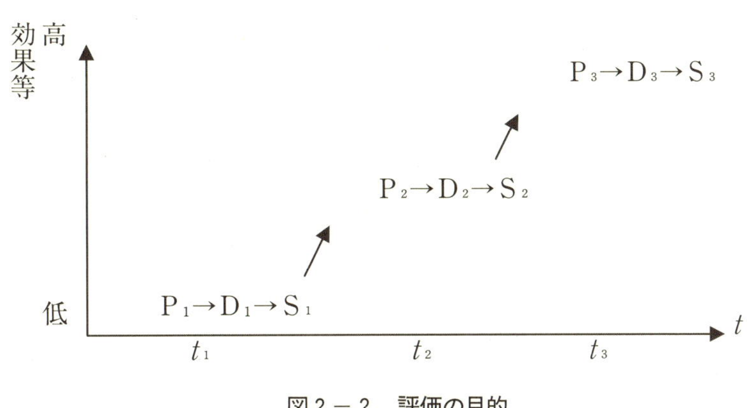

図2－2　評価の目的

評価（S）を行うことにより、t_2段階の事業計画（P）、実施（D）の方が、t_1段階のそれらよりも効果があるものになり、t_3段階のそれはt_2段階のものよりも効果が高まることを意味している。

②行政機関、公的施設の無駄を省き、効率化を図ることができる。逆にいえば、効果のない事業、必要のない事業等については廃止を検討することになる。
③必要と判断できる事業については、財源確保の根拠資料にできる。
④目標、施策等のプライオリティをつける資料にすることができる。
⑤評価結果を公表することにより、説明責任を果たすことができる。
⑥「管理」から「経営」へ転換させることにより、行政の革新を図ることができる(1)。

3　評価の構造

事業評価に限らず、評価は一般に下記に示したような〈誰が〉〈何を〉〈いつ〉〈どのような方法で〉〈何を基準に〉評価するかといった観点から分類できる。一つの評価はそれらの組合せで構成されている。したがって、評価を行う際には、評価の目的に照らしてどのような組合せがよいかを十分検討する必要がある。

〈誰が評価するか〉

・自己評価：事業を行った機関、施設、団体あるいは担当者が評価する。

・他者による評価、第三者評価：地域住民、専門家、評価機関等が評価する。

〈何を評価するのか〉

・ニーズ把握、アセスメント：ニーズを調べたり、事業を実施した場合どのような影響が生じるかをあらかじめ評価したりする。

・プロセス評価：事業を実施した過程について評価する。

・アウトプット評価：事業の結果について評価する。例えば、事業への参加者数があげられる。

・アウトカム評価：事業の成果や効果について評価する。例えば、ボランティア活動の啓発事業などの場合には、学習成果を生かしたボランティア活動率があげられる。

〈いつ評価するか〉

・事前評価、診断的評価：事業実施前の計画段階等で行う。

・途中で行う評価：事業を実施している途中で、軌道修正等のために行う。中間評価という場合もある。教育や人間の発達に関しては形成的評価という。

・総括的評価：事業終了後に行う。事後評価ともいう。

〈どのような方法で測定して評価するか〉

・定量的評価：量をとらえて評価する。

・定性的評価：質をとらえて評価する。

〈解釈の基準を何にして評価するか〉

・絶対評価：一定の基準を設けて、それに達しているかどうかで評価する。

・相対評価：集団の平均値、モデルとなる他の事業や他の地域と比較して評価する。

・時系列評価：過去から同じインターバルで測定した結果から達成度、傾向性などを評価する。

4　指標や観点を設定する視点

評価するためには指標や観点などをまず設定することになるが、どのような指標や観点を設定するかで評価結果は全く異なるものになる。それは、評価をするには何らかの立脚点に立つ必要があり、指標や観点などを設定する際にはその立脚点から検討するので、それによって設定する指標や観点自体が違ってくるからである。そもそも評価には、先に述べたように解釈・価値判断が含まれており、人によって、あるいはステークホルダー（利害関係者）によって、当然ながら価値観や価値基準は異なるのである。ここでは、そのような解釈・価値判断する際の立脚点を‘視点’とよぶことにした。

例をあげて説明すると、事業費がかかっている割には受講者数が少ない環境問題に関する講座があったとしよう。もし、そのような事業について、視点として効率性を考えて指標に費用対効果を設定し、(受講者数／事業費)×100を算出すると、効率が悪いという評価結果になるに違いない。そのため、次年度からは廃止になりかねない。それに対して、公益性を視点としてアウトカムとしてのゴミの分別率をみると、その講座を実施していることにより毎年少しずつではあるが地域のゴミの分別率が高まっていたとする。そうであれば、当然評価結果はよくなるであろう。このように、視点によって設定する指標・観点が異なるため、評価結果も異なったものになる。そのためどのような視点に立つかをまず十分検討する必要がある。

どのような視点に立つのが望ましいかはケース・バイ・ケースなので、いろいろな種類を知っておいた方が便利なように思われる。そこで、いくつかの評価尺度の例を視点の［参考］としてあげておくことにしよう。

［参考］

〈政策評価ガイドラインおよび文部科学省の政策評価より(2)〉

・必要性…事業目標が住民や社会のニーズまたはより上位の行政目的に照らして妥当性を有しているか、行政、公的施設関与の在り方からみてそれを担う必要性があるか、などを明らかにすることにより評価を行う。

・効率性…効果と費用との関係を明らかにすることにより評価を行う。ただし、教育、文化等の分野では効果および便益が経済価値に換算することが難しいため、その点には十分配慮する必要がある。

・有効性…期待される効果と実際の効果、あるいは得られると見込まれる効果との関係を明らかにすることにより評価する。

・公平性…効果や費用負担が公平に分配されているか、あるいは分配されるものになっているかを明らかにすることにより評価を行う。

・優先性…他よりも優先すべきかを明らかにすることにより評価を行う。例えば、緊急性、波及効果の大きさ、即効性等を明らかにすることにより、優先性を示す。

〈山本恒夫による（本書第6章を参照)〉

・目標の達成度…目標値－成果の値

・主要成果事項…計画の実施によって得られた主な成果は何か。

◆現代的課題に関する学習機会

現代的課題とは、社会の急激な変化に対応し、人間性豊かな生活を営むために、人々が学習する必要のある課題である。平成4(1992)年の生涯学習審議会答申『今後の社会の動向に対応した生涯学習の振興について』がそのような学習機会の充実を提言した。同答申は、現代的課題の例として、生命、健康、人権、豊かな人間性、家庭・家族、消費者問題、地域の連帯、まちづくり、交通問題、高齢化社会、男女共同参画型社会、科学技術、情報の活用、知的所有権、国際理解、国際貢献・開発援助、人口・食糧、環境、資源・エネルギー等をあげている。

・主要消失事項…計画の実施によって消えたり失われたりしたものは何か。

・希少価値判断…消失したり、その恐れがあったりするものの中に存続を図らなければならないものがあるか。

〈斉藤達三『自治体政策評価演習』による[3]〉

・効率性…効果(長期/短期、量的/質的、直接/間接)
　　　　　コスト

・公正性…必要性(低所得、ハンディ等を有する人の必要性に応じたサービスの提供)
　　　　　公平性(同一条件の人には同一のサービスを行う)
　　　　　応能性(高い能力を有する人に、それを生かすための支援を行う)

・安定性…継続性(継続したいサービスを確保)
　　　　　柔軟性(社会の変化やニーズの変化等に対し柔軟に対応)

・参加性(民主性)…社会の活動や決定への参加の自由を確保

〈玉村雅敏による[4]〉

・効率性、生産性…アウトプットまたはアウトカム−インプット(投入資源)

・有効性……………目標値−アウトプットまたはアウトカム

〈平成4年の生涯学習審議会答申『今後の社会の動向に対応した生涯学習の振興方策について』 第4章「現代的課題に関する学習機会の充実について」より〉

・豊かな人間性……豊かな人間の形成に資する。

・公共性・社会性…社会的観点からみてどれだけ広がりをもっているか。

・緊急性・現代性…どれだけ時代の要請に即応しているか。

5　留意事項

それでは、事業評価を行う際の留意すべき点を5つほどあげておくことにしよう。もちろん、これらは事業評価に限ったことではない。

①評価には客観性が求められるため、可能な限り、定量的な評価を行うようにする。ただし、質は大事なので定性的な評価も行うようにする。

◆参照基準
☞P.58参照。

◆新自由主義
ネオ・リベラリズム（neo-liberalism）。合理的で自立した個人が自由に競争することによって市場の均衡は保たれ、社会は発展すると考え、小さい政府を主張する。福祉国家や大きな政府が過剰な政府による介入と財政破綻をもたらしたことを批判して、国際的には1970年代ころから台頭した。

②目標設定・計画策定に反映できる評価を行うことが重要である。特に、今後は数値目標を設定する傾向が強まると考えられるので、それに対応した評価が求められる。
③できるだけ経年度的に評価する（時系列評価）。ある年度を参照基準（100）とした指数等を活用することも有効である。
④新自由主義にたつ社会は「共存から競争へ」、「大きな政府から小さな政府へ」、「平等から公正へ」の移行を要請している。そのため、新自由主義の立場にたつ限りは、競争的環境が確保されているか、民間活力が生かされているか、住民の声が反映され、また事業の企画・運営に住民が参画しているか、公正を定義しその公正性が確保されているか、などを指標化し評価することが求められるであろう。
⑤今後はアウトカム評価が重要になると考えられるため、学習成果を生かしたボランティア活動率などの住民の社会参加・参画活動状況の測定や事業の成果、効果の測定が必要になると考えられる。

注

(1)　上山信一「行政評価と科学革命」 上山信一、伊関友伸『自治体再生戦略』 日本評論社　2003年　238頁などを参照。
(2)　http://www.soumu.go.jp/hyouka/gaido-gaiyou1.htm
http://www.mext.go.jp/a_menu/hvouka/iissi/020302.htm
(3)　斎藤達三『自治体政策評価演習』ぎょうせい　平成13年　26頁
(4)　玉村雅敏「NPM 改革の実践」 大住荘四郎、上山信一、玉村雅敏、永田潤子『日本型 NPM』 ぎょうせい　平成15年　68頁

参考文献

・龍慶昭監修、佐々木亮『政策評価トレーニング・ブック』 多賀出版　平成15年
・宇賀克也『政策評価の法制度』 有斐閣　平成14年
・村井良子編著『入門ミュージアムの評価と改善』 ミュゼ　平成14年
・川野辺雅徳編著『経営者のための事業価値評価』 中央経済社　平成15年
・宇角英樹『いますぐ実行できる「経営力診断」の方法』 中央経済社　平成14年

◆国立科学博物館
☞P.24参照。

◆国立オリンピック記念青少年総合センター
☞P.24参照。

◆国立女性教育会館
女性教育の振興を図り、男女共同参画社会の形成の促進に資することを目的として、女性教育、家庭教育、女性問題に関する指導者等の研修、国内外関係者等の交流、情報・資料の収集、整理、提供、調査研究等を行っている。愛称はヌエック（NWEC、National Women's Education Center、Japan）。正式には、独立行政法人国立女性教育会館という。

2. 公民館事業評価の手順と方法

平成15年6月に全面的に改正された告示「公民館の設置及び運営に関する基準」において、新たに公民館事業の自己点検･自己評価の必要性が明記された。本告示の第10条では、「公民館は、事業の水準の向上を図り、当該公民館の目的を達成するため、各年度の事業の状況について、公民館運営審議会等の協力を得つつ、自ら点検及び評価を行い、その結果を地域住民に対して公表するよう努めるものとする。」と記されている。このように、今後、公民館が事業の自己点検・評価を行い、その結果の公表に努めることが規定された。

そこで、本節では、これとの関わりから公民館の事業評価を取り上げ、その手順と方法について述べることにする。なお、公民館の事業評価では、告示にあるように各年度の事業について評価する場合と、中・長期的な観点から事業評価を行う場合がある。一般的には、各年度の事業は、中・長期的な目標・計画に沿った年度計画に基づいて実施されるが、今後は、評価を見据えた中・長期的な目標・計画の策定と中・長期的な事業評価が、各年度の事業評価を行う際にも不可欠となってくる。このようなことから、ここでは、公民館の中期目標・中期計画に基づいた事業評価の方法について検討し、単年度の事業評価については稿を改めて述べることにしたい。

1　公民館の事業評価表

事業評価を行う際には、その評価結果や評価結果を導出するに必要な分析資料を記載する評価表が必要である。公民館の事業評価の場合、これまでのところ決められた評価表はなく、また、本来は自己評価で行われるものなので、それぞれの公民館で利用しやすい評価表を作成する方がよいとされている。ただし、実際に評価を行うときにはそれぞれで工夫してもらうにしても、手がかりとしてモデルとなるものがあると便利である。そこで、ここでは、文部科学省の独立行政法人評価委員会の国立科学博物館、国立オリンピック記念青少年総合センター、国立女性教育会館等の中期目標・中期計画に基づく評価表を参考にして、公民館の事業評価表のモデルを作成し、提示することにした。

公民館事業評価表例（表2－1）は、全体評価（様式1－1）と項目別評価（様式1－2）に分かれている。全体評価は項目別評価をもとにして行うので、まず、項目別評価の評価表例から説明しよう。

表2－1　公民館事業評価表例

(様式1-1)

◎全体評価

<table>
<tr><th colspan="2">評価項目</th><th>評価の結果</th></tr>
<tr><td colspan="2">事業活動</td><td></td></tr>
<tr><td rowspan="2"></td><td>中期目標番号
――</td><td>評価の観点</td></tr>
<tr><td>中期目標番号
――</td><td>評価の観点</td></tr>
</table>

(様式1-2)

◎項目別評価

<table>
<tr><th>中期目標</th><th>中期計画</th><th>評価項目</th><th>評価指標</th><th colspan="5">評価項目、指標に係る実績</th><th>留意事項</th></tr>
<tr><td rowspan="3"></td><td rowspan="3"></td><td rowspan="3"></td><td rowspan="2"></td><td>年度</td><td>年度</td><td>年度</td><td>目標値</td><td>達成率</td><td rowspan="2"></td></tr>
<tr><td></td><td></td><td></td><td></td><td></td></tr>
<tr><td></td><td colspan="5">評価の観点</td><td></td></tr>
</table>

ここで取り上げる項目別評価表の例（様式１－２）は、「中期目標」、「中期計画」、「評価項目」、「評価指標」、「評価項目、指標に係る実績」及び「評価の観点」等で構成されている。このうちの評価項目とは評価を行う項目のことである。評価は計画がどれほど達成されたかを測定し判断するものなので、評価項目は中期計画の内容に即して選定する。１つの中期計画に対して評価項目は１項目である場合もあり、また複数の場合もある。その場合は、評価表に適当に区切りの線を加えるとよいであろう。

評価項目の状況を測定するために評価項目を分析的に細分化したものが評価指標である。評価指標も、１つの評価項目に対して１つの場合もあるが、複数のこともある。実績の欄には、評価指標の測定値、及び目標への達成率などを記入する。評価の観点は、評価項目をどのような面、あるいはどのような点に着目して評価を行うか（あるいは、行ったか）を示すものである。その下の空欄には、評価の観点に沿って、評価指標の実績などの測定、分析の結果を記入する。

他方、全体評価表の例の場合は、「評価項目」と「評価結果」、「評価の観点」等から構成されている。全体評価は中期目標ごとの項目別評価の結果をもとにまとめられる。評価の観点も項目別評価で示した評価の観点をまとめる形で示す。最後に、中期目標ごとの評価結果を総合して、事業活動の全体の評価の結果を「評価の結果」欄の先頭に記入する。

⑴　公民館の事業評価の手順

それでは、どのように公民館の事業評価を行っていけばよいかについての手順を、具体的に示していくことにしよう。なお、全体評価は項目別評価を前提としており、項目別評価の結果を、例えば中期計画の柱ごとにまとめていくなどの方法で行う。そこで、ここでは項目別評価を取り上げて、その手順についてみていきたい。また、ここでは具体的に説明するために、以下のような中期目標・中期計画を例としてあげて考えていこうと思う。

中期目標：生涯学習のまちづくりに資するため、多様な学習機会を提供するとともに、自主的な学習活動の支援を図り、住民の学習を促進する。
中期計画：地域における学習人口を拡大するため、学習機会の充実を図る。

［手順１］　評価項目を設定する

中期目標・中期計画の項目に沿って、何を評価するのかを検討して評価項目を設定する。評価項目は、多くの場合、事業の実施状況、あるいはそれによるなんらかの達成状況となる。

上記の例でいうと、多様な学習機会の内容についての評価項目の一例として「地域の歴史、文化、自然等に関する学級、講座の実施状況」を作成することができる。

［手順２］　評価指標を作成する

評価項目を測定するための評価指標を作成する。一般的には、効率性、費用対効果、必要性などに着目して作成する。このほかにも、公平性、優先性、公正性、安定性などが実際の評価で使われている[(1)]。ただし、それが妥当なものかどうかが問われるので、独りよがりのものであってはならない。

例えば、効率性は、事業の実施の際に予算、施設・設備等が効率的に活用されたかという点から事業の実施状況を評価するものである(第６章２の３効率化係数など)。また、効率性の中でも、経費の効率性に着目したものが費用対効果である。費用対効果の点から「地域の歴史、文化、自然等に関する学級、講座の実施状況」の評価指標を作成するとすれば、「地域関係の学級、講座１件当たりの事業費(地域関係の学級、講座に係る事業費／地域関係の学級・講座数)」「地域関係の学級、講座参加者１人当たりの事業費（地域関係の学級、講座に係る事業費／地域関係の学級・講座参加者数)」などが考えられる。

これらの指標のタイプには、参加者数、事業数、開館日数などのような実数と、利用者１人当たりの事業費、地域の学習率、増加率などのような比率、さらに、ある基準を100としたときの状況を示す指数などがある。

しかし、例えば費用対効果など単独の視点に立った評価は一面的になりがちである。そのため、１つの評価項目について複数の評価指標を作成しておくとよい。上記の場合であれば、地域関係の学級、講座の実施が学習人口の拡大に有効であるかなどの有効性からの評価、この学級、講座が生涯学習のまちづくりのために必要かどうかといった必要性の面からの評価などがあげられる。仮に学習人口の拡大に対する有効性についていえば、地域関係の学級、講座修了者が地域関係の学習グループに参加したり、新たに学習グループを組織することが考えられる。そのような学習グループの活動によって自主講座が行われるなどの新たな学習機会が生まれるとすれば、学習人口の拡大が期待できる。このようなことから、「学級、講座修了者の自主的な学習グループ参画者数(または参画率)」などを評価指標として設定することが考えられる。

なお、ここでの検討を行うために「評価指標作成のための分析シート」（表２－２）がある。簡単に使い方を説明すると、表側には評価項目を記入する。中期目標・中期計画に番号があれば、それ

（様式２）

表２－２　評価指標作成のための分析シート

	（例１） 効率性	（例２） 費用対効果	（例３） 有効性	○○○	○○○	○○○
目標・計画の番号1-1 （例）地域の歴史、文化、自然等に関する学級、講座の実施状況		（例）地域関係の学級・講座１件当たりの事業費	（例）学級、講座修了者の自主的な学習グループ参画者数（または参画率）			
目標・計画の番号 ○○○○○○○○						
目標・計画の番号 ○○○○○○○○						
目標・計画の番号 ○○○○○○○○						
目標・計画の番号 ○○○○○○○○						
目標・計画の番号 ○○○○○○○○						

も付記する。上記の例でいえば、「地域の歴史、自然、文化等に関する学級、講座の実施状況」を記入する。

表頭にはどのような点に着目して評価指標を作成するかを記入する。例えば、効率性、費用対効果、有効性、必要性、公共性などを記入する。表側の項目と表頭の項目が交わるところに、それぞれの評価指標を検討し、設定する。いうまでもないが、すべての欄について評価指標を設定する必要はなく、必要と思われるところを検討すればよい。

また、ここまでは定量的に把握できる評価指標の作成を前提に述べてきた。評価指標の作成においては、可能な限り定量的に把握できるようにするのがよいが、それがむずかしい場合は、定性的な指標を設定するということでもよいであろう。

［手順３］　評価の観点を作成する

評価の観点は、評価項目をどのような面、あるいはどのような点に着目して評価を行うか（あるいは、行ったか）を示すものである。具体的には、評価項目のより具体的な内容について実施状況や推進の状況、取組みの現状などについての評価の内容を示すことである。

例えば、「地域の歴史、文化、自然等に関する学級、講座の実施状況」という評価項目であれば、「地域の歴史、文化、自然等に関わる内容の学級･講座の実施は、修了者の学習グループ活動を通じて、地域の学習人口の拡大に貢献しているか」といった評価の観点を作成することができる。

［手順４］　評価表の記入

中期目標・中期計画から抽出した項目とともに、これまでに設定した評価項目、評価指標とその実績値、評価の観点、分析の結果などを記入する。実績の欄では、過去のデータがわかれば、経年的な推移をみるために該当年度のデータを記入する。また、その値が、目標にどれほど近づいているかを示すのが達成率であり、(測定値／目標値)×100等で求めることができる。分析の結果は、評価項目の自己点検・評価は評価指標の達成状況や時系列的な推移、評価指標に関連する事業内容などをもとにして行い、評価の観点の下に記入する。

定性的な評価の場合は、数値による指標での分析ができないので、同一地域の他の公民館あるいは公民館の平均的な姿などと比較しながら評価を行うとよいであろう。

2　公民館の事業評価結果の活用

事業評価の結果は、次期の公民館の事業計画に反映させることが必要である。例えば、評価結果が、「中期計画の通りに事業が展開され、中期目標の達成に向けて所期の成果があげられている」といった内容のような結果であれば、中期計画の内容のさらなる充実に向けた変更はあっても、事業の縮小に向けた変更の必要はないであろう。

一方、事業の成果があまりみられず、評価結果が思わしくない場合は、中期計画の内容を検討する必要もある。ただし、事業の成果があまりみられない場合でも、努力次第では長期的には成果が見られる場合もあるので、中期計画の内容についての優先性や必要性なども考慮して中期計画に基づく事業を継続するか、あるいは変更していくかを検討しなければならない。

注

(1)　文部科学省の政策評価などで用いられている。また、斎藤達三『自治体政策評価演習』 ぎょうせい　2001年　などを参照。

第３章　独立行政法人の評価

1.　独立行政法人とは

独立行政法人には、各省が所管する種々の機関があり、そのうち生涯学習事業に関係する機関には、国立科学博物館、国立少年自然の家、国立青年の家、国立オリンピック記念青少年総合センター、国立女性教育会館などがある。

これらの法人は、「国民生活及び社会経済の安定等の公共上の見地から確実に実施されることが必要な事務及び事業であって、国が自ら主体となって直接に実施する必要のないもののうち、民間の主体にゆだねた場合には必ずしも実施されないおそれがあるもの又は一の主体に独占して行わせることが必要であるものを効率的かつ効果的に行わせることを目的」(独立行政法人通則法第２条　平成11年７月16日法律第103号）として法律により設立された法人である。独立行政法人のうち「その業務の停滞が国民生活又は社会経済の安定に直接かつ著しい支障を及ぼすと認められるものその他当該独立行政法人の目的、業務の性質等を総合的に勘案して、その役員及び職員に国家公務員の身分を与えることが必要と認められるものとして個別法で定めるもの」（同条第２項）は「特定独立行政法人」と言われる。国立科学博物館、国立オリンピック記念青少年総合センター、国立女性教育会館は特定独立行政法人で、国立少年自然の家、国立青年の家は独立行政法人である。

各独立行政法人の業務の範囲は、「独立行政法人国立科学博物館法」、「独立行政法人国立青年の家法」といった個別法で定められるとともに、業務開始の際には、「業務方法書を作成し、主務大臣の認可を受けなければならない」（同法27条）とされている。

また、独立行政法人は、その設立の趣旨から「適正かつ効率的にその業務を運営するように努めなければならない」（第３条第１項）とともに、「業務の内容を公表すること等を通じて、その組織及び運営の状況を国民に明らかにするようにしなければならない」（同条第２項）と積極的な情報の公開が求められている。

◆国立科学博物館

自然科学及び社会教育の振興を図ることを目的として、自然史に関する科学をはじめとする自然科学及びその応用に関する調査・研究、これらに関する資料の収集、保管（育成を含む)、展示等による教育活動などを行う国（文部科学省）が設置した博物館。正式には、独立行政法人国立科学博物館という。

◆国立オリンピック記念青少年総合センター

青少年教育の振興及び健全な青少年の育成を図ることを目的として、青少年教育指導者等の青少年教育関係者や青少年に対する研修、青少年教育に関する施設及び団体相互間の連絡及び協力の促進、青少年教育に関する団体に対する助成金の交付等を行う青少年教育施設。主催事業、調査研究事業のほか、子どもゆめ基金、子ども情報センター、子ども放送局などを実施している。正式には、独立行政法人国立オリンピック記念青少年総合センターという。

2. 独立行政法人の中期目標・中期計画

文部科学大臣は、「３年以上５年以下の期間において独立行政法人が達成すべき業務運営に関する目標」、すなわち中期目標を定め、各独立行政法人に指示（通則法第29条第１項）する。この中期目標には、①中期目標の期間（主務大臣が定める期間)、②業務運営の効率化に関する事項、③国民に対して提供するサービスその他の業務の質の向上に関する事項、④財務内容の改善に関する事項、⑤その他業務運営に関する重要事項、について定める（同条第２項）こととされている。

具体的に見ると、中期目標には、前文が置かれており、独立行政法人のミッション（使命）というべきものが示されている。

例えば、国立科学博物館では、「自然科学分野における世界の中核博物館となることを目指し、自然科学等及び社会教育の振興を図る施設」として次の点について先導的及び中核的役割を果たす必要があるとし、次の役割を示している。

⑴　生涯学習の推進に寄与する博物館として、青少年をはじめとした国民各層の知的欲求に応えるため、研究部門と連携をとりながら学習機会を提供していく。

⑵　自然科学等の振興を図る総合科学博物館として、自然科学等に関する研究を推進するとともに、その成果及び国民の財産である標本資料を未来の人々に継承していく。

⑶　学術資料・情報の集積発信機能を強化して国内外の科学系博物館との連携を深め、その博物館活動の発展に寄与するナショナルセンター機能を充実する。

⑷　我が国の自然史科学分野における人材養成を推進する。

また、国立オリンピック記念青少年総合センターでは、「青少年の自主性・協調性の向上と社会参加・社会貢献に対する意識や他者と関わる能力、問題解決能力の涵養、公共心・指導力・実践力・国際性の育成など」を養う観点に立って、「青少年の興味や関心、ニーズに応じた各種の事業を展開し、地域間・世代間の交流や国際交流活動、様々な体験活動の推進、さらには、青少年の活動のための指導者の育成・確保、魅力ある活動についての情報提供等を行うものとする」とされている。

こうしたミッションに基づき、中期目標は作成されている。

◆国立女性教育会館
☞P.16参照。

◆国立少年自然の家
自然の中での集団宿泊生活を通じて、小・中学生にさまざまな自然体験活動の機会を提供する教育施設。国（文部科学省）が全国14ヵ所に設置した。子ども対象の事業のほか、指導者対象の事業、家族（親子）対象の事業、学校対象の事業などが行われている。正式には、独立行政法人国立少年自然の家という。

◆国立青年の家
青年の健全育成を目的として、国（文部科学省）が設置した国立の青年教育施設。全国に13ヵ所設置されている。主催事業、青年団体や学校等が団体宿泊により各種活動を行う受入れ事業、青年教育指導者研修、ボランティア養成、青年教育に関する調査研究事業などを行う。正式には、独立行政法人国立青年の家という。

各独立行政法人は指示された中期目標を達成するための具体的な業務内容を示した中期計画を作成し、文部科学大臣の認可を受け、また、中期計画を確実に実施するために年度計画を作成し、文部科学省に届け出ることとされている。

3. 独立行政法人の評価の流れ

独立行政法人の評価は、２段階で行われる。第一段階は、文部科学省に置かれる独立行政法人評価委員会が行うもので、独立行政法人の業務の実績に関する評価を行う。第二段階は、総務省に置かれる政策評価・独立行政法人評価委員会が行うもので、主務省の評価委員会が行った評価の結果について評価を行う。

1　主務省に置かれる評価委員会が行う評価

各法人は、毎年６月末までに財務諸表、事業報告書等を提出する。文部科学省独立行政法人評価委員会の各部会・分科会において、この報告書等を分析するとともに、業務の実績・自己評価等について法人からヒアリングを行い、評価フォーマットに基づき評価を実施する。各部会・分科会で行われた評価結果は、評価委員会総会において決定される。

評価委員会が行う評価には、事業年度評価及び中期目標期間評価の二つがある。事業年度評価は、各事業年度の業務実績に関する評価で、各事業年度における中期計画の実施状況を調査・分析し、業務実績の全体について総合的な評定を行い、必要に応じ、中期目標、中期計画について、一層適切なものとなるよう見直し、修正を求めるなどして、以降の業務運営の改善に結びつけることをねらいとしている。

中期目標期間評価は、中期目標にかかる業務実績に関する評価で、中期目標期間終了時において中期目標の達成状況を調査・分析し、中期目標期間における業務の実績の全体について総合的な評定を行うことにより、業務の継続の必要性、組織の在り方その他組織及び業務の全般にわたる検討を行うとともに、必要に応じ次期中期目標期間の業務実施に当たって留意すべき点等について文部科学大臣に意見を述べるなど、次期中期目標の検討に結びつけることをねらいとしている。

⑴ 事業年度評価

事業年度評価は、中期計画に定められた各項目についての毎事業年度の実施状況を確認する項目別評価、その結果を踏まえた法人活動全体の種々の観点からの分析とそれらに基づく総合的な全体評価を行うものである。

項目別評価は、中期計画の各項目について段階的評価を行うもので、各法人の業務の特性を踏まえて設定される。

たとえば、国立科学博物館の項目別評価は、ＡＢＣの３段階評価であるが、必要に応じ「Ａ⁺」及び「Ｃ⁻」の２段階を追加して評価を行うこととされている。その評価基準は次のとおりである。

（Ａ⁺：特に優れた実績をあげている）

Ａ：中期計画を十分に履行し、中期目標に向かって着実に成果を上げている

Ｂ：中期計画をほぼ履行し、中期目標に向かって、おおむね成果を上げている

Ｃ：中期計画を十分に履行しておらず、中期目標達成のためには業務の改善が必要である

（Ｃ⁻：評価委員会として業務改善の勧告を行う必要がある）

この評定を行うに当たり、数値目標に関する評価項目については、定量的な指標を用いて客観的な評定基準を設定している。定性的な評価項目についても、定量的な指標を補完的に用いるなどして可能な限り客観的な評定基準を設定している。

また、複数の評価項目、指標を組み合わせて評定を行うこともある。客観的な評定基準を設定することが困難な項目については、委員が協議している。

全体評価は、事業活動全般、業務運営（財務、人事等）など法人の業務全体にわたる横断的な観点から、項目別評価の結果等を踏まえ、法人の業務の実績について記述式で評価する。評価の観点については、法人の業務の特性に応じて設定されている。

項目別評価及び全体評価を総合して、法人の活動全体についての総評が行われる。

⑵ 中期目標期間評価

中期目標期間評価は、中期目標及び中期計画に定められた各項目についての達成度をそれぞれ確認する項目別評価と、その結果を踏まえた法人活動全体の種々の観点からの分析とそれらに基づく総合的な全体評価が行われる。

項目別評価は、中期計画の各項目ごとに達成度の評定を行った上、中期目標の各項目ごとにその達成度について段階的評価が行われる。段階的評定の区分は、各法人の業務の特性を踏まえて設定される。

（A⁺：特に優れた実績を上げた）
　A　：中期目標を十分に達成した
　B　：中期目標をおおむね達成した
　C　：中期目標は十分に達成されなかった
（C⁻：評価委員会として勧告を行う必要がある）

評価の方法は事業年度評価と同じであるが、評定に併せ、次期中期目標期間の業務実施に当たっての留意すべき点等についての意見を記述することとなっている。全体評価についても事業年度評価と同様であるが、次期中期目標期間の業務実施に当たって、法人の組織、業務等の在り方について、業務の必要性等の観点からも評価することとされている。

⑶　評価結果の業務への反映

中期目標期間最終年度に、次期中期目標期間初年度の業務にかかる予算編成を行うことになることから、評価委員会は、中期目標期間終了に先立ち、評価結果を次期中期目標期間の業務への反映を図る必要がある。このため、中期目標期間の終了年度の前年度までの実績をもとに、中期目標期間にかかる暫定評価を「⑵の中期目標期間評価」に準じて実施する。文部科学省は、この暫定評価の結果を踏まえて次期中期目標原案を作成する。また、法人は次期中期目標原案に基づき次期中期計画原案を作成する。評価委員会はこれらの次期中期目標原案及び次期中期計画原案を検討し、必要に応じて文部科学省に対して意見を述べることとされている。文部科学省は、次期中期計画原案をもとに、法人の次期中期目標期間初年度の業務運営にかかる予算の概算要求を行うこととされている。

中期目標期間終了時に、文部科学大臣が作成した次期中期目標案及び法人が作成した次期中期計画案について、評価委員会は検討を行い、文部科学大臣に意見を述べる。この意見を踏まえ、文部科学大臣は次期中期目標を策定し、次期中期計画を認可する。

評価委員会は、中期目標期間の終了後、当該中期目標期間中の業務の実績の全体を評価する。その結果、次期中期目標、次期中期計画について評価委員会が変更すべきと判断した場合、文部科学大臣に意見を述べ、または法人に勧告を行うものとされている。この場合、法人の予算に反映すべき点があれば、可能な限り（次期中期目標期間の２年目）の概算要求に反映させることとなる。

2　総務省の政策評価・独立行政法人評価委員会が行う評価

政策評価・独立行政法人評価委員会が行う独立行政法人評価は、各府省の独立行政法人評価委員会が行った事業年度評価及び中期目標期間評価に対し必要があるときは意見を述べること及び中期目標期間終了時に主要な事務・事業の改廃に関して主務大臣に勧告を行うことが任務となっている。

評価の対象は、各府省評価委員会が行う評価の結果であり、各府省評価委員会において定められた評価基準に適合した形で適切に評価が行われているか、評価基準を踏まえた評価の内容は妥当なものになっているかについて点検が行われる。

「平成13年度における文部科学省所管独立行政法人の業務の実績に関する評価の結果についての第1次意見」(平成14年11月19日　政策評価・独立行政法人評価委員会委員長　文部科学省独立行政法人評価委員会委員長宛)では、「1)法人において業務の方向性や経営戦略が法人のミッションに照らして適切かつ明確であり、業務がそれに基づき適切かつ効果的に運営され、サービスの内容の向上が図られること、2)財務内容が健全であること及び3)業務運営の効率化等のコスト削減努力が着実に行われることが重要であると考え」評価作業を行ったとしている。その意見は例えば次のようである。

[国立オリンピック記念青少年総合センター](抜粋)

助成業務の評価について、助成金を受けて行われた事業の成果と効果などの内容面の評価を踏まえた評価を行うべきである。

[国立青年の家](抜粋)

必要に応じ、各施設について、その立地条件、特色等を踏まえた具体的な指標を設定すること、必要な財務情報を整理すること等により、財務面を含めた分析が各施設ごとに行われることとなることが適切であり、このような取扱いについて、文部科学省独立行政法人評価委員会から、法人における適切な措置の検討を要請することを期待する。

また、「平成13年度における独立行政法人の業務の実績に関する評価の結果についての第2次意見」(平成14年12月　政策評価・独立行政法人評価委員会)では、「本意見は、各府省の独立行政法人評価委員会がそれぞれの基準に基づいて評価を行うことのメリットを確保しつつ、政府全体として、評価の厳格性・信頼性を向上させるため重要な事項について、適切な評価活動を確保することを狙いとしており、いわば共通の『評価活動準則』に当たるものとして機能することが期待される」として46項目の意見が述べられている。

例えば、「評価に関する基本的事項について」では、

網羅的な評価の実施、政府の重点化方針等を考慮に入れた評価の実施、トップマネジメントの分析・評価の実施、業務や施設ごとの分析・評価の実施、目標・計画の一層の定量化・具体化の検討など

「国民に対して提供するサービスその他の業務の質の向上に関する目標を達成するためにとるべき措置の実施状況の評価について」では、

中期目標を達成するために行われるすべての業務の評価の実施、利用者等のニーズや満足度を踏まえた評価の実施　など

である。

独立行政法人制度は、平成13年４月から動き始めたばかりであり、今後時間が経つに連れて、経営的視点からその運用等が充実してくるものと考えられる。しかし、中期目標期間評価の観点が、財政的視点を重視するか、あるいは組織の運営改善を重視するかにより、この制度の運用のされ方が大きく変化することになろう。それはまた、地方独立行政法人制度に大きな影響を与えることになるものと思われる。

第４章　地方公共団体における生涯学習関連行政評価

——横須賀市を中心にして——

はじめに

地方公共団体の行政評価については、現在多種多様になされているので、それらを整理しておくことは非常に重要である。本稿では横須賀市の例を中心にして、行政評価の仕組み、評価方法と評価基準、その進め方、地方公共団体における教育行政に関する評価の課題を考察する。現在、横須賀市の行政評価は、一般行政計画における行政評価の教育の部分と教育基本計画の行政評価の部分で展開されている。その意味で地方公共団体における生涯学習関連の行政評価を考察するうえで参考になると考える。

1　行政評価の導入と経過

横須賀市の行政評価は、横須賀市基本計画に即して平成12年から進められた。横須賀市基本計画の行政評価システムの取組みの経過は次のとおりである。

平成12年度　行政評価研究会、まちづくり指標策定ワーキング、事務事業評価検討
　プロジェクトチームの設置、事務事業評価モデル調査の実施、まちづくり指標のアンケート調査の実施、行政評価研究会の報告書

平成13年度　行政評価プロジェクト設置、事務事業評価実施（事前評価、254事業）、まちづくり評価委員会設置、IT 版行政評価システム完成、行政評価プロジェクト会議報告

平成14年度　IT 版行政評価システム開発実施、事務事業１次評価（担当部局）実施（130事業）、事務事業２次評価（行政評価プロジェクトチーム）
　政策・施策１次・２次評価（行政評価プロジェクトチーム）実施
　政策・施策評価、事務事業評価の１次・２次評価（行政評価プロジェクトチーム）実施

平成15年度　新実施計画（16年－18年度）策定作業
　政策・施策評価、事務事業評価の内部（１次、２次）評価、実施と公表
　同外部評価の実施

教育行政の評価に関しても、この一般行政評価の方法の中で一部が取り扱われてきた。しかし、平成14年３月に横須賀市教育基本計画（よこすか未来人プラン）が策定され、その中で、進行管理としての行政評価の必要性が指摘されている。そのため、現在、横須賀市教育基本計画に基づく行政評価の進め方については、進行管理の必要がない事業と必要のある事業とに分けたり、教育行政

の評価を行う事業と一般行政評価システムの評価結果を活用したりなどの検討を行っている。

2　行政評価の仕組み

行政評価を進めるには、その仕組みが必要である。

行政評価の仕組みとして、内部評価と外部評価で行われている例が多い。内部評価は、課・部レベルでの評価と部長レベルの評価（１次評価)、課･部を超えた行政評価委員会（２次評価）における評価で行われる。外部評価は、専門家による評価、市民を含めた行政評価委員会における評価である。

横須賀の行政評価の全体像は、下記のとおりで政策・施策と事務事業の各々を評価してそれぞれを統合する評価システムである。(図４－１)

行政評価システムの評価主体と評価段階は下図（図４－２）のとおりで、内部評価（１次、２次の評価)、外部評価（３次評価）でなりたっている。外部評価は、学識経験者と公募市民による「まちづくり評価委員会」で行い、それは内部評価に対し再評価を行う委員会である。つまり、まちづくり評価委員会では、内部の事業評価の結果、市民アンケート結果、まちづくり市民コメンテーターの意見などをベースにして評価している。なお、横須賀市教育基本計画に関しては、この「まちづくり評価委員会」にかわって、教育基本計画推進委員会が行っている。

3　評価方法と評価基準

一般に行政評価の観点として、経済性、効果性、有効性、公平性、妥当性等であるが横須賀市では以下の評価基準・視点で進めている。

政策・施策評価の指標では、市民満足度、まちづくり指標（代表指標）で行っている。

市民満足度は、アンケート調査の結果を用い、まちづくり指標あるいは未来人指標（仮称）は政策・施策の効果等を数値で示す指標である。政策・施策評価の基準について、指標の数値がプラスのものを○、指標の数値がマイナスのものを▲とし、▲が１つ以上あるものをB、○が２つのものはAとしている。

市民満足度のスコア化は、「市民アンケート調査」の結果から、次のような式で算出される。

そのスコアがプラスなら○、マイナスなら▲とする。

(例)　「良くなった」＋１、「変わらない」０、「悪くなった」－１

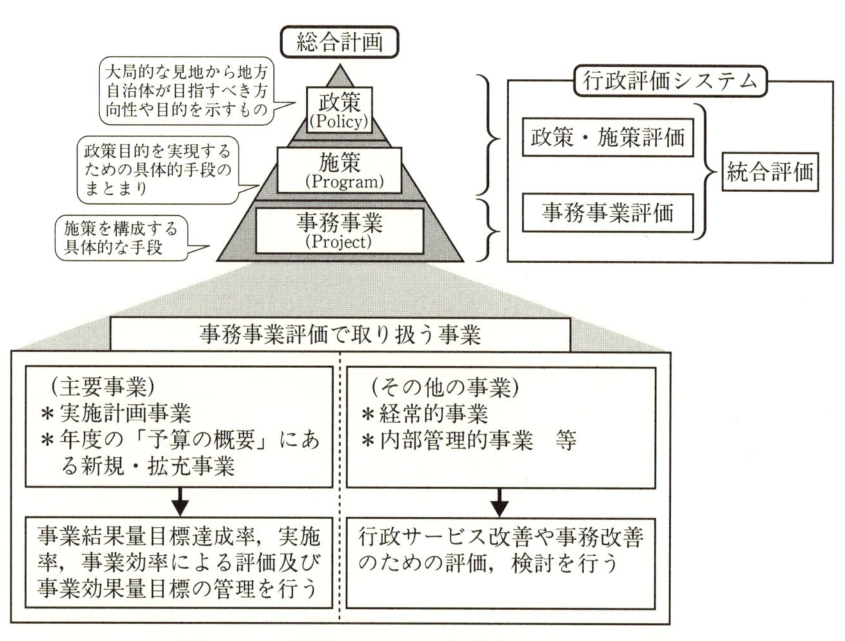

図４－１　横須賀方式の行政評価システムの全体像

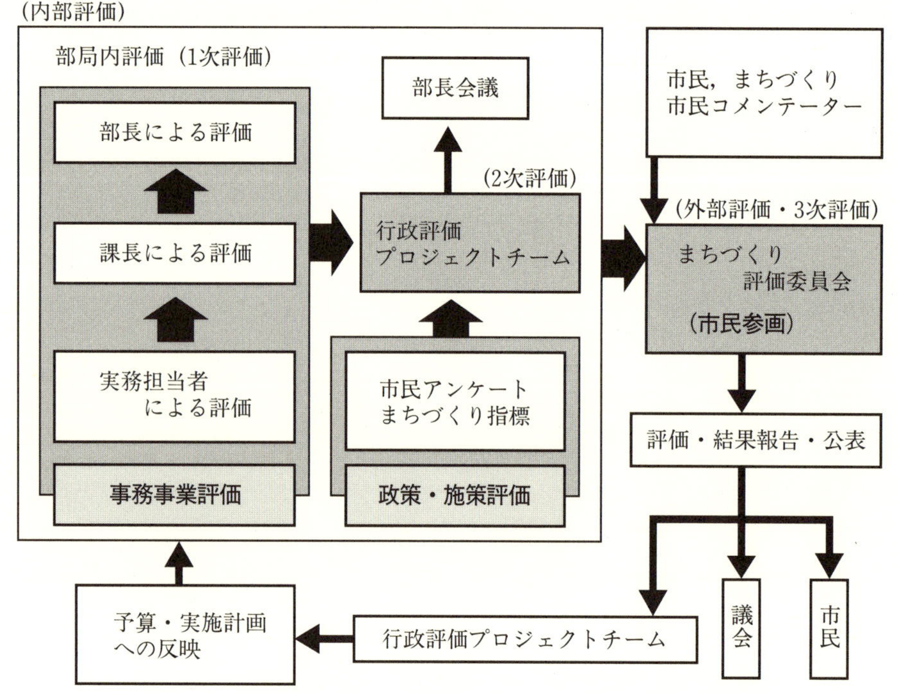

図４－２　横須賀方式の行政評価システムの評価主体と評価段階

表４－１　事務事業評価基準の詳細

事業結果量(目標達成率)			実施率(予算執行率)			事業効率(コスト効率)			自動判定
指標値	前年度比	区分	指標値	予算規模	区分	指標値	向上の見込	区分	
80%未満	向上・新規事業	△	実施率80%以下かつ差異額－20万円以上	妥当	○	いずれの場合も(○ △ ▲)			b
				妥当でない	▲	維持・向上	－	○	b
						低下	あり	△	
							困難	▲	c
			実施率120%以上かつ差異額＋20万円以上	妥当	○	いずれの場合も(○ △ ▲)			b
				拡大が必要・妥当	△				
			上記以外		○				
	横ばい・低下	▲	実施率80%以下かつ差異額－20万円以上	妥当	○	維持・向上	－	○	b
						低下	あり	△	
							困難	▲	c
				妥当でない	▲	いずれの場合も(○ △ ▲)			c
			実施率120%以上かつ差異額＋20万円以上	妥当	○	維持・向上	－	○	b
						低下	あり	△	
				拡大が必要・妥当	△		困難	▲	c
			上記以外		○	維持・向上	－	○	b
						低下	あり	△	
							困難	▲	c
80～100%	向上・横ばい・低下・新規事業	○	実施率80%以下かつ差異額－20万円以上	妥当	○	維持・向上	－	○	a
						低下	あり	△	b
							困難	▲	
				妥当でない	▲	維持・向上	－	○	b
						低下	あり	△	
							困難	▲	c
			実施率120%以上かつ差異額＋20万円以上	妥当	○	維持・向上	－	○	a
						低下	あり	△	b
							困難	▲	
				拡大が必要・妥当	△	いずれの場合も(○ △ ▲)			b
			上記以外		○	維持・向上	－	○	a
						低下	あり	△	b
							困難	▲	
100%超	向上・横ばい・低下・新規事業	△	実施率80%以下かつ差異額－20万円以上	妥当	○	いずれの場合も(○ △ ▲)			b
				妥当でない	▲	維持・向上	－	○	b
						低下	あり	△	
							困難	▲	c
			実施率120%以上かつ差異額＋20万円以上	妥当	○	いずれの場合も(○ △ ▲)			b
				拡大が必要・妥当	△				
			上記以外		○				

＊○が３つのもの　　　　　　　　：「a」
　△ないし▲が１つ以上あるもの：「b」
　▲が２つ以上あるもの　　　　　：「c」

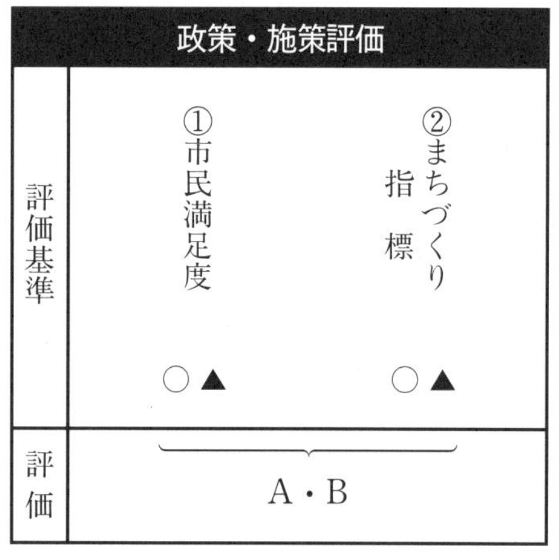

図4－3　評価方法と評価基準の全体像

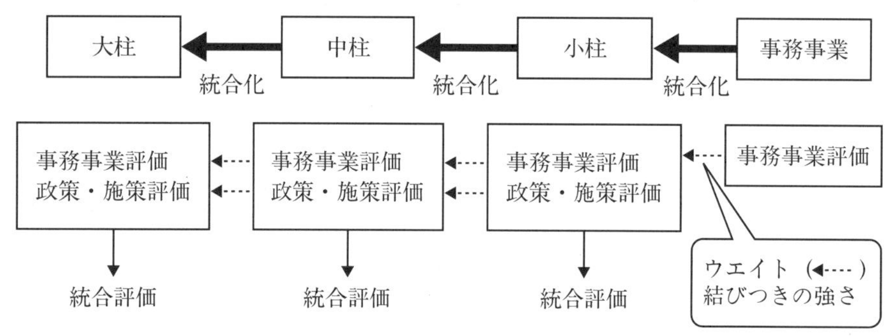

図4－4　統合評価における統合化のイメージ

以前との比較…「良くなった」43.5%、「変わらない」27.8%、「悪くなった」28.7%

スコア化及び区分の方法

0.435×(＋1)＋0.278×0＋0.287×(－1)＝0.148（小数点第3位四捨5入）

〈スコア〉 0.15×100＝15…プラス（高い）－○

まちづくり指標は、前年度比の数値として、100%以上は○(A)、100%未満は▲(B)としている。

事務事業評価は、評価指標として事業結果量（目標達成率、実績値／目標値)、実施率（予算執行率、決算額／予算額)、事業効率（コスト効率、コストの合計（人件費を含む総事業費／事業結果量（実績値)))、事業効果量（参考指標）（目標達成率、事業効果量における実績値／目標値）で構成されている。そして、評価区分の基準は、表4－1のとおりで○が3つのものをa、△ないし▲が1つ以上のものをb、▲が2つ以上あるものがcとなっている。

横須賀では、これらの政策・施策評価の結果と事務事業評価の結果とを統合した統合評価を進めている。この統合評価は、政策（大柱)－政策の方向（中柱)－施策（小柱）ごとに、政策・施策評価と事務事業評価の各結果を統合化（とりまとめ）するものである。これらの評価結果をもとに青、黄、赤の３段階の評価をだす。この統合化の手法は、「事務事業と小柱、各小柱と中柱、各中柱と大柱の結びつきの強さ」をウエイト（重み）の数値で表している（注．ウエイトの算出方法、ウエイトの活用による統合化　20頁　横須賀市行政評価システム　行政評価プロジェクトチーム　平成15年３月)。(図４－３、図４－４）

統合評価は、施策体系の小柱単位の政策・施策評価結果と事務事業評価結果を施策体系の柱ごとにまとめた評価結果（AB、abc）から、施策の柱単位に整理した評価（青〈適性〉、黄〈見直し〉、赤〈施策の中止〉）をだすが、それに社会・経済的要因及び事務事業項目群などを考慮しながら統合評価の決定をしている。

4　帳票－評価表の構成

評価表の構成様式は、決められているわけではないが、一般に施策や事業に関する目標、内容、対象、状況など、施策・事業の実績や指標、評価の観点などで構成されている場合が多い。横須賀市では政策・施策評価表、事務事業評価表、統合評価表の３種類で行っている。

政策・施策評価表の構成は、３種類（１．総括　２．評価基準〈市民満足度〉　３．まちづくり指標）である。　事務事業評価表の構成は、７種類（１．事業の概要と目的、２．事業投入量〈インプット指標〉　３．事業執行量及び事業結果量〈アウトプット指標〉　４．事業の評価　５．事業効果〈アウトカム指標　６．事務事業評価〈評価基準別・評価データ、事務事業評価結果〉　７．３カ年の総括評価）である。統合評価表の構成は、３種類（政策の大柱レベル、中柱レベル、小柱レベル）で、それらの項目は総合評価、政策・施策評価、事務事業評価、評価参考データ、まちづくり市民コメンテーターの意見、まちづくり評価委員会によるコメントである。

5　教育行政に関する評価（社会教育行政評価を含む）のまとめと課題

ここまで横須賀市の事例を中心にして述べてきたが、この事例から次のことが考察される。

一般行政評価と教育基本計画の行政評価との関係づくりをどのようにするかが大きな課題である。現時点では教育行政に関する評価の取り組みがなされつつあるので、これからの成果が期待されることである。

今までの教育行政評価の多くは、指標づくり、個別評価であった。これからは、行政政策のすべてを評価対象とするのは、作業として無理があったり、市民や関係者に行政評価の進め方が理解さ

表４－２　評価表（例）

【施策内容】

大柱	3	個性豊かな人と文化が育つまち
中柱	1	子どもが心豊かで健やかに育つ地域環境づくり
小柱	1	子どもが個性や創造性を伸ばす保育、教育の充実

【内部評価】（２次評価結果）

事務事業評価（小柱単位）	自動判定は「ｂ」評価であるが、各事業の進行は適正と判断し、「ａ」評価とする。
政策・施策評価	市民満足度の設問「子どもが健やかに育つ地域の環境」がマイナス（以前比－3、現状－10）であり、まちづくり指標の代表指標「中学生100人当たりの不登校生徒数」が13年度4.2人→14年度4.7人と増加し、前年比が低下（88%）しているため、自動判定のとおり「Ｂ」評価とする。
統合評価	以上のことから自動判定のとおり、「黄」評価とする。

■統合評価

大柱	中柱	小柱	政策・施策名	政策・施策評価	事務事業評価	統合評価（内部評価）（２次評価が評価結果）	
				評価	評価	自動判定	２次評価
3	1	1	子どもの個性や創造性を伸ばす保育、教育の充実	B	a	黄	黄

■政策・施策評価

大柱	中柱	小柱	政策・施策名	市民満足度				まちづくり指標		統合評価（内部評価）（２次評価が評価結果）	
				以前と比べて		現在の状況					
				スコア	区分	スコア	区分	前年比	区分	自動判定	２次評価
3	1	1	子どもの個性や創造性を伸ばす保育、教育の充実	－3	▲	－10	▲	88	▲	B	B

■事務事業評価

大柱	中柱	小柱	特別番号	政策・施策名・事業名	ウエイト	事業結果量目標達成率		実施率（予算執行率）		事業効率（コスト効率）		〈参考指標〉事業効果量目標達成率	統合評価（内部評価）（２次評価が評価結果）		
						%	区分	%	区分	前年比	区分	%	自動判定	１次評価	２次評価
3	1	1		子どもの個性や創造性を伸ばす保育、教育の充実	100	111.1	○	97.2	○	94.1	△	219.8	b	－	a
			58	学校トイレ改修事業（小学校）（トイレ・フレッシュアップ計画）	0.07	100.0	○	77.1	○	98.2	△	－	b	a	a
			59	学校トイレ改修事業（中学校）（トイレ・フレッシュアップ計画）	0.06	100.0	○	90.0	○	100.1	○	－	a	a	a
			60	（仮称）市立横須賀総合高等学校建設事業	0.10	100.0	○	99.9	○	83.6	△	－	b	a	a
			61	芸術鑑賞会（スクールコンサート・イン・ベイ・スクエア）	0.08	100.0	○	92.3	○	92.9	△	95.7	b	a	a
			62	高等学校国際交流支援事業	0.10	100.0	○	95.0	○	80.2	△	125.0	b	a	a

れていない点もあるので、むしろ重点的項目を評価対象とする方法もある。また、予算関係の書類に評価対象の指標を入れるのも、どの程度の事業かがわかるので予算の査定に役に立つし職員の意識化を図ることが可能である。

今までに教育行政評価が実行できない理由は次のような理由からであるといわれている。

・教育行政に関する政策・施策評価は毎年度実施できない事情がある。
・教育振興計画の事業のくくり方が一般行政評価と異なるので予算額、決算額の把握が難しい事業や予算のない事業がある。事務事業評価の実施率や事業効果の指標による評価ができない。
・社会教育の部分の数量的増大をもって、社会教育が向上したとはいえない。
・教育活動の評価において、必ずしも指標として数値化しえない場合もある。
・教育効果として考える場合に事業間の評価をどのようにするか？
・教育活動は、教育思想に基づいて展開されるので、その教育思想について評価されるのかという大きなテーマもある。
・教育成果としての１ケースをもってモデルとする評価もあるので、数値の増加をもってよいとすることとは異なる。

参考文献

・横須賀市行政評価研究会「行政評価研究会報告書」平成13年１月
・横須賀市まちづくり評価委員会「横須賀市総合計画の進行管理について（提言）」 平成14年３月
・「横須賀市行政評価システム－行政評価プロジェクトチーム報告書－」　平成15年３月
・横須賀市企画調整部企画調整課 「行政評価結果報告(平成14年度・内部評価)」　平成15年８月
・「横須賀市教育基本計画推進委員会会議資料、会議録」

第５章　生涯学習関連施設の自己点検・評価

——博物館を中心に——

1　はじめに：自己点検・評価はなぜ必要か

評価とは、施設を所轄する部局や外部の有識者集団から一方的に下されるものという認識が強い。しかし、施設の活動を改善し、利用者満足度を増すといった前向きな働きを評価の目的とするなら、生涯学習関連施設におけるこのような評価はほとんど意味がないと考える。その理由は３つある。

１つめは、施設の現場における状況を最もよく知っているのは施設に勤務する職員であり、ヒアリング調査などの十分な裏付けのないなかで、所轄部局や外部有識者が下した評価はディテールにまで踏み込んでいないので、現場職員にとって説得力を持たない。

２つめは、その評価が説得力を持たないがために、いくら外部から指摘されても、現場を動かすことができる職員は、本気で改善・改革を実行しようとは思わない。

３つめは、このような評価が公開されマスコミで紹介されると、内容的に的はずれでも、評価の最後にＡ・Ｂ・Ｃといった３段階評価結果が付されているので分かりやすく、その結果のみが独り歩きする。ますます現場職員の反発を買うことになる（上山2003a）。

では、生涯学習関連施設においてその事業やサービスを評価する際、まずどこから初めに着手するのが良いのだろうか。筆者は施設の現場が自ら課題を抽出し、それを克服するために何をするべきかを考えることから始めるべきと考える。以下に、博物館における自己点検・評価に関する評価手法を中心に事例とともに紹介する。

2　博物館評価のさまざまなタイプ

近年、個々の博物館活動や博物館経営全体に関する「評価」が盛んに行われるようになってきた。しかし一方で、同じ「評価」という言葉を用いながらも、内容がまったく異なっていることがよくある。いったい評価にはどれくらいの種類・タイプがあるのだろうか。

佐々木秀彦（2002a）は、「評価」という言葉を使わないで、現在、「博物館評価」と言われていることの中身を別の言葉で表現している。それによると、以下の６種類の「評価」が存在している。

1）　一定の基準による審査：博物館法による登録制度がこれに該当するが、我が国の場合はこの制度が形骸化し、現状に合わなくなっている。イギリスやアメリカには博物館の質を保ち、信頼性を確保する登録制度や基準認定事業がある。

2）　設置者による点検：博物館の設置者が、博物館の事業について目標を設定し、到達度を点検

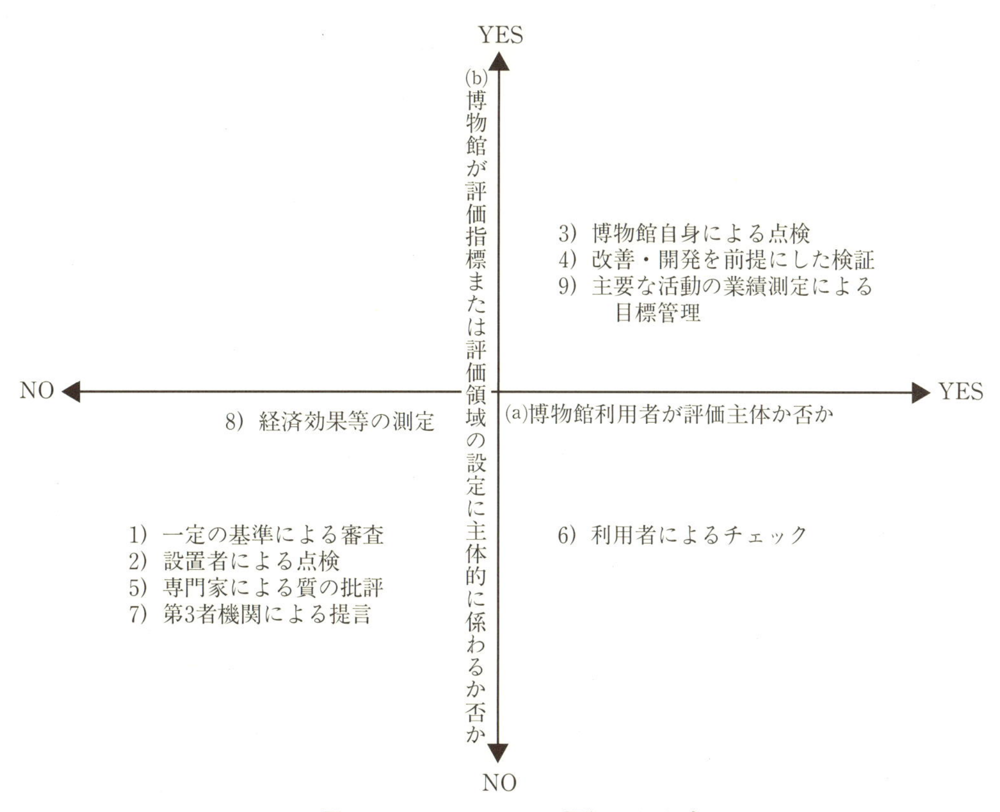

図5－1　ミュージアム評価のタイプ

する。平成12年度に東京都が試行した文化施設に対する行政評価がこれにあたる。

3)　博物館自身による点検：博物館が自らの事業や組織について網羅的に調査・点検し、今後の改善方向を探る。

4)　改善・開発を前提にした検証：展示観覧者を対象として実施する調査活動で、その結果は各種活動に反映される。アメリカでは、エバリュエーションと呼ばれるものである。

5)　専門家による質の批評：専門家が展示の意図や手法について、おもに学術的な観点から批評する。

6)　利用者によるチェック：利用者自身が、利用する観点から博物館の施設や事業、サービス等について点検し、満足度を公表する。

筆者は、佐々木が示した6つの評価のタイプに以下の3つを加え、9種類のタイプがあると考える（佐々木亨2002）。

7)　第三者機関による提言：博物館の外部評価委員会のような機関が、制度的制約に由来する非効率や機会損失を解消するため、会計規則や運営形態などのあり方を提言する。

8)　経済効果等の測定：博物館への投資が地域社会にどのような経済効果をもたらしたかを、生産、雇用、所得、便益などさまざまな角度から数量的に分析する。

9)　主要な活動の業績測定による目標管理：博物館の各事業に関してその業績を測定するための指標を決め、現状値を測定し、目標値を定める。

これらを、［横軸］：利用者が評価（価値判断）を下す主体か否か、［縦軸］：博物館が評価指標または評価領域の設定に主体的に係わるか否か、という2つの座標軸上にプロットしたものが図5－1である。

◆**ワークショップ**（workshop）
もともとは作業場、工房の意味。さまざまな社会的活動や研修会などで参加者が互いに意見を述べ合ったり、作業をしたり、体験活動を行ったりする形態や方法、プログラム。参加型学習の代表的な方法としてのワークショップの場合は、ファシリテーターと呼ばれる指導者の下で、学習者が他者の意見を聞いたり実際にやってみたりしながら問題解決を図り、態度や技術や行動力を身につける方法をいう。具体的には、導入部に学習者の気持ちをほぐすアイスブレーキングを入れ、展開部で幾つかのアクティビティ・活動を組み合わせ、まとめにはふりかえりを入れる構成になっている。

このうち「自己点検・評価」、つまり、博物館自身が評価すべき対象領域を設定し、その現状を把握するための方法を決め、自らの手で課題を発見し、将来に向けた道筋を検討する手法に該当するものは、3)博物館自身による点検、4)改善・開発を前提にした検証、9)主要な活動の業績測定による目標管理、である。次の節では、この３種類に関する具体的な事例を紹介する。

3　我が国の博物館における自己点検・評価の事例

(1)　博物館自身による点検

開館10周年などの節目に、博物館職員が中心になって、重点的事業の変更や組織体制の見直しを行うケースがこれにあたる。

兵庫県立人と自然の博物館では2000（平成12）年度より、開館10周年目にあたる2002（平成14）年度からの実施を目指して、「新展開」という名のプログラムを開始した。ここでは、既存事業に関する自己点検を踏まえ、以下のような方針を定めている(1)（八木・田原2001)。

(a)　新たなニーズに応える生涯学習の支援

- これまでの枠組みを超えた実践型の学習の場を提供する。
- 研究員主導によるセミナーや野外活動など専門性豊かな学習機会を積極的に設ける。

(b)　自然・環境シンクタンク機能の充実

- 県民の要望に応え、県政課題に敏感に対応するために、研究員のもつ専門知識や博物館の知的・物的資産を有効活用して、人と自然の共生に関する提案を行う。

また、この方針を実現するために、事業部門の創設、マネジメント体制の再編、研究体制の再編などの運営組織の見直しと、博物館の独立性・自律性を基本とした運営手法の導入や職員にインセンティブを与える仕組みを作っている。

(2)　改善・開発を前提にした検証

展示を対象にした検証作業で、一般に企画初期段階での事前評価、展示制作途上での形成的評価、展示完成後の総括的評価がある。

滋賀県立琵琶湖博物館では、2000年２月24～27日に、アメリカのミュージアムで展示評価や来館者研究を行っている研究者を招き、ワークショップ＆シンポジウム「博物館を評価する視点」が開催された。常設展示における検証を単なる研究題材として取り上げるのではなく、利用者の視点に立ち、何のために検証するのか、それをどう生かすのかという事後のアクション

◆ベンチマークス
☞P.75「ベンチマーク、ベンチマーク方式」を参照。

に結びつけて実施された（滋賀県立琵琶湖博物館2000）。北海道開拓記念館では1999年にアイヌ展示の総括的評価調査を実施した（佐々木亨2000、2001）。また東京都江戸東京博物館では、企画展「東京建築展」（2001.11.20－2002.1.20）において事前評価を取り入れ、その後の展示制作に反映した（佐々木秀彦2002b）。

(3)　主要な活動の業績測定による目標管理

ミュージアムの各事業に関してその業績を測定するための指標を決め、その指標ごとに目標の数値を設定し、事後に現状の業績値を測定し、目標と現状とのギャップの原因分析を行う。そしてさらに、新しい目標を立て、また実行し、再度業績を測定するという一連のサイクルが伴う評価である（上山2002：43-44）。

静岡県立美術館の研究ワーキングでは、筆者も参加して、2001（平成13）年４月から約１年間かけて、同美術館の各種事業や利用者サービス、交通アクセスや周辺環境、さらには社会とのネットワーク作り、美術館の経営基盤などに関する74の業績測定指標を設定した。通常「静岡県立美術館ベンチマークス」と呼ばれている。

指標設定の際、例えばある展覧会の観覧者が何人であったかというような「アウトプット」指標（事業を行うことにより産出されることがらに関する量的な指標）だけでなく、できるだけ「アウトカム」指標（事業対象としている利用者側における成果に関する質的な指標）を加えるようにした。つまり、展覧会事業であれば、観覧者にとって感動が生まれたか、展覧会の趣旨を理解できたか、心地よく観覧できたかなどがその指標となる。

翌2002（平成14）年度において、各指標の現状値を測定するために、アウトプット指標に関しては、主に総務課などで把握している既存のデータを利用した。一方、アウトカム指標については、新たに13種類の調査を実施した。2002（平成14）年度の現状値は表５－１のとおりである。なお、学芸員の展覧会・教育普及・調査研究活動に関する業績のチェックはこのシステムとは別に「研究活動評価委員会」が行っている。

表5－1　静岡県立美術館ベンチマークス案（v. 6）

大項目	中項目	評価指標	業績測定（現状値） H14年度
1．作品と出会う場の充実 〈展覧会〉	(1)展覧会の定量的側面	1　展覧会の観覧者総数	170,390人
		2　新規来館者の割合	17.6%
		3　来館後1年以内のリピート率	77.4%
	(2)展覧会の定性的側面	1　展示からインパクト（興味・感動が生まれた）を受けた観覧者の割合	82.4%
		2　展覧会で新しい発見があった観覧者の割合	71.6%
		3　観覧料に見合うだけの内容であったと感じた観覧者の割合（観覧料の妥当性）	69.6%
		4　自分の観覧体験を他人に伝え、来館を他人に薦める観覧者の割合	58.1%
2．人と出会う場の充実 〈文化の交流の場〉	(1)ボランティア	1　ボランティアの総活動日数	〈指標検討〉
		2　ギャラリートークにおける観覧者の満足度（満足した人の割合）	100%
		3　ボランティアにおける自己実現度（自己実現がはかれているボランティアの割合）	45.3%
		4　他館への関心度の増加割合	92.3%
	(2)友の会	1　友の会会員の数	661人
		2　友の会会員にとっての満足度（友の会の内容・会費に満足している会員の割合）	84.0%
	(3)学芸員養成	1　博物館実習後の美術館の活動に対する意識の変化（美術館関連の仕事を本気で目指そうと考えるようになった学生の割合）	25%
		2　博物館実習後の美術館利用形態の変化（いままでより頻繁に美術館・博物館を利用するようになった学生の割合）	100%
3．学びと出会う場の充実 〈美術・美術館への誘い〉	(1)実技系の教育普及	1　受講者総数	3,523人
		2　受講者充足率（受講者／定員）	90.8%
		3　普及事業への参加がきっかけで、その後1年間の来館頻度が増えた人の割合	47.6%
		4　自分の参加体験を他人に伝え、参加を他人に薦める参加者の数	89.0%
		5　新規受講者の割合	75.5%
		6　受講後1年以内の普及事業へのリピート率	95.1%
	(2)講義系の教育普及	1　受講者総数	914人
		2　受講者充足率（受講者／定員）	96.0%
		3　普及事業への参加がきっかけで、その後1年間の来館頻度が増えた人の割合	45.9%
		4　自分の参加体験を他人に伝え、参加を他人に薦める参加者の数	80.3%
		5　新規受講者の割合	48.9%
		6　受講後1年以内の普及事業へのリピート率	85.1%
	(3)印刷物・講座等	1　美術鑑賞・美術館活動に関わる学芸員の刊行物の件数	92件
	(4)図書・映像資料	1　図書・映像資料の利用者総数	3,893人＋174人
		2　図書・映像資料を提供している場（図書閲覧室、ビデオプラザ、ビデオコーナー）に満足したと感じた人の割合	28.1%
	(5)学校対応	1　受け入れた学校数	246校
		2　受け入れた生徒・児童数	12,860人
		3　学校向けプログラムに関して面白かった、またやってみたいと感じた児童・生徒の割合	93.9%
		4　学校向けプログラムが授業の目的達成に貢献したと感じた先生の割合	90.9%
		5　学校行事でかって来館したことのある人の来館者（成人）に占める割合	15.9%
	(6)特別観覧（資料の利用度）	1　特別観覧の件数	61件
	(7)レファレンス	1　美術に関する質問を受けた件数	72件
	(8)参加型プロジェクトの県民の参加度	1　展覧会、普及事業などへの県民参加の事業数	〈指標検討〉

大項目	中項目	評価指標	業績測定(現状値) H14年度
４．アメニティ(快適性)の充実	(1)交通機関	1　公共交通機関の便数・料金に満足している利用者の割合	54.4%
		2　駐車場の広さに満足している利用者の割合	84.0%
	(2)ユニバーサルデザイン	1　交通機関を降りてから来館までの行動がスムーズにできたと感じている利用者の割合	91.1%
		2　美術館内での行動がスムーズにできたと感じている利用者の割合	92.1%
	(3)レストラン	1　レストランの利用者満足度（味、料金、メニュー、接客、雰囲気に満足したとする利用者の割合）	33.3%
	(4)ミュージアムショップ	1　ミュージアムショップの利用者満足度（商品の質・数、料金、店の作り、接客に満足したとする利用者の割合）	72.7%
	(5)付属施設	1　付属施設(県民ギャラリー・講堂など)の利用率	90.6%＋33.5%
		2　付属施設(県民ギャラリー・講堂など)の主催者(借り手)満足度(立地、使用料、広さなどに関して満足した主催者の割合)	93.5%
	(6)館内環境	1　展覧会会場において心地よく観覧できた人の割合	82.8%
		2　展覧会会場以外の場所において心地よく観覧できた人の割合	95.4%
	(7)周辺環境	1　美術館周辺（プロムナードなど）の緑地は美術館利用者にとって心地よい場となっていると感じる人の割合	80.6%
	(8)スタッフ	1　対応の仕方について満足した利用者の割合	84.1%
	(9)その他	1　利用者・県民からの苦情件数（来館時、電話、メールなどによるもの）	11件
５．知的基盤の充実〈文化財の保護および調査・研究機関の整備〉	(1)収蔵作品	1　作品の保存状態の良好さ（収蔵庫内害虫の数、収蔵庫内温湿度が上下５％の幅を超えた時間数）	〈別表〉
		2　収蔵作品の公開件数（常設展、企画展、移動美術展を含む）	523件
		3　他機関への貸出件数	45件
		4　収蔵品等に関わる調査・研究件数	16件
		5　収蔵作品をテーマにした館外研究者による論文件数	７件
		6　コレクションの独自性・先駆性（そのことを認める大学研究者・他館学芸員の割合）	〈別途評価〉
	(2)学芸員の展覧会、教育・普及、調査研究活動	1　学芸員のカタログ論文、学術論文・学会発表、その他美術史に関わる刊行物の件数に関する達成度（事前に目標値を自己申告する：要検討）	17件
		2　上記についての外部評価（優秀だと認めている研究者及び他館の学芸員）	〈別途評価〉
		3　学芸員の展覧会の企画数とそれに要した調査の数	92件
		4　上記についての外部評価（優秀だと認めている研究者及び他館の学芸員）	〈別途評価〉
		5　学芸員の教育普及事業の企画数とそれに要した調査の数	35件
		6　上記についての外部評価（優秀だと認めている研究者及び他館の学芸員）	〈別途評価〉
		7　上記以外の専門領域活動及びその他の活動数	17件
６．広報の充実	(1)ホームページ	1　ホームページのアクセス件数	87,300件
		2　ホームページへのアクセスによって入手できる情報に満足した人の割合	60.1%
	(2)紙媒体	1　美術館活動の掲載された新聞・雑誌記事数（別表）	112件
７．社会における存在意義の確立〈社会とのネットワーク作り〉	(1)企業	1　企業協賛・助成の獲得件数	０件
	(2)美術館	1　県内美術館・施設との連携（大型貸出）件数	０件
	(3)他の施設	1　その他の施設（大学、病院など）との連携件数	０件
８．経営基盤の充実	(1)自主財源比率	1　協賛金、助成金、観覧料収入等の自主財源の比率	73.5%
	(2)職員の士気	1　美術館の運営上の戦略や将来ビジョンを理解して仕事をしているとする職員の割合	68.2%
		2　日常の仕事に満足している職員の割合	54.5%
	(3)情報公開	1　美術館運営の関する情報（収支、事業業績など）の透明性が確保されていると感じる利用者の割合	39.3%

◆ファシリテーター（facilitator）
促進者。参加者が自ら気づいて行動するように、指図したり教えたりすることは避けて、参加者の心の動きや状態の把握に努めながらプログラムの展開を図る指導者。

◆ワークショップ
☞P.40参照。

4　「自己点検・評価」に関する最近の動向

これ以外の「自己点検・評価」に関する最近の動向を紹介する。

⑴　日本博物館協会による自己点検・改善のための支援

㈶日本博物館協会は、文部科学省の委嘱事業として2001（平成13）年度から実施した「博物館運営の活性化・効率化に資する評価の在り方に関する調査研究」の成果として報告書『博物館の望ましい姿――市民とともに創る新時代博物館』(2003) を発行した。報告書の中には、「市民の視点に立ち、市民と共に創る博物館」を実現するために、館種や設置者、規模の違いを超えた博物館活動の拠り所を以下の９つの項目にまとめ、それぞれの項目に詳細なチェック項目を配している（㈶日本博物館協会2003a）。

１．使命と計画、２．資料の収集と保管、活用、３．調査･研究、４．展示、教育普及活動、５．施設の整備・管理、６．情報の発信と公開、７．市民参画、８．組織・人事、９．財務・社会的支援

同協会では2003（平成15）年度に、報告書の内容を実現するために、また自らを評価し、改善するために「『博物館の望ましい姿』自己点検･評価アンケート」を実施した。さらに、アンケート回答の中で希望のあった博物館においては、同協会から委嘱を受けた博物館職員等をファシリテーターとした「自己点検・改善ワークショップ」を試行し、自己点検・改善のための支援を行った（㈶日本博物館協会2003b）。

このワークショップの参加者は、博物館の職員（学芸系、事務系、管理職)、設置者（市町村や都道府県の所轄部局)、利用者（ボランティアや友の会の代表)、同協会から委嘱を受けたファシリテーターなどである。ワークショップは少人数グループ単位で実施し、1)「自己点検･評価アンケート」に基づく問題意識の共有、2)現場視察、3)博物館の「強み･弱み、チャンス・ピンチ」分析（SWOT分析)、4)使命と中長期計画案作成のためのディスカッションが主なメニューである。

⑵　企業における標準モデルの適用

(a)戦略計画の策定

博物館利用者や非利用者に対する自館へのニーズ調査結果から、事業の見直しを行うとともに、博物館の使命の見直しを進めるケースがある。調査データから、利用者や非利用者をその属性や博物館体験の有無などでいくつかの層に分類し、それぞれの層におけるニーズを明確にしたり、博物

◆SWOT 分析

スウォット分析。SWOT（スウォット）とは、Strength（強み）、Weakness（弱み）、Opportunity（機会）、Threat（脅威）の頭文字を並べたものである。企業等の内部要因を強み（strength）、弱み（weakness）から、また外部環境要因を機会（opportunity）、脅威（threat）から分析・評価し、重点課題を設定する経営戦略の手法。

一般的には、下のような表をつくり、ビジネスチャンスに対して何を積極的に利用したらよいか、対処すべきマイナス要因は何かを検討したりして、重点課題を設定する。

		外部環境要因	
		機　会	脅　威
内部要因	強み	打って出る要素	差異化する要素
	弱み	漸進的に進める要素	対処すべき要素

館にとって「機会」となる状況・環境はなにか、反対に「脅威」となる状況・環境は何か、また博物館が持つ「強み」「弱み」は何かについて分析（SWOT 分析）する。最終的には博物館の使命の見直しを行い、新しい使命を達成するために中長期計画を策定し、既存の事業をその計画のもとで見直し、最後に業績測定指標を設定し、経年的に業績達成度をチェックするような評価システムを運用する。これは民間企業における、いわゆる「戦略計画」を策定することにほかならず、博物館でもこのような戦略計画策定が今後、評価手法として位置づけられると考える。

2004（平成16）年10月開館予定の金沢21世紀美術館では、使命を明確にした上で、事業・業務分野ごとに戦略目標を掲げ、それをさらに戦略（行動課題）に分解し、その先に業績指標と達成目標を設定している。これは「戦略計画の策定」方式による経営である（上山2003b）。

(b) ISO9001 認証取得

ISO（International Organization for Standardization）とは「国際標準化機構」のことで、モノやサービスの流通を促進するための国際的な標準規格を策定する組織である。1987年には品質保証規格を制定したISO9000シリーズが発行され、企業の品質管理規則、管理専門部署の業務などを含むシステムを、審査登録機関が一定の期間をかけて検査したうえで認証している。

我が国の博物館においては、ブリヂストン美術館が2002（平成14）年４月より認証取得のための準備を開始し、翌年４月にISO9001の認証を取得した。これにより組織内の意識改革、業務の標準化、顧客満足の実現、および人材育成がスムーズになる、リスク管理が容易になるなどのメリットがあるといわれている。

おわりに

博物館の自己点検・評価に関する事例を見てきたが、これで評価活動のすべてが終わりというわけではない。なぜならば、現場だけによる点検・評価では、課題の認識や今後の目標設定が甘くなっていたり、納税者から見るとお手盛りの評価内容になっていたりするかも知れないからである。

自己点検・評価が終了した後は、その結果を広く博物館利用者や納税者に公開するとともに、外部の有識者をメンバーとした評価委員会などを設置し、博物館の現場が提出した自己点検・評価の内容をチェックする必要がある、それとともに、現場の改善努力だけではどうしても解決しない課題や現場からの発意だけでは実現しにくい問題解決に向けて、例えば会計規則や組織・運営形態の改革案などを提案するのも、評価委員会の重要な役割である。

注

⑴ 兵庫県立人と自然の博物館ホームページを参照した（2003.11.27）。http://hitohaku.jp/sintenkai/index.html

引用文献

・上山信一

2002『日本の行政評価－総括と展望－』 第一法規

2003a「自己評価が先決、管理部門の独断排除を－わが国の「基準なき評価」の弊害－」(連載 地域再生とミュージアムの潜在力４)『地方行政』（2003.8.14） pp.2-5

2003b「「やらされる評価」から「自らやる評価」へ－金沢21世紀美術館と静岡県立美術館－」(連載 地域再生とミュージアムの潜在力５)『地方行政』（2003.8.28） pp.2-8,10-11

・佐々木亨

2000「博物館民族学とアイヌ民族文化展示の評価に関する考え方」『東北アジア研究』 4 pp.65-80

2001「アイヌ民族文化の展示に関する評価研究の試み－北海道開拓記念館の調査から－」『他者像としてのアイヌ民族イメージを検証する－文化人類学におけるアイヌ民族研究の新潮流－』(『昭和女子大学国際文化研究所紀要』６） pp.43-62

2002「ミュージアムにおける評価手法の種類と導入について」『産業化する芸術の可能性』(岩渕潤子ほか編) pp.114-137 都市出版

・佐々木秀彦

2002a「博物館評価をめぐる状況」『入門 ミュージアムの評価と改善－行政評価や来館者調査を戦略的に活かす－』(村井良子編著) pp.8-34・ミュゼ

2002b「江戸東京たてもの園・江戸東京博物館　東京建築展は、こうしてつくられた(連載第２回)」『月刊ミュゼ』53(2002.6) pp.26-29

・滋賀県立琵琶湖博物館

2000『琵琶湖博物館研究調査報告（ワークショップ&シンポジウム 博物館を評価する視点)』 17

・日本博物館協会

2003a『博物館の望ましい姿－市民とともに創る新時代博物館－』

2003b『第51回全国博物館大会資料Ｖ』

・八木剛・田原直樹

2001「共生博物学をめざす「人と自然の博物館」の新展開とは」『月刊ミュゼ』 48 （2001.8） pp.2-6

Q&A

Q1

NPM（New Public Management：ニュー・パブリック・マネジメント）とはどういうことをいうのでしょうか。

A1

NPMとは、企業経営の手法の長所を、できるだけ行政に取り入れて効率化を図ろうとする考え方です。その考え方は、民間企業が市場競争原理に従って提供できるサービスは、行政は手がけない。行政が手がけるべき分野の事業経営にも、極力市場競争原理を導入する。そして、住民を顧客と見立てて、住民の視点にたった業績評価を徹底して行い、その評価結果は可能な限り公表するということです。

評価の目的は、設定された目標をどの程度達成したかを確かめるために、さまざまな情報や証拠を集めてその達成度を判断するということです。そして、評価をした結果を次の計画の段階に活かし、計画や事業の改善を図るための資料を得ることが評価の目的で、評価をすること自体が目的ではありません。いわゆる、Plan（計画）→Do（実行）→See（評価）のマネジメント・サイクルが大切なのです。

そのためには、ニーズの変化にスピーディに対応できる小さくて機動的な組織ユニットを作り、住民との接点にいる現場の機関、第一線の職員にできるだけ権限を委譲します。これらを通じて、サービスの質と量を上げます。これができないときは、行政サービスを縮小し、VFM（Value for Money：財政負担の縮減率）の向上を図ります。

このNPMの考え方を推し進めていくと、官から民、もしくはNPOへの業務のシフト、国から地方への業務のシフト、現場への権限のシフト、安定継続性を重視した事業から競争変化を重視した事業へのシフト（移行・転換）が進んでいきます。

Q2

行政評価は、ややもすると効率性といった財政的な視点が強く、また、短期的な効果から事業の見直しが行われているように思われますが、効果の出るまでの期間が長い教育事業などに当てはめると、教育（行政サービス）の質を落とすことにつながるのではありませんか。

A2

評価を行う目的は、設定された目標の達成度を判断し、その結果を次の計画の段階に活かし、計画や事業の改善を図るための資料を得ることです。

このような評価における本来の目的から外れ、評価することそれ自体が目的になったり、財政的な視点だけで行政サービスの効率性を判断していくと、コストのかかる行政サービスの評価は低いものとなり、そうしたものの切り捨てが行われる可能性も否定しきれません。しかし、評価本来の目的を忘れず、事業・サービスの改善などに取り組めば、評価を行うことが教育（行政サービス）の質を落とすことにつながることはないはずです。ただ、評価を行う際に、評価指標や評価項目の作成や評価報告書の作成が目的化することのないように、十分注意することも必要です。

また、「教育は百年の大計」という言葉のとおり、教育行政では、その成果が現れるまで長い時間がかかると言われますが、そのことで、教育行政の評価に効率性を求めることをタブー視する理由にはなりません。Plan（計画）→Do（実施）→See（評価）のサイクルも中長期的なものばかりでなく、短期的に成果を上げていかなくてはならないものもあります。短期間で具体的な成果を上げる事業を創設するなど、教育行政として、評価を受けるという受け身の姿勢からの脱却も必要です。

Q3 **行政評価は、形式的には内部評価であり、自己評価であることが多いと思いますが、成果の評価が自分に都合のよいものになるのではありませんか。**

A3 行政評価には、評価を行うものとして、行政の内部で行う「内部評価」と行政の外部の者が行う「外部評価」があります。

内部評価は、行政内部で職務を担当し、その内容に精通している職員が専門的に行うので、評価結果は安定していますが、評価が甘くなる傾向にあります。一方外部評価は、職員以外の者が評価を行うので、広い視野での評価ができるという利点がありますが、行政担当者でない者が、多岐にわたり評価できるかという評価結果の安定性に課題があります。また、外部評価の場合でも、評価者を行政が依頼することになり、評価が甘くなるので純然たる第三者評価を行うべきとの批判もあります。

実際の評価は、「施策等の質の向上」と「行政の説明責任の遂行」という本来の目的を達成する観点から、画一的なものではなく多角的に行う必要があり、内部評価と外部評価がそれぞれの立場で行われることが重要です。

さらに、内部評価をより良いものとするために、施策等の目的や目標を絶えず明確に意識し、その上で、その目的や目標に照らして、施策等の有効性、効率性といった質を向上させていき、評価の内容についての信頼性を確保することが、行政に求められています。

行政評価に住民の意見を取り入れるために、どのような工夫をしたらよいでしょうか。

A4 行政評価に住民の意見を取り入れるためには、「外部評価委員会」等の委員会を設置していることが多いようです。この場合、委員の構成は、学識経験者や地域の関係団体などを行政側が指名する場合と住民を公正に公募などにより募集する場合があるようです。自治体によっては、NPOなどの外部機関に委託し、専門性を持った主体的な評価を行っているところもあります。

また、より多くの住民の意見を反映させるために、市民意識調査や満足度調査などのアンケート調査やヒアリングなどの方法を取り入れるとともに、調査結果を広報誌やホームページなどにより公表することで、さらなる意見聴取するところもあります。

最近では、行政評価を行うに当たり、宮城県のように住民の意見を取り入れることを条例の中に盛り込んでいるところも出てきました。

評価を行うに当たっては、単に職員による内部評価のみとせず、広い視野で評価できるとともに、住民の視点で有効性や経済性などが評価され、評価に対して住民の信頼が得られるシステムを作ることが大切です。

Q5 行政評価と説明責任は、どのような関係にあるのでしょうか。

A5 今日の行政運営には、効率性や有効性とともに、予算と計画の関連性を含め、その運営にかかる経済性についても求められています。そこで、各自治体で展開される政策、施策、事務事業等についての妥当性や達成度、成果が、事前、事中、事後を問わず、一定の基準、指標により判定される行政評価が取り入れられるようになりました。このことにより、各自治体は、行政活動を客観的データとして確認することができ、その結果を反映させて新たな運営へ発展させることができます。

また、行政運営には、地域住民が支払う税金の多くが使われていますので、評価を行うだけではなく、行政運営の透明性として税金の使用方法、また政策や施策に対しての事業の成果等について、住民にわかりやすく説明する責務があります。このことは、「行政機関の保有する情報の公開に関する法律（情報公開法）」（平成11年５月）において、規定されていますが、この説明の責務のことを説明責任（アカウンタビリティ）と呼んでいます。

このように、説明責任は、住民の行政運営に対しての理解を図る手だての一つであり、その説明をわかりやすくするものが行政評価と考えることができます。

Q6 自治体として行政評価が行われることが多くなり、社会教育施設が独自に自己点検・評価することの意味はなくなるのではありませんか。

A6 行政評価とは、行政機関の活動を客観的に評価し、その結果を行政運営に反映させることを言いますが、地方自治体では、評価に関する取組を総称して行政評価と呼ぶことが多いようです。一般的に行政評価は、政策－施策－事務事業の企画立案に必要な情報を得るために実施されるもので、「企画立案（Plan)」－「実施（Do)」－「評価（See)」のマネジメント・サイクルの中に位置づけられるものです。また、結果を住民に公表するなど、行政の説明責任を果たしていくということも重要な要素です。

一方、自己点検とは、ある時点での自己の状態を明らかにし、問題や課題を明らかにすることであり、自己評価は、その後一定期間を経過した時点での目標の達成度を明らかにすることです。

社会教育施設が独自に自己点検・評価することの意味は、自らがその役割と使命を明確にして教育施設としての市民の理解を得るということです。行政評価は、行政の側から社会教育施設の効率性等を評価しますが、教育の観点が考慮されていなかったり、不十分である場合が多いようです。

それぞれの社会教育施設が独自に使命を示し、それに基づいた具体的な目標を掲げ、自己点検・評価を行い、その結果を積極的に公表し住民の理解を得ることは、今後ますます重要になっていくと考えられます。

技　法　編

第6章　自己点検・評価、第三者評価と行政評価の技法
第7章　生涯学習関連の自己点検・評価項目

第６章　自己点検・評価、第三者評価と行政評価の技法

はじめに

自己点検・評価、第三者評価、行政評価の技法には、それらの評価に共通するものとそれぞれの評価に固有の特殊なものとがある。ただし、ここでいう技法は、評価のために集めた資料を操作し、分析する仕方のことである。

本章ではいずれの評価にも共通する技法を取りあげ、検討しておくことにしよう。それぞれの評価に固有の特殊な技法については、実際に評価を行う中で、必要に応じて開発することになるであろう。

目標・計画の達成度を明らかにし、問題や課題を指摘する評価は、およそ次のような手順で行われる。

⑴　評価可能な目標・計画の策定と評価項目・指標の決定
⑵　評価技法の選択
⑶　評価のための資料（以下、評価資料という）の収集
⑷　収集した評価資料の分析と問題・課題の指摘
⑸　目標・計画に照らしての分析結果の評定

本章では、第１節でこの手順を説明し、第２節で特に評価技法を取りだして、その使い方を述べることにしよう。

1．評価項目・指標の決定から評定まで

手順の⑴にある「評価可能な目標・計画の策定と評価項目・指標の決定」は、評価可能な目標・計画の策定と評価項目・指標の決定をほぼ同時に行うことを意味している。生涯学習関連の事業では、事業の企画委員会（あるいは企画の会議）には、事業後に行う評価の関係者（評価委員会あるいは評価組織のメンバー）を入れた方がよいとされている。目標・計画を立てる段階でどのような評価をするかということを考えておかないと、評価ができないこともある。規模の小さい施設などで計画を立てるときには、企画や評価の組織などはないということになろうが、その場合には、評価のことも考えながら、計画を立てることになる。

目標・計画は、たとえば中期目標→中期計画→年度計画のように、大項目→中項目→小項目とい

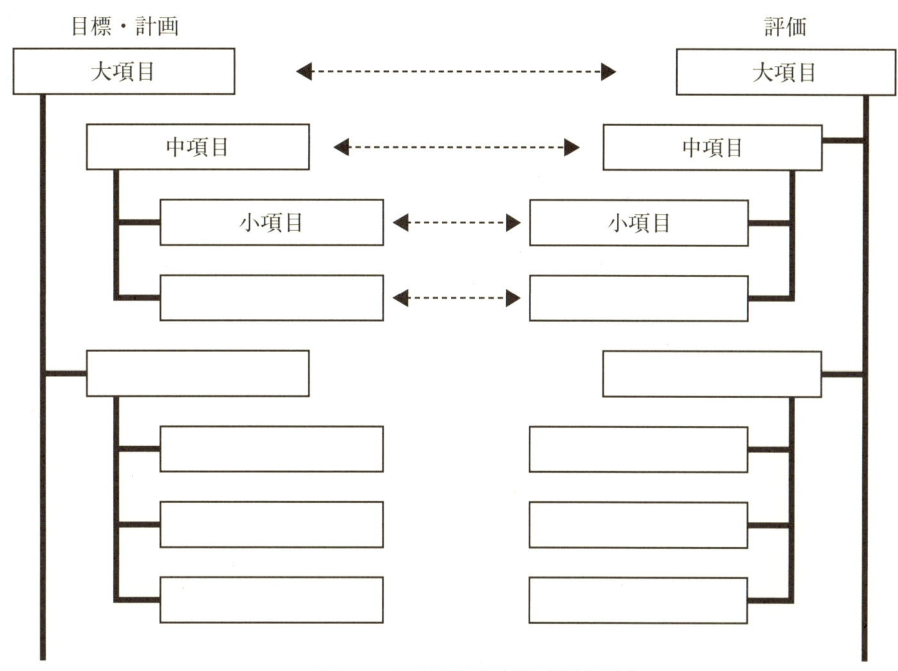

図６－１　目標・計画と評価項目

った系統的な構造をもつようにし、評価の方もそれに対応して系統的に項目を設定する（図６－１）。評価の方も論理的には大項目から順次細分化していくことになるが、具体的な作業では小項目のところで資料分析を行うことから始め、いくつかの小項目をまとめて中項目の評価を行い、さらに中項目をいくつかまとめて大項目の評価にしていくという積み上げ方式が多い。

また、ここでは中期目標・計画を例としてあげているが、年度の場合も期間が年度になるだけで考え方は同じである。さらに、評価の次元区分もここでは大・中・小の３段階にしてあるが、小項目の下に細目（観点の場合もある）を加え、４段階にしたり、年度評価では逆に２段階にするなど、さまざまな次元区分が考えられる。評価資料の分析は、小項目あるいは細目（観点）のところにいくつかの指標を立てて行う。

指標は、一般的にいえば事象を捉えるための目印のことである。評価の場合には、それに基づいて資料を収集し、分析を行うが、資料には量的なものと質的ものがある。量的資料は定量的分析によって定量的評価を行い、質的資料は定性的分析によって定性的評価を行う。最近は、評価の客観性を高めるためにできるだけ数値目標を立て、定量的評価を行うようにした方がよいといわれることが多い。そのため、一部では指標は定量的評価を行うことができるものだけとし、質的な面は指標を立てずに、状況を記述するだけに止めることも行われている。

目標・計画の評価に即していえば、大項目評価は、目標・計画の目標（大項目）に対応した評価で、ある目標（大項目）のもとにある中項目の評価に基づいて、その目標をどの程度達成したかについての評定を行う一種の総合評価である。大項目評価では、その下位項目全体の特徴を表すことができるようにする。いうまでもないが、これは項目別評価の中の大項目であって、項目別評価・全体評価というときの全体評価ではない。

◆定性的分析
対象の非数量的な情報を用いた分析のこと。一般的には、取り上げる対象がどのような要素で構成されており、要素間の関係がどのようになっているかを明らかにすることをいう。ここでは、当該指標に関する記録、意見、反応などを対象に、その中の同じもの同士を集めていくつかの要素に分け、それらの要素がどのようなもので、要素間の関係がどうなっているかを明らかにすることによって、その対象の特徴を捉えること。

◆リーフレット（leaflet）
1枚もののチラシ。折りたたみ式のチラシ。

◆プレスリリース（press release）
行政機関、企業等が報道機関に対して情報を提供すること。

中項目評価は、その中項目の下位にある小項目すべての評価に基づき、その中項目の達成度の評定を行って、問題点や課題を明らかにする。

小項目評価は、目標・計画の小項目についての評価資料を分析して、各小項目についての評定を行い、問題点や課題を析出する。ふつうはいくつかの指標を立てて資料分析を行うが、定量的評価と定性的評価を併用した場合には、両者の関係をできるだけ明らかにした方がよい。

これだけではわかりにくいので、ここで1つの例をあげておくことにしよう。これは、図6－1のそれぞれのボックスに1つの例を入れることを意味している。

たとえば、公立A博物館の中期目標・計画に、次のような項目があったとする。

(大項目)　教育・普及の充実

(中項目)　教育及び普及事業の実施とその充実を図る。

(小項目)

1　幅広い年齢層に科学・技術に関する学習機会を提供する事業の充実を図る。

自然の理解を深めるものとしての「自然観察会」など、科学技術についての理解を深めるものとしての「身近な化学の実験教室」などの事業を実施する。

実施にあたっては、博物館の人的資源、資料、施設等を生かし、他の博物館との連携も行い、内容の充実を図る。

2　保有する標本資料等の学習資源を広く人々の利用に供すべく、マルチメディア技術とインターネット等の情報通信技術を活用して、教育用学習資源データベースを構築する。

3　特別展等の開催時における展示内容及び館内教育普及活動の周知のために、A博物館ニュース、ポスター、リーフレット、プレスリリース等により、教育委員会をはじめ社会教育施設、各小・中・高等学校、報道機関等への積極的な情報の発信を図る。

これに対応して、A博物館平成○○年度計画に次のような計画があるとする。

(大項目)　教育・普及の充実

(中項目)　教育及び普及事業の実施とその充実を図る。

(小項目)

1　科学・技術に関する学習機会の充実を図る事業

①　自然の理解を深めるものとして「こどもの自然教室」「市民のための自然体験講座」など5種類の事業を実施する。

②　科学技術についての理解を深めるものとして「科学の不思議実験教室」など3種類の事

◆コンテンツ（Contents）
内容のこと。一般には、情報コミュニケーション技術(ICT)を使って処理された内容をいう場合が多い。

業を実施する。

2　マルチメディア及び情報通信技術を活用した学習資源の開発

当博物館の標本などを対象とする標本データベースを引き続き作成するとともに、それらを基礎資料とするマルチメディアを活用した「学習資源」コンテンツを開発し、ホームページ上で公開提供を行う。

3　教育普及活動の周知の充実

当館の展示活動、教育普及活動、研究活動について広く社会の理解を得るために、次のような事業を行う。

①　ホームページの充実を図り、インターネットを通じた広報活動を行う。

②　広報誌「A博物館ニュース」の充実を図り、当館の諸活動に対する理解者を増やすように努める。

③　特別展、企画展などの広報普及のため、ポスター及びリーフレット類の作成・配付を行う。

④　当館の展示活動、教育普及活動、研究活動などを積極的に普及広報するため、新聞、テレビ放送局などの各種報道機関に対する情報提供を行う。

ここでは、この年度計画の小項目に対応して評価の小項目を設定し、小項目評価の積み上げで中項目評価、さらにその積み上げで大項目評価ができるようにすることを考えてみよう。分析の仕方等はその中で扱う。

(小項目評価)

1　科学・技術に関する学習機会の充実を図る事業

①　自然の理解を深める事業

【「こどもの自然教室」実施状況】

	予算額 ____	予定回数 ____	定員 ____
	執行額 ____	実施回数 ____	参加者数 ____
………		………	
………		………	
事業合計	予算額 ____	予定回数 ____	定員 ____
	執行額 ____	実施回数 ____	参加者数 ____

【指標による分析】

［目標の達成度］

回数実施率　（実施回数／予定回数）

定員充足率　（参加者数／定員）

時系列評価　（経年的な評価）　必要に応じて行う（技法は第2節）。

全国平均との比較　　　　　　　必要に応じて行う。

予算執行率　（執行額／予算額）

［分析の観点］　目標はどの程度達成できたか、など。

［費用対効果］　費用対効果　（参加者数／執行額）

効率化係数　必要に応じて算出する（技法は第2節）。

［分析の観点］　その達成度は投入金額に対して妥当であるか、など

［主要成果事項］　必要に応じ、根拠となる資料を示しながら記述する。参加者の満足度を示す必要があれば、アンケート調査、面接調査等を行う。

［分析の観点］　計画の実施によって得られた主な成果は何か、など。

［主要消失事項］　必要に応じ、根拠となる資料を示しながら記述する。

［分析の観点］　計画の実施によって消えたり、失われたりしたものは何か、など。

［希少価値判断］　必要に応じ、根拠となる資料を示しながら記述する。

［分析の観点］　消失したり、消失する恐れのあるものの中に存続を図らなければならないものがあるか、など。

【問題点・課題の指摘】

上記のような分析に、当該機関・施設の条件、たとえば人的規模、施設等の物的条件、自然条件、歴史・伝統などを加えて、問題点・課題の指摘をする。

【評定】

第三者評価では、最後にこの小項目についての評定を行うことが多い。評定は、A、B、Cなどの3段階か1～5のような5段階が多い。

自己点検・評価では、点検中心であれば評定はあまり行われていないが、自己評価にウエイトがかかっていれば、評定を行うことが多い。

評定は、時系列的に過去のある時点と比較してどうかとか、現在の全体的な水準から見てどうか、といった観点を持たないと、単なる感想や印象になってしまうので注意する必要がある。こ

こに示したのは１つの分析法にすぎないが、どのような方法によるにせよ、しっかりとした分析を行い、その結果を使って評定を行うことが大切である。

2　マルチメディア及び情報通信技術を活用した学習資源の開発

この項目ではコンテンツ件数等を取り上げるので、小項目や指標の内容は「１科学・技術に関する学習機会の充実を図る事業」と異なるが、１と同様の作業を行う。

例示は省略する。

3　教育普及活動の周知の充実

この項目では広報を扱うので、場合によってはその効果を調査し、分析する必要も生じる。ここでも例示は省略する。

(中項目評価)

中項目「教育及び普及事業の実施とその充実を図る」

中項目「教育及び普及事業の実施とその充実を図る」については、上述の小項目１、２、３を積み上げ、中項目としての評価を行う。評定は、小項目の平均で行ったり、小項目の中でも重要な項目に重みをつけて行ったりする。

(大項目評価)

ここには中項目を１つしか示してないが、大項目の下位にあるいくつかの中項目を積み上げ、大項目としての総合的評価を行う。評定法は中項目と同じである。

以上のような評価法は、あくまで１つの例である。評価の場合には、評価対象、評価の種類（自己点検･評価、第三者評価など）、評価目的、評価技法の組合せによって、さまざまな評価法を作り出すことができる。これからは、評価対象を評価するのに妥当な方法をいろいろと作り出していかなければならないであろう。

◆参照基準（reference base）
比較する際に基準とする選ばれた状態。指数を算出するときに、100として表される状態をいう。比較基準ともいう。

2. 評価技法の選択

目標・計画の策定と評価項目・指標の決定の次には、評価方法・技法の選択を行わなければならない。実際の作業では、評価項目・指標の決定と評価方法・技法の選択は同時に行われる。

1　評価技法

第１節で述べたように、評価項目・指標の性格によって定量的評価、定性的評価の両方ができることもあるし、その一方しかできないこともある。いずれにしても、評価を行うための技法が必要である。評価技法といってもさまざまである。ここでは、機関・施設の評価に用いることのできるごく簡単な技法の例をあげておくことにしよう。対象によっては、その対象を評価するのに妥当な技法を取り入れたり、作ったりすることも考えなければならない。

一般的で、使いやすい評価技法としては、次のようなものがある。

【評価技法】

（評価対象）	（評価技法）
○数量的な目標値を設定できるもの	達成率の利用 達成率＝(達成値／目標値)×100
○数量的な目標値は設定できないが時系列的な数量がわかるもの 例：年間降雨日など（年間降雨日は目標を設定できない）	時系列指数の利用 時系列指数 ＝(当該年の数量／参照基準)×100 参照基準：基準とする年の数量
○質問紙調査によってデータを収集できるもの	効果測定の利用 例：利用者アンケート、職員アンケートなどによって効果を測定する。
○数量的に対象を把握できないもの	記述法の利用 文書類、利用者や職員の反応・意見等の記録類によって達成度や効果を記述する。
○すべての評価対象	基礎資料の利用 統計資料、対象機関の自己評価書等を収集する。

ここにあげた達成率は、目標値がある定量的評価の場合に用いられる。ここでは達成率といっているが、目標値の種類によっては、到達率となったり、充足率となるなど名称はさまざまである。

２番目の時系列指数は、目標値が立てられない場合の技法としてあげてある。勿論、達成率の時系列指数を出して、その変化を分析するというような使い方もあり、時系列指数そのものは多様な使われ方をしている。

ここでは、目標値が立てられない場合の例として「年間降雨日」をあげてあるが、降雨日（あるいは降雪日）が多いか少ないかは、地域によっては施設の利用率や野外活動・観測の回数などに影響を与える。しかし、「当施設のサービス地域における年間降雨日を○○日に減らす」というような目標は、遠い未来はいざ知らず、現在では設定できない。

生涯学習支援ではいくつもの要因が絡んでいて明確な目標値を設定できないことも多く、「～の充実を図る」といった目標しか立てられないことがある。しかし、評価では定量的な分析を求められることが多くなりつつある。そのような場合には、このような時系列指数などを出して、後述する時系列変動分析を行い、評価に生かすこともできるであろう。また、時系列指数を使いこなすことができるようになれば、数値目標の設定を求められた場合に、「～については、前年度指数116を117に上げるように努める」といった努力目標を立てることもできる。

２　指　数

指数は以上のような時系列指数以外にも作ることができるので、機関・施設に使える簡単な指数について述べておくことにしよう。

ここでは、時系列指数を含め、３種類の指数を上げておく。

⑴　時系列指数

ある項目についての時系列指数＝(当該年の数量／参照基準)×100

参照基準：基準とする年（たとえば５年前）の数量

⑵　規模別指数

ある項目についての規模別指数＝(当該機関・施設の数量／参照基準)×100

参照基準：その規模の機関・施設の平均数量

(3) 全体指数

ある項目についての全体指数＝(当該機関・施設の数量／参照基準)×100

参照基準：対象とする機関・施設全体の平均数量

規模に関係なく、機関・施設全体の平均を100とした時に、当該機関・施設の指数がどの位になるかを示す。全体というのはふつう全国を意味するが、範囲を都道府県に限定して「○○県」を全体とすることもある。

時系列指数を作れば、時系列変動を分析することができる。経済や経営の分野では、時系列指数を用いた時系列分析がかなり進んでいる(1)。

機関・施設の時系列変動も、他の領域での時系列変動の場合と同様に、次の４要素に分けて分析することができるであろう。

①トレンド（傾向変動）

取り上げた項目（変数）の上昇や下降の傾向をあらわす要素。

②循環変動

トレンドのまわりに存在するかなり周期的な変動をあらわす要素。

③季節変動

１年の中での季節による変動をあらわす要素。

④不規則変動

上の３要素では説明しえない変動をあらわす要素。

これらは絶対的な基準で区分されるものではない。たとえば、トレンドはより長期的な循環変動をそう呼んでいるにすぎないことが多い。

時系列分析によって機関・施設の時系列変動を捉えれば、次のような時系列評価を行うことができる。

①伸長度の分析・評価

・計画の実施によって伸びたところはどこか、それはどの程度の伸び率か。

・それは大局的に見て機関・施設の発展にとってプラスか。

②衰退・消失事項の分析・評価

・計画の実施によって衰退したり、失われたりしたものは何か。それは大局的に見て機関・施設の発展にとってマイナスか。

・衰退したり、失われる恐れのあるものの中に存続を図らなければならないものがあるか（希少価値判断)。

③恒常的安定性の分析・評価

・周期的な変動を示す項目は何か。

・それは当該機関・施設の恒常的安定的発展にとってプラスかマイナスか。

その他、計画の実施によって時系列の次元でどのような動きがあり、それがその機関・施設の発展・充実にとってプラスとなっているのか、あるいはマイナスになっているのかの分析・評価を行うことができる。

指数の例としては、第1節と同じように公立A博物館の例をあげておくことにしよう。

たとえば、A博物館の事業経費指数、総入館者指数、ホームページ・アクセス指数は、平成x_0年を100とすると次のようになる。

指数算出式：(当該年度の数量／参照基準)×100

※平成x_0年度を参照基準とする

指標名	平成x_0年	平成x_1年	平成x_2年
事業経費指数	100	99	98
	(129,561万円)	(127,614万円)	(12,626万円)
総入館者指数	100	101	93
	(85,562人)	(88,975人)	(79,927人)
ホームページ	100	160	207
・アクセス指数	(18,998件)	(34,663件)	(55,595件)

これを見ると、年々経費の節減に努めていることがわかる。入館者は平成x_2年に93と落ち込んだが、その原因を調べて評価を行う必要がある。原因を調べてみると、これは国立B博物館が企画して行う巡回展のA博物館の日数が例年に比べ短かったことによっていた。ホームページ・アクセス指数は、インターネットの普及に伴い、急速に伸びている。

3　効率化係数

事業の効率化については費用対効果で捉えることが多いが、経年的（時系列的）にどの程度の効率化が図られてきたかを明らかにするとなると、ただ時系列的に毎年の費用対効果を並べるだけではわかりにくいことが多い。そのような場合には、効率化係数を使うことが出来る。

ここでいう効率化係数は、次のようなものである。

効率化係数：ある年度のある事業の効率化が、参照基準とした年に比べ、どの程度行われたかを示す数値。

それが１であれば、参照基準とした年と変わらず、１より大きければ、効率化が進んだ、あるいは効率がよくなったことを示し、１より小さければ効率が落ちた、あるいは悪くなったことを示している。

［例］

効率化係数の基準年を平成12年とすると12年の効率化係数は１。もし14年の効率化係数が1.23になったとすると、効率が1.23倍もよくなったことになる。

［算出法－その１］

前述の事業経費指数や事業指数がすでに出されていれば、それらを使って簡単に効率化係数を出すことが出来る。

ａを効率化係数とすると

$$\mathrm{a}=\frac{y}{x}$$

x：事業経費指数

y：事業指数

である。これは、

$$y=\mathrm{a}x$$

とすることができるから、事業経費指数に効率化係数を掛けたものが事業指数であることがわかる。

ここでも、公立Ａ博物館を例にとると、次のような効率化係数はすぐに算出できる。

$$\text{企画展効率化係数}=\frac{\text{企画展入館者指数}}{\text{企画展経費指数}}$$

$$\text{データベース効率化係数}=\frac{\text{データベース・アクセス指数}}{\text{データベース経費指数}}$$

$$\text{教育普及活動効率化係数}=\frac{\text{教育普及活動延べ参加者指数}}{\text{学習機会提供事業経費指数}}$$

など。

たとえば、それぞれの指数が次のようであったとしてみよう。

A博物館指数

	平成 x_0 年	平成 x_1 年	平成 x_2 年
企画展入館者指数	100	101	98
企画展経費指数	100	97	95
データベース・アクセス指数	100	168	221
データベース経費指数	100	110	116
教育普及活動延べ参加者指数	100	97	96
学習機会提供事業経費指数	100	98	96

これをもとに効率化係数を算出すると、たとえば企画展効率化係数は、平成 x_0 年の場合、100を100で割るから1で、平成 x_1 年は101を97で割って1.04となる。以下、同様に計算すると、それぞれの効率化係数は、次のようになる。

A博物館効率化係数

	平成 x_0 年	平成 x_1 年	平成 x_2 年
企画展効率化係数	1.00	1.04	1.03
データベース効率化係数	1.00	1.53	1.91
教育普及活動効率化係数	1.00	0.99	1.00

これを見ると、企画展は入館者指数が微増あるいはやや減少していて、財政当局から問題とされたが、このように効率化係数を算出してみると、係数は上がっており、経費削減の中で経営努力がなされつつあることがわかる。また、データベースは経費の伸びはそれほど大きくないが、アクセス数が大幅に伸びているので効率化が2倍近くまで進んだことになる。ここではホームページを改良してアクセスしやすくし、PRも工夫するなど、さまざまな経営努力をしており、それが功を奏したといえる。

[算出法－その2]

事業経費指数や事業指数が出されていない場合でも、考え方は同じであるから、指数のところに該当する数値を入れてやれば効率化係数を出すことが出来る。具体的には、先の式の事業経費指数を（当該年度の事業経費／参照基準年度の事業経費）、事業指数を（当該年度の事業数量／参照基準年度の事業数量）に置き換えればよいだけである。したがって、効率化係数aは、

$$a=\frac{y}{x}\qquad x:\frac{\text{当該年度の事業経費}}{\text{参照基準年度の事業経費}}\qquad y:\frac{\text{当該年度の事業数量}}{\text{参照基準年度の事業数量}}$$

となる。

その他の評価技法として、対象機関・施設に共通の数量があったり、全国的な統計資料がある場合には、レンジ（最大値と最小値の幅）の利用も可能である。

これは、（最小値－平均値－最大値）の中に当該機関・施設を位置付けるもので、たとえば当該機関・施設が全国的にみてどのあたりに位置するのか、というような資料が必要な場合に利用できる。

このような技法はいろいろあるので、これからは、それらをうまく利用できるようにしたり、開発したりする必要があろう。

注

⑴ 溝口敏行・浜田宗雄『経済時系列の分析』 勁草書房 昭和44年（１版３刷）、杉原敏夫『適応的モデルによる経済時系列分析』 工学図書 平成８年 などを参照。

参考文献

・小島茂『長期経営計画作成マニュアル』 日本能率協会 平成２年
・長島総一郎『中・短期経営計画の立て方』 経営実務出版 平成２年
・井口嘉則・稲垣淳一郎『中期経営計画の立て方・使い方』 かんき出版 平成11年
・佐々木理夫『経営計画の要点と実務』 同文館出版 平成12年

第７章　生涯学習関連の自己点検・評価項目

1. 文部科学省の政策評価項目

文部科学省の政策評価は、政策効果を把握し、必要性、効率性、有効性等の観点から自ら評価を行うことにより、政策の企画立案や実施を的確に行うために重要なものである。政策のマネジメント・サイクル(Plan－Do－See－Plan…) の中に政策評価を組み込んで客観的かつ厳格に実施し、かつ、評価結果等の情報を公表することにより、政策の不断の見直しや改善につなげるとともに、国民に対する説明責任の徹底を図ることを目的として行われる。

(参考サイト１　http://www.mext.go.jp/a_menu/hyouka/main_a11.htm)

政策評価は、「事業評価」、「実績評価」、「総合評価」の３つの方式により行われる。

「事業評価」は、個々の事業などを決定する前に、当該事務事業にあらかじめ期待される政策効果や必要となる費用等を推計・測定し、目的が国民や社会のニーズまたは上位の目的に照らして妥当か、行政関与の在り方から見て行政が担う必要があるか、費用に見合った政策効果が得られるかなどの観点から評価するものである。

「実績評価」は、所管行政の全分野を網羅した現在進行中の施策の効果を不断に評価し、必要な改善に資する情報を提供することを目的として行われる。施策レベルを対象として行うもので、「文部科学省の使命と政策目標」に沿って、文部科学省の政策の体系を念頭に置きつつ、評価するものである。

(参考サイト２　http://www.mext.go.jp/a_menu/hyouka/020602.htm)

「総合評価」は、政策の決定から一定期間を経過した後を中心に、問題点の解決に資する多様な情報を提供することにより政策の見直しや改善に資する見地から、特定のテーマについて、当該テーマに係る政策効果の発現状況を様々な角度から掘り下げて分析し、政策に係る問題点を把握するとともにその原因を分析するなど総合的に評価するものである。

一連の評価を生涯学習関連の政策（施策）で見ると次のように行われている。

文部科学省の使命は「教育、科学技術・学術、文化、スポーツの振興を未来への先行投資と位置づけ、これを通じ、『人材・教育・文化大国』と『科学技術創造立国』を実現する」ことにある。このために、９つの政策目標が掲げられ、その第１番目に「政策目標１　生涯学習社会の実現」があげられている。また、施策目標として「1－1　生涯を通じた学習機会の拡大」、「1－2　地域教育力

◆**マネジメント・サイクル**(management cycle)

経営活動における「計画」→「実行」→「評価」→「計画」…の循環。「計画」「組織」「調整」「指令」「統制」をあげる場合もある。

◆**地域子ども教室推進事業**

子どもと地域の大人が、ともに遊んだり、学んだりするふれあいの場をつくっていく事業。子どもたちとのふれあいを通じて大人同士が交流を深め、地域コミュニティーの再生にもつながることが期待されている。具体的には、学校や公民館などを活動の拠点に、地域のボランティアが指導員となって、昔遊びを楽しむ、パソコンなどの操作を教え合う、ものづくり活動に取組む、スポーツを一緒にする、読み聞かせ、絵画制作などの文化活動に取組む、などが考えられている。文部科学省の平成16年度からの緊急3ヵ年計画「子どもの居場所づくり新プラン」の中核をなすもの。

◆**NPO** (Non-Profit Organization)

非営利団体のこと。平成12年度版の『国民生活白書』によると、狭義にはNPO法人のことをいうが、我が国ではそれにボランティア団体、市民活動団体を含めたものをいう。アメリカではさらにそれらに社団法人、財団法人、社会福祉法人、学校法人、医療法人、宗教法人などを含め、最広義ではそれらに町内会、自治会、労働組合、経済団体、協同組合等を含めていう。なお、NPO法人(特定非営利活動法人)は、1998(平成10)年に制定された特定非営利活動促進法(俗にNPO法)に規定されている。

図 NPOに含まれる団体の種類

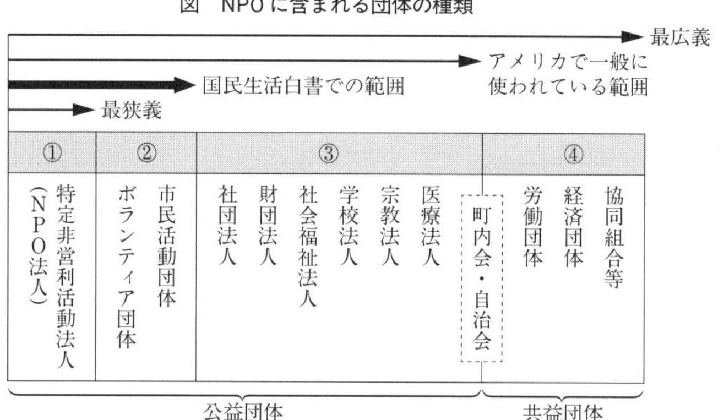

(備考) 1. 各種資料をもとに当庁にて作成。
2. まれに地縁組織である町内会や自治会をNPOに含めるときがある。
経済企画庁(現内閣府)『平成12年版 国民生活白書』

の活性化」、「1−3 家庭教育の支援」、「1−4 奉仕活動・体験活動の推進による青少年の豊かな心の育成」の4つがあげられている。これらとの関連を踏まえて事業が企画されている。
(参考サイト3 http://www.mext.go.jp/a_menu/hyouka/020601.htm)

(例)「事業評価」表記載事項 (平成15年度)

[事業名]:地域子ども教室推進事業

まず、関連する上位施策目標及び達成目標を明確にする。この事業の場合、「施策目標1−2 地域教育力の活性化」、「達成目標1−2−2 完全学校週5日制に対応した週末などにおける子ども等の体験活動の受入の場を全国的に拡充する」ことに関連した事業であることが示される。そして「事業の概要」、「予算額及び事業開始年度」が示される。そして、当該事業の「必要性」、「効率性」、「有効性」について示されている。

有効性に関しては、達成効果の把握の仕方(検証の手順)が示される。この事業の場合は、「本事業における子どもの居場所設置数及び参加者数(子ども、大人)、参加時間数、参加回数等、参加者に関する基礎データ、コーディネーター数、指導ボランティア数等、事業実施主体に関する基礎データなどの把握、相関関係の分析」とともに、「得ようとする効果の達成見込みの判断根拠(判断基準)」として、「子どもや地域の大人の、本事業に対する期待度や満足度の大きさや要望の数が十分であること、また、地域教育力に関する他の現状把握調査結果等との比較により、本事業の活動が充分である地域に望ましい相関結果が出ること」が示されている。

最後の項目として「得ようとする効果及び達成年度」が示されている。

(参考サイト４　http://www.mext.go.jp/a_menu/hyouka/kekka/03082902/004.pdf)

(例)「実績評価」(文部科学省実績評価書－平成13年度－　平成14年７月)

［施策名］：施策目標Ⅰ－２　地域教育力の活性化

まず、施策の「基本目標及び達成目標」が示される。この施策では、「基本目標1－2；生涯学習社会の実現のため、地域における学習活動の機会や情報の提供、様々な機関・団体が連携することにより、地域における学習活動を活性化する」であり、「達成目標1－2－1；NPO との連携による地域学習活動について、平成16年度までに1,100の活動の実施を達成する」、「達成目標1－2－2；平成16年度までに、放課後や週末などにおける子ども等の受け入れ体制を全国的に整備する」、「達成目標1－2－3；平成16年度までに、公民館等において、インターネット等の接続施設割合を現状の水準より向上させる」である。

次に、「現状の分析と今後の課題」、「指標」が示される。「指標」は、「生涯学習分野の NPO の連携によるまちづくり支援事業を実施している事業数､地域 NPO との連携による地域学習活動支援事業を実施している事業数、子ども放課後・週末活動支援事業における事業数、参加者数、公民館等におけるインターネット接続率（%)」が示されている。

(参考サイト５　http://www.mext.go.jp/a_menu/hyouka/kekka/03073102/004.pdf)

(例)「総合評価」(「文部科学省総合評価書―地域社会の期待に応える人材育成方策―」平成15年３月)

総合評価は、「政策評価に関する有識者会議」の助言を得て、①地域社会の期待に応える人材育成に関する55の政策項目を予め選定、②これらの政策項目について、地方公共団体を対象にアンケート調査を実施し、「ニーズが高く」かつ「確保水準が低い」と分析された10の政策項目を抽出、③事業等の所管課において、抽出された政策項目を評価対象として評価を実施、④上記をとりまとめ大臣官房政策課評価室において総合評価書を作成、という手順で行われた。

［政策項目名］：学校と地域社会との連携融合についてコーディネートする人材

まず、「文部科学省の取組の実施状況」として、「文部科学省の取組の概要」、「関係する主な事業(補助事業、モデル事業、調査研究事業、法令改正等)の概要」が示されている。この政策では、「社会教育主事講習（事業の概要、実施機関、事業等の実績［受講者数])、社会教育研修事業等、社会教育法改正、社会教育研修支援事業」が、関係する主な事業として示されている。

◆国立少年自然の家
☞P.25参照。

◆国立青年の家
☞P.25参照。

◆国立オリンピック記念青少年総合センター
☞P.24参照。

◆国立科学博物館
☞P.24参照。

次に、「文部科学省の取組の実施状況の分析」として、「当該人材の確保・育成に関する文部科学省と地方公共団体の役割分担の分析（推進体制を含む）、ニーズは高いが確保・育成の水準が低いことについての分析、関係事業等の当該人材の確保・育成に関する貢献度の分析」が示されている。

最後に、「総合的な評定（文部科学省の取組の改善・見直しのポイント）及び今後の取組の展開」として、「総合的な評定、今後の取組の展開（評価結果の政策への反映状況について）」が示されている。（参考サイト6　http://www.mext.go.jp/a_menu/hyouka/kekka/030305.pdf）

2. 独立行政法人の自己点検・評価項目

独立行政法人では、文部科学省独立行政法人評価委員会の評価を受けるばかりでなく、国民に対して提供するサービスその他業務の質の向上を目指すとともに、業務運営の効率化を図り、それぞれの法人の使命を達成するため、自己点検・評価を行っている。

自己点検・評価を行うに当たっては、例えば、国立少年自然の家では、外部の学識経験者等を構成員とする「自己点検・評価検討委員会」の助言を受け、実施した。ちなみに委員会の委員構成は、少年自然の家の運営諮問会議委員の中から、理事長が運営諮問会議の議長と協議の上、特に委嘱した者（3名）、少年自然の家の所長の中から、理事長が特に委嘱した者（2名）、少年自然の家の活動や点検・評価方法等に関し、専門的な知識や経験を有する者の中から理事長が委嘱した者（3名）となっている。また、同様に、国立青年の家では、「業務評価委員会」を、国立オリンピック記念青少年総合センターでは、「評価委員」を置き、外部の学識経験者等を構成員とした委員会を設け実施している。その点検・評価項目は、事業、業務の効率化、施設設備の整備状況、人事管理の状況等について行っているが、ここでは、主催事業、受け入れ事業についての評価の視点についてみることとする。

国立科学博物館は、職員で構成する委員会で評価を行っている。ここでも幅広く自己点検・評価を行っているので、教育普及活動にかかるものを見ることとする。

表７－１　国立少年自然の家の自己点検・評価（「平成14年度　自己点検・評価報告書」平成15年６月から作成）

主催事業における評価の視点
(ア)　事業の企画・立案段階に関しての評価
○継続事業 前回の事業内容の分析とその成果や課題を踏まえた改善状況
○新規事業 ニーズの把握、的確な情報の収集・分析を通した現代的課題に対応する事業の企画事業
○専門家等からの意見の聴取と専門性の高い事業の実施状況
(イ)　事業の実施・展開段階での評価
○関係機関・団体との連携による事業展開
○効果的・効率的な事業運営
○広報の適切性
(ウ)「事業の成果」に関する評価 平成13年度の「自己点検・評価」における課題への対応
○事業のねらい・目的の達成状況 Ａ：事業のねらいを十分達成し、期待通りの成果を得た Ｂ：ほぼ事業のねらいを達成し、成果を得た Ｃ：事業のねらいに迫ることができたが成果を得たとは言えない
○参加者の満足度（80％以上）
○適切な定員による事業の実施 参加定員の上・下限20％程度を基準に評価
○費用対効果の検討
○事業成果の普及の取り組み
○改善すべき課題等の把握

受入れ事業における評価の視点
・年度内の目標稼動数の確保（130万人程度）
・指導・助言に対する利用者の満足度（70％以上）
・利用目的の達成度（70％以上）
・新規団体の利用促進と広報活動の実施状況
・利用者サービスの向上と職員研修の状況
・利用団体の活動を支援する人材の確保と資質向上の研修状況
・利用者の視点に立った改善状況

表7－2　国立青年の家の自己点検・評価（「平成14年度業務の実績に関する自己点検・評価報告白書」平成15年6月から作成）

主催事業の評価の視点

①企画・立案
ア．企画・立案をどのような体制・手続きで行ったか。
イ．事業の必要性（実施する理由、背景、事情等）及びねらいは明確であったか（事業の内容が学習要求や必要課題に応えているか）。
ウ．青年や地域住民等のニーズをどのように情報収集し、反映させたか。
エ．プログラムは綿密に計画されたか。
ａ．プログラム内容
（ねらいとの整合性、関係機関や講師等との事前打ち合わせ、日程等）
ｂ．実施時期、参加者、事業経費、運営担当者数
②実施
ア．事業のねらいが全職員や指導者、参加者に徹底されたか。
イ．プログラムの内容は適切に実施されたか。
ａ．参加者の学習状況
ｂ．学習内容・方法
ｃ．スケジュール
ウ．関係機関、研修指導員等との連携協力は図れたか。
エ．学習環境（施設設備、教材資料等）は適切であったか。
オ．健康、安全対策は十分であったか。
カ．広報の内容及び方法は適切であったか。
③事業実施及びねらいの達成状況の評価
ア．参加者の評価及び満足度
イ．関係機関や講師、ボランティア等の評価
ウ．職員の評価（事業の成果と課題）

受入れ事業の評価の視点

①利用目的が達成されているか。
②事業に対する指導・助言がされているか。

表７－３　国立オリンピック記念青少年総合センターの自己点検・評価（「平成14年度業務の実績に関する自己点検・評価報告書」平成15年６月から作成）

主催事業の評価・分析の視点		
ア．事業の企画		
	ａ．事業の必要性及びそのねらいの明確化	継続事業の必要性や新規事業のねらいを明確化できているか。
	ｂ．情報・資料の収集や学識者等の協力	事業の企画の参考となる情報等の収集や外部の有識者等の協力を得て事業を企画できたか。
	ｃ．事業プログラムの改善（継続事業について）	前年度成果の分析や青少年教育の動向等を踏まえ、どのように事業プログラムを改善したか。
イ．事業の実施		
	ａ．関係機関等との連携協力と実施・運営面の工夫	他機関との共催・協力や外部委託の実施等により効果的・効率的な事業運営を図ったか。
	ｂ．定員の適正な設定	定員は事業対象や事業規模を勘案して適正に設定されたか。定員を充足できたか。
ウ．事業の分析		
	ａ．参加者の満足度	参加者は内容にどの程度満足したか。満足度80％以上となったか。
	ｂ．事業の分析	事業全体として当初のねらいを達成することができたか。今後の問題点はあるか。
	ｃ．経年比較（継続事業について）	定員の充足状況、アンケート結果など前年度と比較してどうか。経年的に比較してどういう傾向にあるか。

受入れ事業の評価の観点
ア．利用目的が達成されているか。 イ．施設の効率的利用がなされているか。 ウ．研修に対する助言・援助がなされているか。

表7－4　国立科学博物館の自己点検・評価（平成13年度7月「国立科学博物館の現状と課題－自己点検・評価報告書」から作成）

教育活動に関する自己点検・評価の視点

国際博物館会議（ICOM）の資料（ICOM 発行の『博物館の基本』）において博物館が行うべき教育サービスとして上げられている教育活動については、点検評価の視点に入れる。

○学校専門家の配置
・展示の解説と計画への参加・外部の教育専門家やボランティアの活用
○学校との連携
・学校との連携の担当者を置く
・教員のための博物館活用のための研修の機会
・教育委員会との連携
○教育用資料
・所蔵資料のカタログ
・展示解説の小冊子
・教材用フィルム
・ワークシート
・学校向け利用案内書
○博物館教室
・普通規模の学校のグループを収容
○学校におけるキューレーターなどの説明
○学校への貸し出しサービス
・実物資料等の貸し出し
(特別な箱、教師向け解説、注文用カタログ、貸し出し用の車で配送)
○移動サービス
・輸送車による移動博物館
○子どもクラブ（週末または放課後）
○特別行事

活動の広域性、先導性が求められていることを考慮するとともに、当館の教育活動の範囲やレベルとして期待されていると認識している視点を加える。

教育活動の方針に照らしてみた教育活動の展開
①人々に親しまれる博物館を目指した教育活動の展開
②全国的・現代的な課題への対応
③先導的、モデル的な博物館教育活動の実施
④我が国の科学系博物館のナショナルセンターとしての事業の実施

幅広い層に自然科学に関する学習機会を提供する事業の実施、学校との連携の強化、教育ボランティアの活動の充実等が求められており、これらについても視野に入れる。

普及活動に関する自己点検・評価の視点

展示の企画・広報については、国民の生涯学習ニーズへの対応という見地からその活動が積極的にできているかという視点で行う。
他の博物館等との連携・協力、国際交流の推進、情報化への対応についても、それぞれ、科学博物館界への貢献、アジア地域への寄与、情報通信技術の進展への的確な対応などの視点から行う。

展示活動に関する自己点検・評価の視点

常設展示においては、的確な情報を伝えているか、最新の調査研究の成果を反映しているか、展示の更新やその部分的な見直しが点検、保守、修繕とともに、適切に行われているか、総合科学博物館としての展示が実現されているかの視点から行う。
「特別展」は、展示の内容・構成、テーマの選定、開催時期の適切さとともに、常設展示と同じ視点から行う。
調査研究の進展、科学技術の急激な発展など進歩の早い分野における対応、展示における映像情報等の利用、新しい展示手法の活用、ハンズオン（参加体験型）展示の導入、展示場におけるサービスの質の向上への配慮等がされているかの視点から行う。
体系的かつ調和のとれた展示を展開するため、新館II期の整備、公開を進めること、展示方法・内容の改善、入館者本意の快適な鑑賞環境の形成のための施設整備を進めているかの視点から行う。

◆**フィードバック**（feedback）

帰還。何らかの結果（出力）が次の段階の入力に影響を与えること、あるいはその回路のこと（図を参照）。

正のフィードバック（ポジティブ・フィードバック）、負のフィードバック（ネガティブ・フィードバック）ということがあるが、前者は、出力が増大傾向にあるときにますますその傾向を強めるように作用するフィードバックのことである。後者は、出力が増大して（減少して）状態が不安定になったときに、安定状態に戻すために出力を減少させる（増大させる）ように作用するフィードバックのことである。自動制御装置などに備えられている。

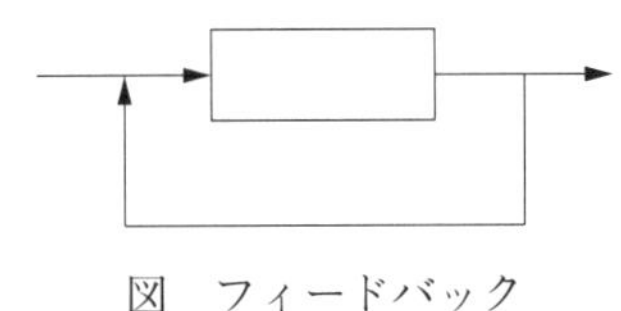

図　フィードバック

3. 地方公共団体の行政評価項目

地方公共団体の行政評価の実施状況を平成15年7月現在(「平成15年度地方公共団体における行政評価の取組状況」総務省、平15.12.05）で見ると、46都道府県、13政令指定都市が実施しており、市区町村では406団体が既に導入済み、266団体が試行中、1398団体が検討中となっている。また、行政評価の実施根拠は、条例、規則で定めるものは少なく(都道府県4団体、市区町村15団体)、多くは要綱その他を根拠として実施している。行政評価の対象は、事務事業を対象とするものが多く、その次に施策、政策が対象となっている。評価結果について公表する団体（一部を公表する団体を含む。）は、都道府県100%、政令指定都市92.3%、市区町村42.4%となっている。

(参考サイト7　http://www.soumu.go.jp/click/jyoukyo_2003.html)

大住荘四郎によれば、外国で進められている業績／成果によるマネジメント(Performance Management）は、次のような三つの目的があるという。

ア　業績／成果を示す情報を組織内部で「組織の運営改善」のために利用しようとするもの。業績／成果をマネジメント・サイクルのなかで、企画・立案にフィードバックさせ、予算・人事などの資源配分にも内部的に反映させていこうとするもの。

イ　社会システムの中で権限／責任を委譲された組織の対外的な責任やコントロールの手段を重視するもの。対外的な説明責任を何よりも重視する。

ウ　財政的制約の中で、事業や予算規模を縮小したりあるいはより効率的な運営を目的とするもの。

わが国の地方公共団体でも状況はこれとほぼ似ていると思われる。各地方公共団体は、それぞれの目的に添った形で行政評価について工夫を加えて実施しているので、その詳細については、聞き取り調査を行うなどしないと分からない点が多々ある。ここでは住民が見ることができる、すなわち住民に説明責任を果たしている姿ということに着目して、インターネット上で見ることのできるいくつかの例を見てみることにする。

◆ベンチマーク、ベンチマーク方式

ベンチマーク(benchmark)とは、標準点、基準点のこと。もともとは測量で使われた用語で、標高を測定する際の基準点のこと。評価関係では、実績値を比較・評価するときの基準値をいう。目標値や過去の水準、他の地域の値、全国平均値などをベンチマークにする。

また、ベンチマーキングといった場合は、行政評価などの際に成果や結果を数値に表し、ベンチマークと比較・評価する手法をいう。

ベンチマーク方式とは、ベンチマーキングの手法により政策等の達成度を評価する方法をいう。

☞P.82[Q&A 8]を参照。

1　秋田県の政策・事業評価

秋田県では、平成15年4月に「秋田県政策等の評価に関する条例」を施行し、条例に基づき評価を実施している。また、条例に基づき、公募委員を含む第三者機関の「秋田県政策評価委員会」を設置し、県が行った政策等の評価結果について調査審議することとされている。

秋田県の政策・事業評価システムの特徴として5つの点が上げられている。

①政策・施策レベルの評価を行うこと

②政策評価と事業評価の両面で、県民の意見やニーズを取り込んだ評価を行うこと

「政策評価」においては、毎年度約4000人の県民の意識調査を実施

「事業評価」については個々の事業実施の過程を通じて、県民の代表や市町村、業界などの意見を聴取

③事前・中間・事後の全ての面において評価を行うこと

④評価の基準などについて、見る人の視点から「わかりやすさ」に配慮していること

評価項目の判断結果を基本的にA、B、Cに統一

目標の設定にあたり、できるだけシンプルでわかりやすい指標の設定を義務づけ

⑤ 全ての評価結果を公表していくこと

(参考サイト8　http://www.pref.akita.jp/tyosei/sys/hyouka/system3.htm)

これらの評価の目的、対象、実施主体、評価方法等は表7－5の通りである。

生涯学習課が所管する事業の事業評価における指標等の例をいくつか示すと「表7－6」のとおりである。

2　和歌山県のベンチマーク方式

和歌山県では政策目標にベンチマーク方式を取り入れている。「新生わかやまベンチマーク～数字で示す政策目標～」(平成15年3月改訂)においては、社会教育関係では、以下の指標について、年度ごとの推移、目標値及び達成年度、県、県以外の行政、県民等の3分類による役割分担を示すとともに、指標の推移は一部指標について全国平均、全国順位を記入している。

3　北海道釧路市の事務事業評価

釧路市の「事務事業評価表」は、事務事業名、担当部課係名、会計区分、事業継続期間の他、次の事項（表７－８）を記載している。

4　青森県三沢市の事務事業評価

青森県三沢市の「事務事業評価表」は、担当係、予算区分、事務事業名（新規･継続の別）の他、次の事項（表７－９）を記載している。

表７－５　秋田県の政策・事業評価「平成14年度に知事部局及び教育庁が行った政策等の評価の結果（概要）について（平成14年12月17日　企画振興部総合政策課から作成）」

	政策評価	施策評価	事業評価（中間評価）
目的	政策の推進途上において、政策を構成する施策のうち優先的に推進すべき施策及び今後の推進方向を明らかにするための情報を提供する	施策の推進途上において、より効果的な施策の推進を図るための情報を提供する	事業の推進途上において、当該事業の見直し、改善を図り、より効果的、効率的な事業の推進のために有用な情報を提供する
評価の対象	「秋田総合計画」を構成する21の政策	「あきた総合計画」の21の施策を構成する70の施策	平成14年度の当初予算及び補正予算に計上されている継続事業を対象
評価の実施主体	企画振興部長	施策を所管する幹事部長または教育委員会が１次評価を実施し、企画振興部長が２次評価を実施	事業の所管課長が１次評価を実施し、特定の事業について総合政策課長が２次評価を実施
評価の方法等	○政策を構成する施策の評価結果や県民意識調査の結果、政策を取り巻く社会経済情勢の変化を踏まえて、「政策の総合評価」及び「政策を構成する施策のうち優先的に推進すべき施策の選択（施策の優先性）」の２項目について評価 ○「政策の総合評価」は、政策の全般的な推進状況について定性的、総括的に評価するとともに、政策推進にあたっての重要な視点や留意すべき事項を明らかにする ○「施策の優先性」の評価は、下記基準に照らして、政策を構成する他の施策よりも優先度が高いと認められる施策を選定 ①施策目標の達成率が低く、強力なてこ入れが必要である ②施策目標の達成率がきわめて良く、さらに加速して推進する必要がある ③緊急に対応する必要がある ④県民意識調査の結果、県民ニーズが上位にある ⑤将来を見据えた先行的な取組として推進する必要がある	「必要性」「有効性」「緊急性」の３つの観点から評価を行い、それを基本に施策の今後の方向性について「総合評価」する ○「必要性」の観点 施策の目的や推進状況、社会経済情勢の変化等を踏まえた施策の必要性 ○「有効性」の観点 施策を構成する施策目標の達成状況から見た施策の有効性 ○「緊急性」の観点 社会経済情勢の変化を踏まえた施策の緊急性 ○「総合評価」の判定区分 Ａ：着実に推進 Ｂ：改善を図りながら推進 Ｃ：見直しが必要	「必要性」「有効性」「効率性」の３つの観点からの評価結果から「事業の妥当性」及び「今後の対応方針」を判定 ○「必要性」の観点 次の項目に照らした事業の必要性 ・現状の課題に照らした妥当性 ・住民ニーズに照らした妥当性 ・県関与の妥当性 ○「有効性」の観点 事業目標の達成状況に照らした事業の有効性 ○「効率性」の観点 事業の経済性の妥当性（費用便益費。費用便益費が算定できない場合は事業費対事業効果の対前年度比）に照らした事業の効率性 ○「事業の妥当性」の判定区分 Ａ：妥当性が高い Ｂ：おおむね妥当である Ｃ：妥当性が低い ○「今後の対応方針」の判定区分 Ａ：現状維持で継続 Ｂ：見直して継続 Ｃ：休廃止

（参考サイト９　http://www.pref.akita.jp/tyosei/sys/hyouka/h14/gaiyou.htm#seisaku）

表7－6　秋田県生涯学習課が所管する事業の事業評価における指標等

事業名	施策名	施策目標名	ニーズ把握方法	施策目標の達成に果たす役割	指標名
あきたセカンドスクール推進事業	豊かな個性や想像力を育む学校教育の充実	児童生徒の体験活動年間時間数	アンケート調査	直接的	プロジェクトアドベンチャー（PA）利用度
社会教育関係団体助成費	地域が支える青少年の健全育成	家庭教育学級の受講者数	各種委員会及び審議会	間接的	各団体の事業の参加人数
共に生きるための家庭教育事業			アンケート調査	直接的	父親の家庭教育参画啓発フォーラム参加者数
夢スペース！ スクールサポートモデル事業			各種委員会及び審議会	直接的	サポートセンター登録ボランティア数（人）
学校と地域を通じた奉仕活動推進事業		青年団体、グループ、サークル等への加入率	ヒヤリング	間接的	実施地域数
青少年長期自然体験活動推進事業			ヒヤリング	間接的	実施地域数
図書データ入力費	生涯にわたって学習できる場と機会の提供	生涯学習講座受講者数	インターネット	間接的	蔵書検索ネットワーク利用者数
県立図書館図書購入費			カウンター等で直接要望を聞く	間接的	年間入館者数
あきた県民カレッジ			アンケート調査	直接的	総連携講座数
縄文ゆとり工房			アンケート調査、ヒヤリング	直接的	自主企画学習グループ参加者数
日本語学習支援事業			各種委員会及び審議会、ヒアリング	直接的	受講してボランティアとして活動をはじめた率（％）
地域教育力・体験活動等推進事業			アンケート調査、各種委員会及び審議会	間接的	体験活動事業を推進する成人グループへの参加者率

（参考サイト10　http://www.pref.akita.jp/tyosei/sys/hyouka/h14/tyuukan/kyouiku.htm）

表７－７　和歌山県「新生わかやまベンチマーク～数字で示す政策目標」の指標

施　策	指　　標	出　　典	単位
⑵健やかに育つ	県立青少年施設の利用者数	県青少年課調査	人
	スポーツ少年団の登録者数	県教育委員会調査（和歌山スポーツ少年団本部）	人
	（社）和歌山県青少年育成協会の会員数	（社）和歌山県青少年育成協会調査	人
⑶いつまでも学び、楽しむ	県民一人が１年間に借りている図書冊数	県教育委員会生涯学習課調査	冊
	県内大学（院）・短期大学・高等専門学校の公開講座開催日数	県企画総務課調査	日
	学校以外で、団体等でスポーツを楽しんでいる人の数（スポーツ安全保険加入者数）	県教育委員会スポーツ健康課調査（文部科学省）	人
	県内の美術館・博物館を利用した人の数	社会教育調査（文部科学省）	人
	県内の歴史的名所を訪れたり、伝統的行事を見学した人の数	観光客動態調査報告書（県観光振興課）	人
	県民文化祭における文化団体主催事業への参加者数	県文化国際課調査	人

（参考サイト11　http://www.pref.wakayama.lg.jp/prefg/000800/h14bmhp/h14mokuji.htm）

表７－８　北海道釧路市の「事務事業評価表」

1　事務事業の基本事項
　1－1　総合計画の施策体系との関連付け（政策の柱、施策分野、施策（細節））
　1－2　事務事業概要（活動内容や実施項目、過去３年間の実績、当該年度計画）
2　事業効果についての分析
　2－1　事務事業の目的は明確ですか（明確に設定されている、評価の実施にあたり確認した、明確に定義できない　の３区分でチェック。対象（「誰を」または「何を」）、意図（どのような状態にするのか　または総括的な「目的」））
　2－2　事業効果を推し量る適切な指標（成果指標）を示しましょう（指標の名称、指標の説明。また、指標は、事業効果が直接量れる、事業効果と強い相関が見込める、事業効果との相関は弱いの３区分でチェック）
　2－3　上記の指標の目標値を設定していますか（明確に設定している、評価の実施にあたり設定した、設定していない、設定できない　の４区分でチェック。目標値の内容）
　2－4　指標の推移を振り返りましょう（過去３年間の実績及び進捗状況。事業効果について、意図した効果は上がっている、ある程度上がっている、あまり効果がない、分析ができない、事業効果の発現は後年次となる、の４区分でチェック。説明）
　2－5　分析結果を端的に表しましょう（妥当・順調・良好、課題がある、事業効果は測定できない、の３区分でチェック）
3　事業環境の変化についての分析
　3－1　市が関与する根拠は何でしょうか。
　3－2　市民ニーズや民間サービスの動向などの環境の変化をどのように把握していますか。
　3－3「市が関与する必要性が薄れている」ということはありませんか。
　3－4　分析結果を端的に表しましょう。
4　事業内容の分析
　4－1　事業費とその推移を確認しましょう。
　4－2　効率性やコスト等の角度から分析しましょう。
　4－3　成果を維持してコストを下げる、またはコストを維持して成果を上げるというような改善の余地はありませんか
　4－4　事業実施にあたって、市民参加（協働）が組み込まれていますか。
　　今後の可能性はどうですか。
　4－5　市民サービス面での利便性向上の余地はありませんか。
　4－6　公平性の観点から見て、受益者負担の見直しや新たな負担導入の必要はありませんか。
　4－7　分析結果を端的に表しましょう。
5　一次評価（事業担当課が総合的に評価）
　5－1　視点別分析結果（事業効果、環境変化、事業内容（手法・効率性等）について）
　5－2　総合評価
6　改善プラン
　6－1　改善プランの性格区分（複数選択可）（対象の見直し、意図や目標（目標値）の見直し、事業手法（手段等）の見直し、市民協働の推進あるいは民間活力の活用の視点での見直し、廃止・休止、その他）
　6－2　同プランの概要と実施予定時期
　6－3　同プラン実施上の課題

（参考サイト12　http://www.city.kusiro.hokkaido.jp/kikaku/gyouseihyouka/h135-02.pdf）

表7－9　青森県三沢市の「事務事業評価表」

1　第3次三沢市総合計画（施策の体系）上の位置づけ
2　事務事業の目的
　事業の対象、事務事業の概要、目標とする成果
3　根拠法令
4　全体事業計画
5　事務事業を取り巻く環境
　開始当時または3年前との比較、今後の変化の予測、類似事業の把握
6　投入費用の分析（決算額）
　①事業費、②人件費（職員、臨時・非常勤）、③総事業費（①＋②）、④財源（国、県、市費、受益者・参加者負担、その他）
7　評価指標
　（例：塩釜地区公民館教養講座（公民館事業））
　活動指標A：開設講座数
　成果指標B：参加者数
　成果指標C：講座対象者数
8　評価指標の推移
　3年間の数値（総事業費、指標当たり事業費を含む）、目標値、県内8市の順位
9　点検（担当者の率直な意見を記入）
　妥当性：
　　目的が達成され、必要性が薄れていませんか
　　意図する効果が現れていますか
　　特定の個人や団体に受益が偏っていますか
　　市が行う必要がありますか
　効率性：
　　効果をさらに上げる余地はありますか
　　よりコストがかからないやり方に変えられますか
　　受益者負担の見直しの余地はありますか
　　事務改善によって所要時間が削減できますか
　　このまま事業が推移したら、将来、コスト上昇になりますか
10　今後の扱い（担当課の率直な意見を記入）
　・拡充、改善、現状維持、休止縮小、廃止（　年後）すべきと思われる理由
　・改善策
　・第3次三沢市総合開発計画の見直しの必要性

（参考サイト13　http://www.net.pref.aomori.jp/misawa/admin/estimat/estimat/179.pdf）

参考文献

・大住荘四郎『ニュー・パブリック・マネジメント』　日本評論社　2003年

Q&A

Q7 行政評価では、プロセスではなく成果を評価するため、評価指標を数値化するといわれますが、教育の仕事は数値化になじまないのではないでしょうか。

A7 現在の行政評価においては、客観的な数値化された指標の設定が求められています。社会教育の場面でも、「講座の開催数」「利用者数」「貸し出し冊数」などを指標とする「定量的評価」が基本となっている場合が多く見られます。客観的な基準で表すことは、行政の取組みの効果を明確にするためにも必要なことであり、数値化になじまないといわれる教育の場面といえども、積極的に取り組んでいく必要があります。

ただし、定量的評価のみで評価することは、評価の目的にそぐわない結果を招く可能性もあります。そこで、量だけでは評価しにくい教育の仕事では、質的な面を評価する「定性的評価」も同時に行っていく必要があるでしょう。定性的評価では、評価結果を言葉による記述で表現するもので、事業の結果や成果を質的な面で表現することができ、教育の場面になじみやすいといえます。しかしながら、定性的評価は客観的なデータを持たないため説得力に欠けるといわれますので、可能な限り根拠資料をつける必要があります。

現在の社会教育施設の評価においても、「定量的評価」に「定性的評価」を加味しながら評価を進めている事例が多く見られます。

Q8 最近、よくベンチマークとかベンチマーキング方式という言葉を聞きますが、どういう意味ですか。

A8 ベンチマーク（bench mark）には、「(1)測量で、高低の基準となる水準点。(2)一般に、ものごとの基準となるもの。計測指標。（大辞林 第二版）」という意味があります。つまり、評価にかかわっていえば、活動成果の基準や水準のことを指しています。

ベンチマーキング（bench marking）方式とは、「活動指標」「成果指標」に対して、具体的な数値である下水道普及率などの目標を設定して、その達成度で自治体の業績を評価していく手法です。企業の業務を改善したり、アメリカの諸州や自治体における地域の運営を進めたりする際に取り入れられています。

アメリカの行政評価システムでは、オレゴン・ベンチマークが有名であり、日本でも近年、滋賀県の「しがベンチマーク」など各地でさまざまな取組みが行われています。

「しがベンチマーク」は、県がめざそうとしている基本的な政策の方向を明らかにしてその実現目標や現在の水準を示すため平成12年８月に策定し、その評価を行っています。

生涯学習の分野ではその指標として「（県民1000人あたりの）公民館等でのさまざまな講座を受講

している人の数」や「県民１人が年間に借りている図書冊数」を設定し、それらの具体的な数値を見ることにより、地域づくりに向けた取組みの現状や成果、目標に対してどのくらい達成できたかを明らかにしています。

行政の取組みを誰にでもわかるようにし、現状と今後の方向性を見るための「ものさし」と言えます。

Q9 行政や社会教育施設への民間の経営手法の導入とは、具体的にはどういうことなのでしょうか。

A9 これまでの行政は、計画を重視した管理型の運営でしたが、財政危機や地方分権の流れを背景として、事業運営の効率化を図ると同時に、質の高い行政サービスを提供することが求められるようになりました。そのために、納税者を顧客としてとらえ、その満足度を追求する「顧客志向」や、何をしたか（アウトプット）ではなく、何が実現したか（アウトカム)を重視する「成果志向」というような、民間企業の経営手法を積極的に導入するようになってきました。これにより、住民の意向を踏まえた施策の展開のための「評価」が行政の場面でも必要不可欠になっています。

このような新しい行政手法により、政策プロセスの改善を図るとともに、「民間に任せられるものは民間に任せる」という考えから、民間の経営手法の導入のための具体的な手法として、①独立行政法人化などの民間の経営手法の導入、②公設民営や外部委託などの民間委託、③PFI（Private Finance Initiative：民間活力の導入）などの民間企業の資金や技術的なノウハウ活用、などが行われるようになりました。

例えば、平成10年に「PFI 法」(「民間資金等の活用による公共施設等の整備等の促進に関する法律」) が制定され、平成15年11月28日現在、120の PFI 事業が進められていますが、そのうち社会教育施設としては、神奈川県立近代美術館新館（仮称）等特定事業など11事業程度が各地で進められています。

また、博物館や青少年教育施設等においても、民間の経営手法を取り入れた「独立行政法人」への移行が進められるなど、社会教育施設においても民間の経営手法が導入されています。

Q10 指定管理者制度など、民間に事業を委託することが増えることが予想されます。そうした場合の評価は、どのように行われるのですか。

A10 地方自治法第244条に関わる規定が改正され、これまで地方自治体の出資法人等(いわゆる第３セクターなど）に限定されていた公の施設の管理について、地方自治体が指定する指定管理者に管理を代行させる「指定管理者制度」が導入されました。この制度では、指定管理者の対象に特別な制約はないので、議会の議決があれば、株式会社などの民間事業者が公の施設の管理を代行することが可能になりました。

この際、指定管理者に年度終了後の事業報告書の提出を義務づけるとともに、地方公共団体が、管理の業務や経理の状況に関して報告を求め、実地について調査し、必要な指示をすることができるとされ、それに従わないときは、指定の取り消しや業務の全部または一部の停止を命ずることができるということが条文に明記されています。

しかし、このことは、委託事業や指定管理者に対する評価や住民に対する説明責任（アカウンタビリティ）について義務づけていることにはなりません。中立・公正な立場から客観的な評価を行い、業務の実績を厳正に評価するためには、独立行政法人などで行われているような、第三者評価機関などによる点検・評価体制を確立することが必要です。また、条例等により情報の開示を定めることで、住民に対する説明責任を果たすことが必要になります。

Q11 **独立行政法人では、現金主義会計から発生主義会計に変更したとのことですが、どのようなメリットがあるのですか。**

A11 独立行政法人の会計は、独立行政法人通則法第37条により「原則として企業会計原則によるものとする」とされています。これは、一般に企業会計方式とも呼ばれる発生主義会計のことを指しています。地方自治体などで行われている現金主義会計が、単式簿記（現金収入と支出だけを記録する方法）で管理されているのに対して、発生主義会計では、複式簿記という方法で行われ、貸借対照表（バランスシート）や損益計算書（行政コスト計算書）などによって、財産の中身や財政の実態を知ることができます。バランスシートは、一般に、左側に現金や預金、保有する財産などの「資産」、右側に借金や未払い金などの「負債」を記載し、財政状況などのバランスを表すものです。

地方自治体で行われている現金主義会計では、利益を上げることを想定しておらず、基本的に単年度決算であるのに対して、企業会計原則では、利益が生じた場合に前年度の繰り越し損益をうめることなどが許されます。

こうした発生主義会計を導入するメリットは、現金以外の資産や借金などの財務状況についても明らかにすることで、長期的な経営計画の見通しを持つとともに、サービスの質と量を高めるための資料とすることです。

近年、地方自治体が、納税者である住民に税金が効率的、効果的に使われているかどうかを説明する説明責任（アカウンタビリティ）を果たすことが求められており、発生主義会計を導入する地方自治体も多くなっています。

事　例　編

第8章　地方公共団体、独立行政法人等における実例と展開

第８章　地方公共団体、独立行政法人等における実例と展開

はじめに――行政評価等の取組状況と事例取上げの視点

国及び地方公共団体では、行政評価に積極的に取り組んでいる。平成15年７月末現在の地方公共団体における取組状況（総務省「平成15年度地方公共団体における行政評価の取組状況（平成15年12月５日））をみると、都道府県では46団体、政令指定都市では13団体が「導入済み」であり、ほぼすべての団体が導入している。市区町村（政令指定都市を除く）では、406団体が「導入済み」、266団体が「試行中」、1398団体が「検討中」でこれらをあわせると2,070団体（64.8%）が行政評価に取り組んでいることになる。導入済みの都道府県と政令指定都市においては、その98.3%が評価結果を「公表」し、また、94.9%が「予算要求や査定の参考」、89.8%が「事務事業の見直し」に活用している。

このように多くの地方公共団体で行政評価が行われており、その組織、方法、内容は似通っている部分もあるが、それぞれの団体の目的に応じて異なっている。「事例編」では、公表されている事例をすべて集めればより参考になると考えられるが、あまりにも膨大になり現実的ではない。そこで、いくつかの特徴があると思われる事例を取り上げた。例えば、住民アンケートを重視した評価を行っているもの、ベンチマーク方式を取り入れたもの、いわゆる業績評価を行っているもの、というようにである。また、行政評価は、政策評価、施策評価、事務事業評価等と多段階に行われていることを配慮して、生涯学習関連のものについて参考となると思われるものを取り上げている。

1. 地方公共団体の行政評価等

地方公共団体に関する行政評価等については、大きく次の２つに分けて整理した。

1　地方公共団体の生涯学習関連施策評価・事務事業評価

2　社会教育施設の評価

地方公共団体の生涯学習関連施策評価・事務事業評価では、都道府県で⑴宮城県、⑵滋賀県、⑶三重県、⑷大阪府、を取上げ、市町村の事例として⑴兵庫県芦屋市、⑵大分県臼杵市、を取り上げた。

また。社会教育施設の評価では、公民館の事例として⑴千葉県市川市中央公民館、⑵東京都調布市東部公民館、図書館の事例として⑴東京都調布市図書館、⑵大阪府立中央図書館、⑶北九州市中

央図書館曽根分館、博物館の事例として⑴東京都調布市郷土博物館、⑵三重県立博物館、⑶大阪府立近つ飛鳥博物館、を取り上げた。このうち、三重県立博物館は行政評価と、それとは別に行われている自己点検・評価についても取り上げている。

なお、事例は、インターネットを通じてその評価システムを調べやすいように掲載されているので、URLを参考サイトとして明示した。詳しく知りたい方は直接アクセスしていただきたい。

なお、行政評価とは別に行われる自己点検・評価については、図書館や博物館等で行われているが、インターネットで公表されているものが少ないので、三重県立博物館のみを取り上げている。自己点検・評価のしかたについては「本書利用の手引き」でガイドされている手順により、それぞれで自己点検・評価の手順によりすすめられるようにしていただければ幸いである。

2. 独立行政法人の評価

独立行政法人の評価については、第３章で目標、計画と評価の流れについてその概要を説明した。ここで事例として取り上げる機関としては、生涯学習事業に関係する⑴国立科学博物館、⑵国立少年自然の家、⑶国立青年の家、⑷国立オリンピック記念青少年総合センター、⑸国立女性教育会館、を取り上げた。

独立行政法人については、それぞれの法人に係る評価書の量が多いことから、その一部を抜粋して掲載した。これらについてもインターネットを通じて確認できるので、評価の全体について知りたい方はインターネットでアクセスしていただきたい。

この事例編では、各団体の評価の目的、評価のシステム、評価組織、外部評価の仕組み、評価結果の反映の状況等については取り上げていない。今回は生涯学習関連の施策、事務事業等について、どのような視点や評価項目で評価が行われているかに焦点を当てて集め、取り上げた。

１．地方公共団体の行政評価等

1　地方公共団体の生涯学習関連施策評価・事務事業評価

１－１　都道府県の施策評価・事務事業評価

1－1－(1)　宮城県の政策評価・施策評価

1－1－(2)　三重県の施策評価・事務事業評価

1－1－(3)　滋賀県の『しがベンチマーク』指標

1－1－(4)　大阪府の施策評価

１－２　市町村の施策評価・事務事業評価

1－2－(1)　兵庫県芦屋市の市民サービス・施設運営評価

1－2－(2)　大分県臼杵市の政策評価

2　社会教育施設の評価

２－１　公民館の評価

2－1－(1)　千葉県市川市中央公民館

2－1－(2)　東京都調布市東部公民館

２－２　図書館の評価

2－2－(1)　東京都調布市図書館

2－2－(2)　大阪府立中央図書館

2－2－(3)　北九州市中央図書館曽根分館

２－３　博物館の評価

2－3－(1)　東京都調布市郷土博物館

2－3－(2)　三重県立博物館

2－3－(3)　大阪府立近つ飛鳥博物館

1－1　都道府県の施策評価・事務事業評価

1－1－(1)　宮城県の政策評価・施策評価（平成14年度）
(http://www.pref.miyagi.jp/hyoka/15seisakuhyoka/23.xls)

① 平成14年度政策評価・施策評価一覧表
② 政策評価シート（B）
③ 政策評価指標分析カード（整理番号1）
④ 政策評価指標分析カード（整理番号2）
⑤ 施策評価シート（C）　政策整理番号23
⑥ 施策評価シート（C）
⑦ 事業分析カード　政策整理番号23
⑧ 役割分析カード　政策整理番号23
⑨ 施策・事業展開シート（D）　政策整理番号23
⑩ 県民満足度調査分析カード
⑪ 県民満足度調査分析カード
⑫ 県民満足度調査分析カード　政策整理番号23

1－1－(2)　三重県の施策評価・事務事業評価　2002（平成14）年度
(http://www.pref.mie.jp/pdf/jh/jh02k/job200110000000121.htm)

① 2002年（平成14）年度　実績　施策目的評価表（生涯学習の推進）
② 2002年（平成14）年度　実績　基本事業目的評価表（生涯学習ネットワークの充実）
③ 2002年（平成14）年度　実績　継続事務事業目的評価表（生涯学習みえ総合推進事業）

1－1－(3)　滋賀県の『しがベンチマーク』指標
(http://www.pref.shiga.jp/gyokaku/mark2003/)

① 『しがベンチマーク2003年度版』をご覧いただく視点
② 『しがベンチマーク2003年度版』指標体系図
③ (4)子どもの瞳輝く「教育熱心県」づくり
④ (5)個性きらめく「自治と文化の創造県」づくり
⑤ 公民館等での様々な講座を受講している人の数（県民1,000人当たり）
⑥ 県民1人が年間に借りている図書冊数
⑦ 基本施策評価表（社会教育環境の整備充実）
⑧ 個別事業評価表（社会教育指導者等養成事業）
⑨ 個別事業評価表（公共図書館協力推進事業）

1－1－(4)　大阪府の施策評価
(http://www.pref.osaka.jp/G214070/B2.asp?Nendo=2004&TaikeiCode=010206&Scrflg=C3)

① 生涯学習の推進（施策の目標）
② 生涯学習の推進（施策の評価調書）平成15年度

１－２　市町村の施策評価・事務事業評価

１－２－(1)　兵庫県芦屋市の市民サービス・施設運営評価
(http://www.city.ashiya.hyogo.jp/pm/s15/h1510sheet.pdf)

①　芦屋川カレッジ（平成14年度）

②　図書館運営事業（平成14年度）

１－２－(2)　大分県臼杵市の政策評価
(http://kensyou.usuki.oita.jp/webapp/usuki/)

①　施策評価詳細（平成15年度）　事前

②　事務事業評価詳細（平成15年度）　事前

③　事務事業評価（平成14年度）　事後

１－１－(1)　宮城県の政策評価・施策評価（平成14年度）
(http://www.pref.miyagi.jp/hyoka/15seisakuhyoka/23.xls)

①　平成14年度政策評価・施策評価一覧表
②　政策評価シート（B）
③　政策評価指標分析カード（整理番号１）
④　政策評価指標分析カード（整理番号２）
⑤　施策評価シート（C）
⑥　施策評価シート（C）
⑦　事業分析カード
⑧　役割分析カード
⑨　施策・事業展開シート（D）
⑩　県民満足度調査分析カード
⑪　県民満足度調査分析カード
⑫　県民満足度調査分析カード

政策整理番号	政策名			指標値達成度	満足度（政策） 重視度－満足度 満足度（施策）		施策の必要性	評価原案 政策評価シート（A）		
	施策番号	施策名	政策評価指標名		優先度（順位）	優先度（%）		政策評価シート（B）	施策評価シート（C）	施策・事業展開シート（D）
23	生涯にわたって学び楽しめる環境の充実				重視度＿満足度 70	60		概ね適切		
	1	多様なニーズに対応した学習機会の提供	みやぎ県民大学受講者数（累計）	A	2位	24.6%	大	概ね適切	概ね適切	維持
			公立図書館における図書資料貸出数（県民一人当たり）	A						
	2	地域の主体的な生涯学習を支援する人材の育成			3	22.1	大			
	3	行政、大学及びＮＰＯ等生涯学習に関わる様々な機関・団体のネットワーク化			5	6.3	中			
	4	生涯学習を支援する関連施設の整備・充実			1	29.7	中			
	5	生涯学習に関する様々な情報提供システムの充実			4	16.2	中			

②　政策評価シート（B）

政策整理番号　23

対象年度	H14	作成部課室	教育庁生涯学習課	関係部課室	
政策番号	3-7-2	政策名	生涯にわたって学び楽しめる環境の充実		
施策番号	1	施策名	多様なニーズに対応した学習機会の提供		

B－1 施策目標（政策評価指標）、その他のデータの整理

（1）政策評価指標の整理

整理番号	政策評価指標名	単位	現況値（達成度判定値）	測定年	仮目標値	達成度
1	みやぎ県民大学受講者数（累計）	人	40,576	14	40,497	A
2	公立図書館における図書資料貸出数（県民一人当たり）	冊	3.3	13	3.3	A
3						
4						

（2）県民満足度調査の分析

政策に対する満足度（一般県民）	年度	H12	H13	H14	H15	H16	H17	H18	H19	H20	H21	H22
	中央値	—	60	60								
	四分偏差	—	10	10								

・昨年度の実績と比較して、県全体の満足度（中央値）は、「変化はない」。
・昨年度の実績と比較して、満足度の四分偏差の値は、「変化はない」。

（3）社会経済情勢分析、その他のデータの整理

1　少子化・超高齢化社会の進展
2　価値観・ライフスタイルの多様化
3　NPOなど市民活動団体の社会的認知と活動の活発化
4　「子どもの読書活動の推進に関する法律」が平成13年12月に公布・施行

B－2 政策評価（B）の結果（政策に対する有効性から見た施策〈個別〉の評価）

適切	概ね適切	課題有

・達成度が順調に推移しており、県民の重視度や満足度もある程度高いことから、政策としては有効に機能しているものと判断する。

③ 政策評価指標分析カード(整理番号１)　　政策整理番号 23

対象年度	H14	作成部課室	教育庁生涯学習課	関係部課室	

政策番号	3-7-2	政策名	生涯にわたって学び楽しめる環境の充実
施策番号	1	施策名	多様なニーズに対応した学習機会の提供

(１) 政策評価指標の目標値及び難易度並びに達成度

政策評価指標名	単位
みやぎ県民大学受講者数(累計)	人

目標値	難易度※	H17	49,000	☆☆	H22	63,000	☆☆

評価年	初期値	H11	H12	H13	H14	H15	H16	H17
測定年	H11	H11	H12	H13	H14			
現況値(達成度判定値)	31,992	31,992	34,242	37,465	40,576			
仮目標値		31,992	34,827	37,662	40,497	43,332	46,167	49,000
達成度		…	B	B	A			

※難易度：☆(トレンド型目標〈実現が可能〉)、☆☆(中間型目標〈実現が困難〉)、☆☆☆(チャレンジ型目標〈実現がかなり困難〉)

政策評価指標値の推移(グラフ)

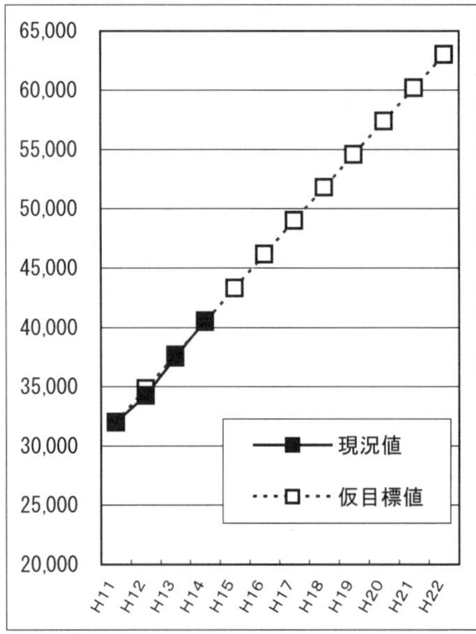

(２) 政策評価指標の達成度の分析

分析(未達成の場合はその考えられる理由等)	今後の見通し、課題、対応等
・平成14年度は、「みやぎ県民大学」及び同事業の一環として実施した「情報通信技術(IT)講習会」のそれぞれの受講者が、現況値に計上されている。 ・前者は、募集定員2,404人に対して、約130%にあたる2,656人が受講し、後者は、定員510名に対して、約89%にあたる455名が受講している。両者の合計受講者数は、合計募集定員の約107%と７ポイント上回っている。 ・その理由としては、前者の新たな取組として、NPOに対する自主企画講座を積極的に展開したためと考える。	・累計であるため必然的に現況値は増加するが、仮目標値を達成するためには毎年度2,800名以上の受講者数を確保する必要がある。 ・平成12年度から14年度は、「情報通信技術(IT)講習会」を実施したことにより数値は上がったが、平成15年度以降は従来どおり「県民大学」事業の中で仮目標値を目指すことになる。 ・一つひとつの講座参加者数を、いかにして増やしていくかという工夫が必要となる。

(３) 政策評価指標の妥当性の検証

存続　要検討

1　県民大学事業は、都市部以外の民間サービスの提供が得にくい地域に対する学習機会の提供を主目的とし、また、１市町村や民間教育事業者では規模や採算性等の面で実施できないような特色のある講座を広域的に実施している。
2　併せて、単なる自己研鑽を目的とした講座のみではなく、地域における生涯学習の要となる生涯学習指導者の育成も行っており、参加・参画型の学習機会の提供や地域づくり等の核となりうる民間指導者の育成は、各市町村の課題であり、県の支援を期待する分野でもある。
3　県の特性を踏まえた、広域的・総合的な学習サービスの提供を行う本事業は、多様なニーズに対応した学習機会の提供を測る代表的指標としてふさわしいと考えられる。
4　また、他部局においても様々な学習事業を実施しているが、生涯学習の振興という視点から実施している県事業は、本事業だけであることからも、本指標設定の妥当性が認められる。
5　なお、目標値であるが、これまで本事業においては、定常的な事業に係る募集定員に対し、1.2～1.5倍の受講者が得られてきており、毎年約2,000人から2,500人の受講生があるが、当該目標値の達成のためには、毎年、2,800人強の受講生を獲得し続ける必要がある。
6　予算の増額により講座開催数の増加を図ることには限界があることから、今後、事業実施方法等について検討を行う必要はあるものの、時代の変化を見据えた今日的・パイロット的な事業実施等に努めることとし、チャレンジ的な目標として設定した2010年の目標値は当面変更しないこととする。

④　政策評価指標分析カード（整理番号２）

政策整理番号　23

対象年度	H14	作成部課室	教育庁生涯学習課	関係部課室	
政策番号	3-7-2	政策名	生涯にわたって学び楽しめる環境の充実		
施策番号	1	施策名	多様なニーズに対応した学習機会の提供		

（１）政策評価指標の目標値及び難易度並びに達成度

政策評価指標名	単位
公立図書館における図書資料貸出数（県民一人当たり）	冊

目標値	難易度※	H17	3.9	☆☆☆	H22	4.9	☆☆☆

評価年	初期値	H11	H12	H13	H14	H15	H16	H17
測定年	H10	H11	H12	H13				
現況値（達成度判定値）	2.9	3.1	3.2	3.3				
仮目標値		3.0	3.2	3.3	3.5	3.6	3.8	3.9
達成度		A	A	A				

政策評価指標値の推移（グラフ）

※難易度：☆（トレンド型目標〈実現が可能〉）、☆☆（中間型目標〈実現が困難〉）、☆☆☆（チャレンジ型目標〈実現がかなり困難〉）

（２）政策評価指標の達成度の分析

分析（未達成の場合はその考えられる理由等）

・平成11年（1999年）９月に仙台市太白図書館が新設したことと、平成13年（2001年）１月に仙台市民図書館が新築移転したこととにより、H11及びH12は仮目標値を達成してきた。
・平成13年度は、仙台市内の７市立図書館の貸出数が対前年度比約115％と＋15ポイントの約50万冊増となっている。これは、前年に開館した仙台市民図書館の影響が引き続き顕著に現れているものと推察される。
・一方、母数となる当該年度の10月１日現在の推計人口が、平成12年度は対前年度比＋686人（＋0.02ポイント）、平成13年度は対前年度比＋3,271人（＋0.14ポイント）と大きな変化がないことも要因と言える。
・なお、全体的な貸出数は対前年度比約106％と＋6ポイントの約40万冊増となっている。

今後の見通し、課題、対応等

・平成13年度（2001年度）以降は、公立図書館の新設の予定はあるものの、現状では宮城県の市町村立図書館の設置率は全国最下位の状況にある。
・即ち、当該数値を「１」増やすということは、図書資料貸出数を約236万冊増やすということであるが、当該数値の向上に寄与する図書館は、宮城県図書館と10市10町の公立図書館の計27館のみであり、51町村が図書館未設置の状況にある。
・各市町村の厳しい財政状況を鑑みると、図書館未設置町村の早急な解消や新たな公立図書館の建設整備等は困難であり、今後は当該指標の目標達成はかなり厳しいものと想定される。

（３）政策評価指標の妥当性の検証

存続　要検討

1　公立図書館は、地域における住民の学習ニーズに応える生涯学習の中核的施設として、大きな役割を果たしており、住民の身近にあり、資料や情報の提供等、直接的な学習支援を行う施設である。
2　情報化が進展する新しい時代の中で、人々の生涯にわたる学習活動を積極的に支援し、多様化・高度化する人々の学習ニーズに的確に対応するためには、地域の特性に応じた公立図書館活動の振興が必要である。
3　従って、公立図書館の利用度を図る当該指標は、県民の多様なニーズに対応した学習機会の提供を計る指標の一つと捉えられる。
4　目標値については、当該指標に占める県立図書館の貸出冊数が、13～14％程度であり、既存の公立図書館のサービスの向上等により当該指標値を増加させることには限界があることから、今後、当該目標を達成するために、未設置町村の解消（＝新たな公立図書館の建設）が必要と思われる。
5　しかし、県が直接に市町村立図書館建設費等の財政的な補助を行うことは、現在の県の財政状況を考慮すれば困難であり、同様に厳しい財政状況下にある市町村にとっても、新たな施設整備は困難な状況にある。
6　即ち、当該目標の達成は各市町村主体の活動によるところが大きく、県事業のみの効果で当該目標を達成することはかなり厳しいものと想定され、宮城県の市町村立図書館の設置率（全国最下位）を考えると、当該目標の達成はチャレンジ的であるといえる。
7　なお、本指標値には「公民館図書室の貸出数」は算入されていないが、公立図書館それ自体の利用促進を図るためには、指標を「公立図書館の貸出数」に限ることは止むを得ないものと判断した。

⑤ 施策評価シート（C） 政策整理番号 23

対象年度	H14	作成部課室	生涯学習課	関係部課室	
政策番号	3-7-2	政策名	生涯にわたって学び楽しめる環境の充実		
施策番号	1	施策名	多様なニーズに対応した学習機会の提供		

C－1 施策･事業の整理

事業番号	種別	事業名（主要･重点）	事業概要	全体計画	事業実績・成果（事業担当課室）
1	主	みやぎ県民大学推進事業	多様化・高度化する県民の学習活動を支援するため、学校と連携し、幅広い学習機会の提供を行うとともに、講師等として活躍できる民間指導者の養成を図ります。	みやぎ県民大学推進事業 ・高等学校開放講座 ・専修学校開放講座 ・専門施設開放講座 ・大学開放講座 ・お元気クラブ ・生涯学習グループ自主企画講座 ・生涯学習支援者養成講座 ・連絡会議 ・市町村生涯学習関係職員研修会	平成14年度 事業費（決算見込額）15,496千円 1　従来から継続して実施している講座：受講者数 2,597人 2　生涯学習活用講座（平成13年度から開講）受講者数59人 3　IT講習会：受講者数455人（平成12、13及び14年度実施）実施会場…県図書館、県立高校７校及び私立高校２校 ※以上　受講者数合計 3,111人（生涯学習課）
2	主	市町村図書館支援事業	県内図書館を結ぶ情報ネットワークの充実を図るなど、市町村図書館等の活動を支援します。	市町村図書館支援事業 ・図書館情報ネットワークシステム ・協力車運営 ・県内公立図書館一般初任者研修会の開催	平成14年度事業費（決算見込額）98,464千円。 1　県下市町村に対する年間協力貸出冊数：15,540冊（平成14年度） 2　過去３ヶ年間（H12、13、14年度）平均年間貸出冊数：14,013冊。貸出総量は毎年度概ね堅持している。（生涯学習課）
3					
4					
5					
6					
7					
8					
9					
10					

⑥　施策評価シート（C）

C－２　評価に用いるデータ等の整理

（1）施策と事業との関係、施策を構成する事業の体系の分析

・みやぎ県民大学事業は、各学校、施設の有する専門的な教育機能を地域社会に開放し、県民の生活向上、職業上に必要な知識、技術、あるいは一般的な教養に関する学習機会を広域的に提供するとともに、市町村の生涯学習事業や社会教育団体等の講師・助言者・コーディネーター等として広域的に活躍できる民間指導者層の拡充を目的としており、施策との整合性が十分図られている。
・また、市町村図書館支援事業は、「書物(本)を利用して学習する」ための環境の充実を、県図書館として支援する事業であり、オンライン・コンピュータによる県図書館等の蔵書情報の提供や、協力車の運行等による各市町村図書館への協力貸出サービス、さらに各種研修会・講習会の開催による図書館職員等の資質向上やサービスの向上の促進を事業内容としており、施策との整合性が十分図られている。

（2）県民満足度調査の分析

施策に対する満足度（一般県民）	年度	H12	H13	H14	H15	H16	H17	H18	H19	H20	H21	H22
	中央値		60	50								
	四分偏差		10	10								

・昨年度の実績と比較して、県全体の満足度(中央値)は、「10ポイント大きく減少した。」
・昨年度の実績と比較して、圏域別の満足度(中央値)では、仙台圏域で「５ポイント大きく減少した」、大崎圏域で「７ポイント大きく減少した」、気仙沼本吉圏域で「10ポイント大きく減少した」。
・昨年度の実績と比較して、四分偏差の値は、「変化はない」。

（3）県民満足度調査結果から特に抽出される課題とその原因分析及び対応方針等

県民満足度調査結果から特に抽出される課題	原因分析及び対応方針等
・満足度が全体で10ポイント減少していることは、前年度に比べ「多様なニーズに対応した学習機会の提供」が少ないという意見の現れと判断する。	・平成14年度は、機会を提供する側に重点を置いた施策展開であった。 ・現時点でも、県内広く施策展開を行っているところではあるが、今後はさらに多くの地域での学習機会の提供に努力したい。

C－３　評価結果（評価項目別）

（1）事業群設定の妥当性及び県関与の適切性評価

適切　**概ね適切**　課題有

・みやぎ県民大学では、多彩で高度な講座を、広域的・パイロット的に展開し、学習意欲の大きい住民の学習要求に応えている。また、人材育成についてはみやぎ県民大学事業が中心的な役割を担っており、施策の目的を達成するための基盤整備の面で、貢献度・影響度は大きいと思われる。
・市町村図書館支援事業については、県が直接に市町村立図書館建設費等の財政的な補助を行うことは、現在の県の財政状況等を考慮すれば困難であり、啓発活動や情報提供、図書館情報ネットワークシステムの充実等の側面的な支援となる。即効性は望めないものの、地道な事業展開により、いくつかの町において図書館建設の機運が見受けられる状況にある。

（2）事業群の施策に対する有効性評価

有効　**概ね有効**　課題有

C－４にまとめて記載

（3）事業群の効率性評価

効率的　**概ね効率的**　課題有

・事業分析カードの効率性指標で見ると、事業費千円当たりの事業実績は着実に向上しており、概ね効率的に事業が実施されていると考えられる。

C－４　施策評価（C）の結果（事業群の評価）

適切　**概ね適切**　課題有

・県民大学では学習機会が少ない地域でも広域的に多彩な講座を展開し、地方の住民の学習ニーズに応えようとしている。
・また、大学開放講座等で、パイロット的講座を開講し、市町村の講座内容に多大な影響を及ぼしている。
・さらに各市町村が課題にしている人材育成の面では、広域的な募集ができ、また多彩な講師による高度な講座を運営できる県民大学は、その修了者が各市町村で活動しているので、市町村においても県民大学の果たす役割は大きいものがある。
・また、市町村図書館支援事業による政策評価指標の向上に直接つながる効果は必ずしも期待できないものの、県としても市町村立図書館の整備に向けての気運の醸成や支援を行っていく必要性は高い。

⑦ 事業分析カード　　政策整理番号 23

対象年度	H14	作成部課室	生涯学習課	関係部課室	
政策番号	3-7-2	政策名	生涯にわたって学び楽しめる環境の充実		
施策番号	1	施策名	多様なニーズに対応した学習機会の提供		

事業番号	事業名(主要・重点)	項目	指標名・単位	H11	H12	H13	H14
1	みやぎ県民大学推進事業	事業費	千円	10,862	12,128	20,344	15,496
		業績指標	開設講座数	42	45	82	68
		成果指標	受講者数・人	2,623	2,250	3,223	3,111
		効率性指標	事業費(千円)／業績指標	0.00386669	0.00371042	0.00403067	0.00438823
2	市町村図書館支援事業	事業費	千円	134,067	109,455	73,529	98,464
		業績指標	借受公立図書館数・館	26	26	26	26
		成果指標	年間協力貸出冊数・冊	12,181	13,383	13,116	15,540
		効率性指標	事業費(千円)／業績指標	0.00019393	0.00023754	0.00035360	0.00026406
		事業費					
		業績指標					
		成果指標					
		効率性指標					
		事業費					
		業績指標					
		成果指標					
		効率性指標					
		事業費					
		業績指標					
		成果指標					
		効率性指標					
		事業費					
		業績指標					
		成果指標					
		効率性指標					
		事業費					
		業績指標					
		成果指標					
		効率性指標					
		事業費					
		業績指標					
		成果指標					
		効率性指標					
		事業費					
		業績指標					
		成果指標					
		効率性指標					
		事業費					
		業績指標					
		成果指標					
		効率性指標					
		事業費					
		業績指標					
		成果指標					
		効率性指標					
		事業費					
		業績指標					
		成果指標					
		効率性指標					
		事業費					
		業績指標					
		成果指標					
		効率性指標					
		事業費					
		業績指標					
		成果指標					
		効率性指標					
		事業費					
		業績指標					
		成果指標					
		効率性指標					

⑧　役割分担分析カード　　政策整理番号　23

対象年度	H14	作成部課室	生涯学習課	関係部課室	
政策番号	3-7-2	政策名	生涯にわたって学び楽しめる環境の充実		
施策番号	1	施策名	多様なニーズに対応した学習機会の提供		

		国の事業	県の事業	市町村の事業	県民･民間･団体の事業	分析（役割分担の考え方等）
ルール	制度（法･条例）	・生涯学習の振興のための施策の推進体制等の整備に関する法律 ・「公立図書館の設置及び運営上望ましい基準」（図書館法第18条）の検討・制定				
場	ストック形成	・学習活動支援設備整備事業（補助）（図書館法第20条）		・公立図書館の設置・運営		
サービス	公的業務（指導･監督等）					
	支援サービス	・国立国会図書館総合目録ネットワーク事業	・市町村図書館等支援事業（宮城県図書館情報ネットワークシステムの運営・協力車の運行）			・中心的
	専門家サービス	・国立大学各種講座 ・放送大学	・みやぎ県民大学推進事業 ・協力レファレンス	・各種講座・教室等の開催	・私立大学実施の生涯学習講座 ・民間のカルチャー講座	・相互補完的
	人材育成	・司書の養成 ・新任図書館長等の研修会の実施	・みやぎ県民大学推進事業 ・市町村図書館等支援事業（市町村図書館等職員の一般・初任者研修会等の実施）	・「高齢者大学」等	・宮城いきいき学園 ・各種専門研修（日本図書館協会等）	・中心的 ・補助的
	普及啓発	・子どもの心を育てる読書活動推進事業（H12廃止⇒子ども夢基金へ移行）		・図書館の利用促進のための広報、行事等	・図書館設置に係る要望活動等・町村図書館づくりセミナー（日本図書館協会）	
資金	出資、融資、助成等	・広域学習サービスのための体制整備事業（12年度終） ・情報通信技術講習推進特例交付金（H12・13限）				

※事業名のうちゴシック書体で記述しているものは、主要（主要事業）・重点（重点事業）を示す。

対象年度	H14	作成部課室	生涯学習課	関係部課室	
政策番号	3-7-2	政策名	生涯にわたって学び楽しめる環境の充実		
施策番号	1	施策名	多様なニーズに対応した学習機会の提供		

D－1 政策評価・施策評価結果から抽出される課題 有 無

1 みやぎ県民大学推進事業
① 従来の定常的な講座に係る企画内容や受講者数枠の拡大、講座数の増加等を検討するなど、仮目標値に近づける手法を今後工夫する必要がある。
② 高校開放講座の場合は担当教師は本来の業務以外の業務を遂行する事になり、負担が大きい。
③ 教室の規模あるいは講座内容が実験・実習の場合等は学習機会が限定されており、受講定員を30名程度にせざるを得ない。
2 市町村図書館支援事業
① 公立図書館の未設置町村の解消（＝新たな公立図書館の建設）を図る。
② 既存図書館の貸出数をさらに増やすため、公立図書館相互の横断的なネットワークを利用した連携強化を促進する必要がある。
③ 市町村立図書館のハード面及びソフト面に係る施策を支援するため、県行政としても新たな施策を検討する必要があること。

D－2 政策評価・施策評価結果により事業を縮小・中止した場合の影響 有 無

1 みやぎ県民大学推進事業
この事業は、都市部以外の民間サービスの提供が得にくい地域に対する学習機会の提供を主目的としており、この事業を縮小・中止すれば、都市部とそれ以外の地域の学習機会の格差が拡大するものと思われる。また、当該事業を縮小・中止した場合は、各市町村における生涯学習関係のNPOや各種ボランティア団体等の指導者層が薄くなり、地域における生涯学習事業推進に歯止めをかけることとなることが危惧される。
2 市町村図書館支援事業
市町村立図書館への支援や図書館未設置町村に対する支援は、県立図書館の基本業務の一つであるとともに、県としての市町村図書館行政に対する姿勢を示すものである。当該事業を縮小・中止した場合、各市町村の図書館行政に対する意識と意欲の後退は避けられないものと思われる。

D－3 施策・事業の整理

施策の次年度（H16年度）の方向性とその説明

方向性	拡大	維持	縮小	その他

・県民大学事業の目的を達成する上で、県による積極的な関与は必要である。
・また、厳しい財政状況下にある市町村にとっては、新たな図書館の整備は困難な状況にあり、県が市町村立図書館の整備に向け気運の醸成や支援を行っていく必要性は高い。
・なお、施策に対する県民の重視度や優先度がある程度の高い上、「多様な」学習機会を提供するための環境の整備に当たっては、個人学習志向の高い県民、参加型学習志向の高い県民それぞれのニーズを考慮した「多様な」対応が必要であることから、次年度においても本施策の方向性を維持していく必要があると考える。

主要事業・重点事業の次年度（H16年度）の方向性とその説明

事業番号	種別	事業名	方向性	説明
1	主	みやぎ県民大学推進事業	維持	民間サービスが得にくい地域への学習機会の提供と、採算性等で実施できないような講座の広域的な実施を図るため、本事業の方向性を維持していく。
2	主	市町村図書館支援事業	維持	運営、サービス展開、選書、資料購入方法についての指導助言等について、きめ細かな対応を検討を行うために、本事業の方向性を維持していく。
3				
4				
5				
6				
7				
8				
9				
10				

⑩ 県民満足度調査分析カード

政策整理番号　23

対象年度	H14

政策番号	3-7-2	政策名	生涯にわたって学び楽しめる環境の充実

（１）一般県民満足度調査結果

高関心度	64.2	高認知度	60.6

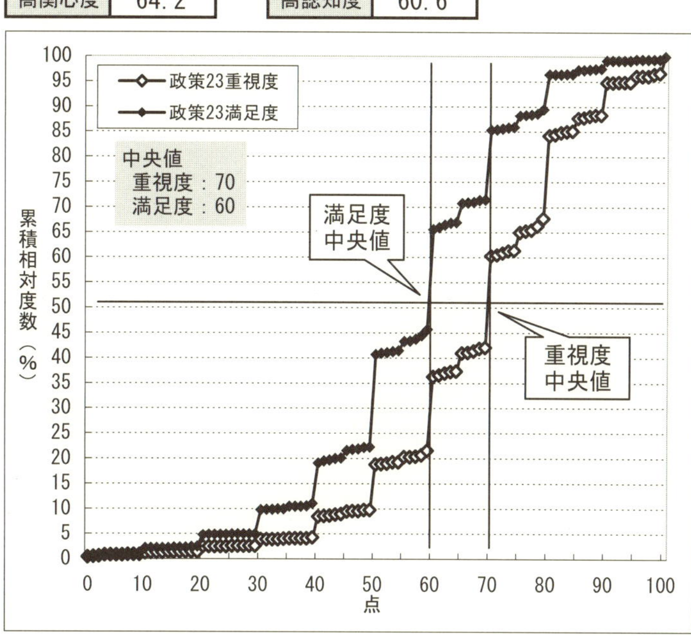

高関心度
「政策」の内容に対する関心の高さを示す数値であり、満足度調査の関心度に関する設問中「関心があった」、「ある程度関心があった」を選択した回答者の全回答者に対する割合

高認知度
「政策」の内容について知っている度合いの高さを示す数値であり、満足度調査の認知度に関する設問中「知っていた」、「ある程度知っていた」を選択した回答者の全回答者に対する割合

散布図

重70・満60
全県（一般）
仙台、仙南
大崎、栗原
登米、石巻
気仙沼本吉

散布図

満足度

重視度

圏域	重視度	満足度
全県	70	60
仙台	70	60
仙南	70	60
大崎	70	60
栗原	70	60
登米	70	60
石巻	70	60
気仙沼本吉	70	60

散布図

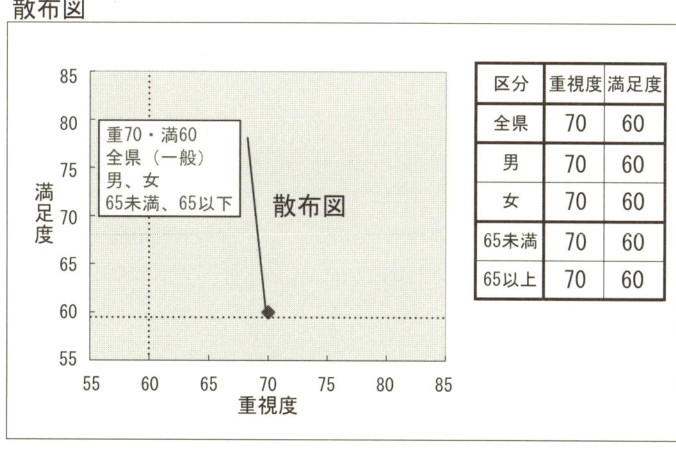

区分	重視度	満足度
全県	70	60
男	70	60
女	70	60
65未満	70	60
65以上	70	60

基本統計量

全県

項目	重視度			満足度		
	一般	市町村	学識者	一般	市町村	学識者
中央値	70	70	70	60	60	60
第１四分位	—	—	—	50	50	50
第３四分位	—	—	—	70	70	70
四分偏差	—	—	—	10	10	10

圏域別中央値（一般、市町村のみ）

圏域	重視度			満足度		
	一般	市町村	学識者	一般	市町村	学識者
仙台	70	70	—	60	60	—
仙南	70	77	—	60	60	—
大崎	70	70	—	60	60	—
栗原	70	70	—	60	60	—
登米	70	75	—	60	60	—
石巻	70	70	—	60	60	—
気仙沼本吉	70	70	—	60	60	—

男女別・年代別中央値（一般のみ）

区分	重視度			満足度		
	一般	市町村	学識者	一般	市町村	学識者
男	70	70	—	70	70	—
女	70	77	—	70	77	—
65未満	70	70	—	70	70	—
65以上	70	70	—	70	70	—

対象年度	H14
政策番号	3-7-2

政策名	生涯にわたって学び楽しめる環境の充実

（2）有識者（市町村）県民満足度調査結果

高関心度	75.8	高認知度	60.6

散布図

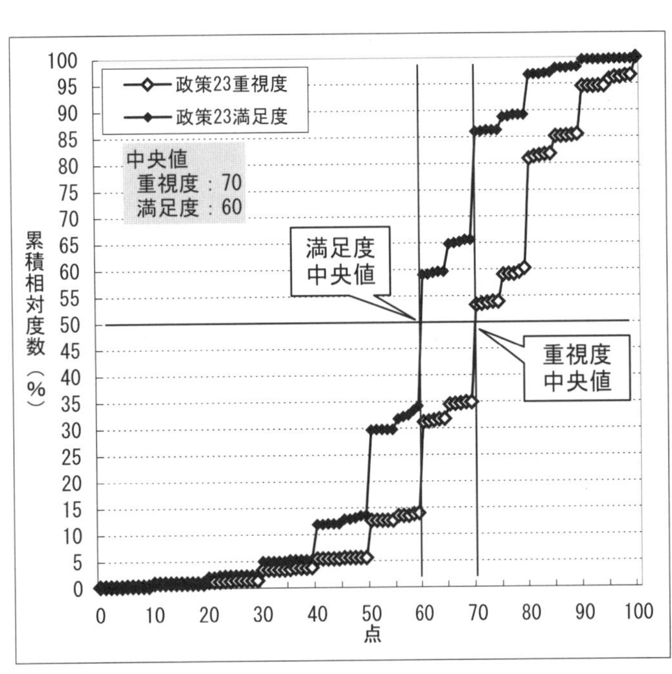

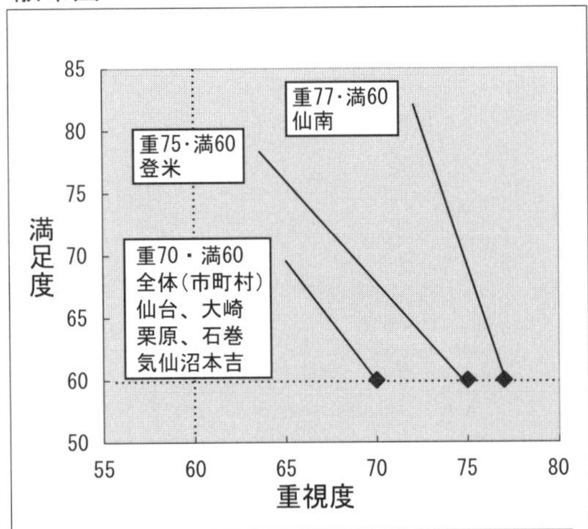

圏域	重視度	満足度	圏域	重視度	満足度
全体(市町村)	70	60	栗原	70	60
仙台	70	60	登米	75	60
仙南	77	60	石巻	70	60
大崎	70	60	気仙沼本吉	70	60

（1）一般県民満足度調査結果

高関心度	84.2	高認知度	82.9

散布図

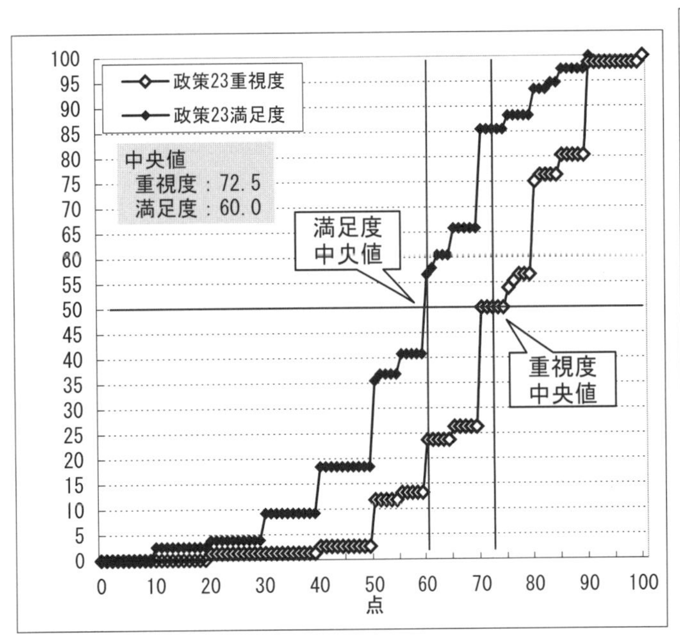

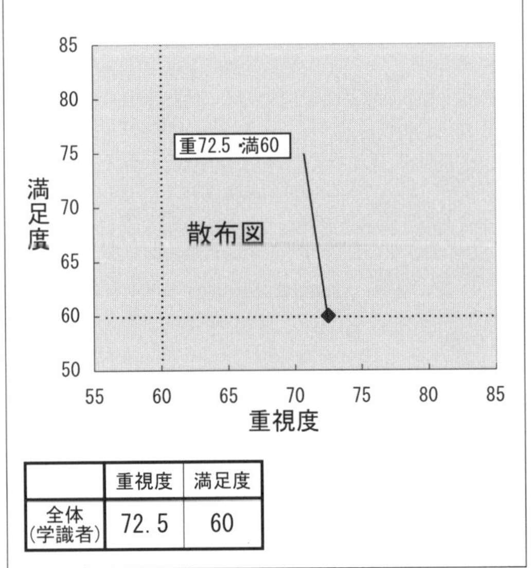

	重視度	満足度
全体(学識者)	72.5	60

⑫ 県民満足度調査分析カード　　政策整理番号 23

対象年度	H14		
政策番号	3-7-2	政策名	生涯にわたって学び楽しめる環境の充実

（４）一般県民満足度結果（施策別・優先度１位割合）

施策番号	施策名	全体	男	女	65未満	65以上	仙台	仙南	大崎	栗原	登米	石巻	気仙沼本吉
施策1	多様なニーズに対応した学習機会の提供	24.6	23.8	25.5	26.9	18.4	22.1	26.0	25.7	25.4	23.3	25.2	26.1
施策2	地域の主体的な生涯学習を支援する人材の育成	22.1	23.2	21.0	19.4	29.9	15.5	23.1	18.7	23.7	24.0	20.6	26.5
施策3	行政、大学及びNPO等生涯学習に関わる様々な機関・団体のネットワーク化	6.3	6.1	6.4	6.2	6.1	8.4	6.6	7.1	5.7	4.6	7.9	4.0
施策4	生涯学習を支援する関連施設の整備・充実	29.7	28.6	30.7	29.9	29.0	35.4	29.7	27.8	29.4	28.6	28.0	28.3
施策5	生涯学習に関する様々な情報提供システムの充実	16.2	16.6	15.9	16.4	15.4	18.1	13.6	19.5	14.7	18.7	16.8	13.3
	その他	1.1	1.7	0.5	1.2	1.2	0.5	1.0	1.2	1.1	0.8	1.5	1.8

（５）有識者（市町村・学識者）県民満足度結果（施策別・優先度１位割合）

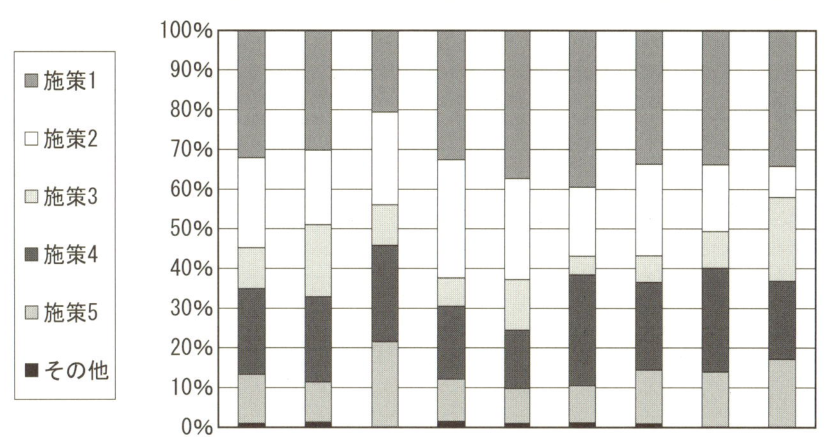

施策番号	施策名	市町村優先度								学識者優先度
		全体	仙台	仙南	大崎	栗原	登米	石巻	気仙沼本吉	
施策1	多様なニーズに対応した学習機会の提供	32.1	30.2	20.6	32.6	37.3	39.5	33.7	33.8	34.2
施策2	地域の主体的な生涯学習を支援する人材の育成	22.7	18.8	23.4	29.8	25.5	17.4	23.1	16.9	7.9
施策3	行政、大学及びNPO等生涯学習に関わる様々な機関・団体のネットワーク化	10.3	18.1	10.2	7.1	12.7	4.7	6.7	9.2	21.1
施策4	生涯学習を支援する関連施設の整備・充実	21.6	21.5	24.3	18.4	14.7	27.9	22.1	26.2	19.7
施策5	生涯学習に関する様々な情報提供システムの充実	12.3	10.1	21.5	10.6	8.8	9.3	13.5	13.8	17.1
	その他	1.0	1.3	0.0	1.5	1.0	1.2	0.9	0.1	0.0

１－１－⑵　三重県の施策評価・事務事業評価　2002（平成14）年度
(http://www.pref.mie.jp/pdf/jh/jh02k/job20010000000121.htm)

①　2002（平成14）年度　実績　施策目的評価表（生涯学習の推進）

②　2002（平成14）年度　実績　基本事業目的評価表（生涯学習ネットワークの充実）

③　2002（平成14）年度　実績　継続事務事業目的評価表（生涯学習みえ総合推進事業）

① 2002(平成14)年度 実績 施策目的評価表

施策名	121 生涯学習の推進				
評価者	所属	教育委員会事務局 生涯学習分野	職名	総括マネージャー	氏名
	電話番号	059-224-2942	メール		
評価年月日	2003年6月13日				

施策の目標（2010年にめざす姿）	住民一人ひとりが自己実現をめざして学習を継続し、生きがいのある生活を送れ、学びたい人がだれでも、いつでも、どこでも、興味や必要に応じて学ぶことのできる生涯学習社会が実現しています。 社会、経済の変化に対応するため、社会人を中心に、高等教育機関、高等学校などにおいてのリカレント学習が盛んになり、その学習した成果が職業生活の中で適切に評価される環境になっています。

施策に関する各種データ

2002年度 施策に関する実績データの一覧

施策の数値目標達成状況	必要概算コスト対前年度
未達成・前年度より悪化	ほぼ同じ

施策の数値目標及びコスト

		2001	2002	2003	2004	2010
週に1時間以上生涯学習に費やす県民の割合(%)[目標指標]	目標		46	48	50	61
	実績	43.8	41.5			
必要概算コスト（千円）		1,639,728	1,637,115	2,946,300	0	
予算額等（千円）		1,043,677	1,058,507	2,386,428		
概算人件費（千円）		596,051	578,608	559,872	0	
所要時間（時間）		141,580	134,560	130,203		
人件費単価（千円／時間）		4.21	4.30	4.30	4.21	
必要概算コスト対前年度（千円）			-2,613	1,309,185	-2,946,300	

数値目標に関する説明・留意事項	・1週間あたり生涯学習に1時間以上費やす県民の割合（県民意識基礎調査） ・この数値目標は社会全体の経済状況や家庭環境の影響を受けますが、目標達成のためには、県民一人ひとりの自己実現のため、余暇活動に対する意識を高揚することが必要です。 ・生涯学習にかかる情報の提供体制の整備をさらに進めることから、2001年度の実績（43.8%）の約1割増を目標とします。

施策の評価

	これまでの取組と成果、成果を得られた要因と考えられること

<table>
<tr><td rowspan="3">2002年度を振り返っての評価</td><td>2000年度末に三重県生涯学習振興基本計画を策定し、今後の生涯学習振興の方向を示しました。また、2000年度に県民との協働で開催しました第１２回全国生涯学習フェスティバルによって、県民の生涯学習への気運が高まっています。　こうした中、2002年３月、三重県生涯学習審議会から、完全学校週5日制に向け「子どもの活動を地域でどのように支援するか」について答申を受けたことから、2002年度には、土・日曜日に子どもの居場所を提供する総合型地域文化活動クラブの設立に向け、１５町村でその取組を支援しました。　生涯学習センターを拠点として、多様な情報の交換や人的交流をすすめるための「みえ生涯学習ネットワーク」については、ボランティア・ＮＰＯなどの各種団体、企業、関係行政機関に参加を呼びかけたことにより、目標値を大幅に上回る70団体の加入がありました。　県立の生涯学習施設においては、その機能を活用し、特に完全学校週５日制の実施に合わせて子どもたちを中心とした学習機会の提供に努めました。　地域・家庭の教育力低下が指摘されるなか、「家庭教育子育て支援事業」については、健康福祉部、生活部、警察、ＮＰＯ、市町村と連携を図りながら、それぞれのもつ専門性を生かした事業を実施することができました。</td></tr>
<tr><td>残った課題、その要因と考えられること</td></tr>
<tr><td>週に１時間以上生涯学習に費やす県民の割合が、43.8%から41.5%に減少しました。このため、生涯学習施設の積極的な活用と相互の連携、情報提供方法の見直し、市町村・民間教育団体・高等教育機関等との連携の強化など学習環境の整備を図ることにより、県民の多様化・高度化した学習ニーズに的確に対応していく必要があります。　また、文部科学省が行った完全学校週５日制の調査において、休日が増えたことには７割の児童生徒が喜んでいる一方、３人に１人は「することがなくてつまらない」と思っていることがわかりました。このため、総合型地域文化活動クラブづくりの支援や生涯学習施設を活用することにより、子どもの居場所づくりを積極的に推進していく必要があります。</td></tr>
<tr><td colspan="2">施策の展開</td></tr>
<tr><td>評価結果を踏まえた2003年度の取組方向</td><td>県民だれもが、いつでも、どこでも興味や必要に応じて学ぶことができるよう、生涯学習ネットワークや情報提供システムの充実を図るとともに、放送大学や放送局が行う通信教育と一層の連携を深めることで、必要な情報をいつでも提供できる体制を整備します。　市町村、民間教育団体、高等教育機関及び生涯学習施設相互の連携を深めることや、生涯学習センター、図書館を含む三重県総合文化センター、美術館及び博物館が県民にとって利用しやすく、魅力あるゾーンとして機能するよう、これらの施設の連携を一層深めることにより、魅力ある学習機会を提供します。
65歳以上の方を対象に、博物館、美術館及び斎宮歴史博物館の常設展の観覧料を無料化することなどにより、学習機会の拡大を図ります。</td></tr>
<tr><td colspan="2">2003年度　構成する基本事業間の戦略（注力、改革方向）</td></tr>
</table>

基本事業名	担当チーム	注力	総括マネージャーの方針・指示	改革方向
A 12101　生涯学習ネットワークの充実	教育委員会社会教育推進チーム	→	社会教育推進体制の整備及び生涯学習のための環境づくりを進め、指導や助言を行います。	現状維持
B 12102　生涯学習の充実と高度化	教育委員会社会教育推進チーム	↑	県民の生涯学習に対する要望は多様化しており、県内外の高等教育機関や各種団体、ボランティア等と連携を図り多様な学習機会を提供します。	現状維持
C 12103　生涯学習施設機能の整備と機会の拡充	教育委員会社会教育推進チーム	→	学習施設・学習内容を充実します。	現状維持
D 12104　地域・家庭・学校の連携と生涯学習の充実	教育委員会社会教育推進チーム	↑	家庭・地域・学校と連携し、地域、家庭の教育力の向上を図ります。	現状維持

② 2002(平成14)年度 実績 基本事業目的評価表

基本事業名	12101 生涯学習ネットワークの充実					
評価者	所属	教育委員会社会教育推進チーム	職名	マネージャー	氏名	
	電話番号	059－224－2982	メール			
評価年月日	2003年5月22日					

政策・事業体系上の位置づけ	政策：	人づくりの推進
	施策：	121 生涯学習の推進
	施策の数値目標：	週に１時間以上生涯学習に費やす県民の割合

基本事業の目的	
	【誰、何が（対象）】
	生涯学習に取り組もうとする県民、民間団体、学校、企業、行政機関が
	【抱えている課題やニーズ】
	生涯学習に関する情報収集、指導者の発掘や育成と登録、新たな生涯学習のためのプログラム作成、必要な連絡調整などの機能を充実するために、行政と連携して推進する組織の活動が求められている。
	という状態を
	【どのような状態になることを狙っているのか（意図）】
	相互のネットワークを充実し、情報交換・連携が活発になる。
	という状態にします。
	【その結果、どのような成果を実現したいのか（結果＝施策の目的（2010年のめざす姿））】
	住民一人ひとりが自己実現をめざして学習を継続し、生きがいのある生活を送れ、学びたい人がだれでも、いつでも、どこでも、興味や必要に応じて学ぶことのできる生涯学習社会が実現しています。 　社会、経済の変化に対応するため、社会人を中心に、高等教育機関、高等学校などにおいてのリカレント学習が盛んになり、その学習した成果が職業生活の中で適切に評価される環境になっています。

基本事業に関する各種データ

2002年度　基本事業に関する実績データ一覧

基本事業の数値目標達成状況	必要概算コスト対前年度
達成	減少

基本事業の数値目標、コスト、基本事業マネジメント参考指標と実績値

		2001	2002	2003	2004
みえ生涯学習ネットワークの参画団体者数(件) [目標指標]	目標		20	100	130
	実績	13	70		
必要概算コスト（千円）		93,630	56,946	52,624	0
予算額等（千円）		47,741	18,422	18,310	
概算人件費（千円）		45,889	36,808	34,314	0

所要時間（時間）		10,900	8,560	7,980	
人件費単価（千円／時間）		4.21	4.30	4.30	4.21
必要概算コスト対前年度（千円）			-36,684	-4,322	-52,624
三重デジタルミュージアム利用数(件) [マネジメント参考指標]	目標		52,500	83000	
	実績	50,000	82567		
[マネジメント参考指標]					
[マネジメント参考指標]					
[マネジメント参考指標]					
[マネジメント参考指標]					
[マネジメント参考指標]					

数値目標に関する説明・留意事項	・目標指標の項目は、みえ生涯学習ネットワークに参画する県民、民間団体、学校、企業、行政などの団体者数を表します。 ・「みえ生涯学習ネットワーク」は平成13年11月11日の設立です。 ・ネットワーク参画団体の2003年度以降の目標数値については，2002年度に既に70団体に達しており、今後の伸びも期待できることから修正した。

2002年度　マネジメント参考指標

	種類	マネジメント参考指標	数値目標の困難度	達成度／５点
1		三重デジタルミュージアム利用数	十分達成可能な目標	3
2				
3				
4				
5				
6				

マネジメント参考指標に関する説明・留意事項	デジタルミュージアムネットワークのトップページを充実させ、認知度アップを図ることで相乗的に各館のホームページのアクセス件数も増加すると考え、前年度比5%増を目標とします。マネジメント参考指標は、三重デジタルミュージアムおよび各種コンテンツの利用件数を表します。

基本事業の評価

	これまでの取組と成果、成果を得られた要因と考えられること

<table>
<tr><td>2002年度を振り返っての評価</td><td colspan="3">2000年度末に三重県生涯学習振興基本計画を策定し、行政と民間団体等のほか、今後の生涯学習振興の方向を示しました。また、2000年度に県民との協働で開催した第12回全国生涯学習フェスティバルによって、県民の生涯学習への気運が高まり、県内各地で各種の講座が開催されるようになり、その講座等に参加する県民も増加しました。2002年３月に、三重県生涯学習審議会より、「完全学校週5日制」における、土・日曜日の子どもの活動を地域でどのように支援していくかについての答申を受け、各地で総合型地域文化活動クラブの設立に向けての取組みに、支援をしてきました。この取組の中で、社会教育と学校教育の連携で学校・地域・家庭が一体となったこどもの活動支援が各市町村で始まった。
前年度に残った課題、その要因と考えられること
社会の変化や雇用状況の急激な変化に対応できる人材の育成が求められ、社会人向けのリカレント学習やキャリアアップのための学習機会が必要になってきています。このため、行政は県民への情報提供、学習環境の整備を図るために、民間教育団体や高等教育機関等と連携して学習情報を県民に提供できるようにしていきます。デジタルミュージアムは県民の関心が高く当初の予定より利用者数が大幅に上回っており、今後コンテンツの追加など県民の要望に答えていく必要がある。</td></tr>
<tr><td>総合行政の視点からの評価</td><td colspan="3">県民、民間団体、学校、企業、行政機関の連携を図る「みえ生涯学習ネットワーク」の設立から２年目を迎え生涯学習の推進体制が整いつつあるが、県民の生涯学習の場は、社会のあらゆる局面に存在する。教育委員会所管以外の教育機会についても、その情報の一層の掌握と提供が必要であり他部局との連携をより密接にしていかなければならない。　完全学校週５日制におけるこどもの地域での居場所づくりについて一部の事業で生活部と連携ができた。なお、　生涯学習ネットワークの充実には市町村などへの働きかけが常時不可欠である。さらに、県民の誰もが等しく本事業の恩恵によくするという観点から言えば、前提として誰もがパソコンなどの情報機器を日常生活の中で使いこなせるような条件整備が急務である。</td></tr>
<tr><td colspan="4">基本事業の展開</td></tr>
<tr><td rowspan="3">2003年度　施策から見たこの基本事業の取組方向</td><td>注力</td><td>総括マネージャーの方針・指示</td><td>改革方向</td></tr>
<tr><td>→</td><td>社会教育推進体制の整備及び生涯学習のための環境づくりを進め、指導や助言を行います。</td><td>現状維持</td></tr>
<tr><td colspan="3">＜参考＞注力：取組への思い入れや経営資源投入など施策の中での力の入れ具合
↑＝相対的に力を入れて取り組んでいく
→＝従来どおりの力の入れ具合で取り組んでいく
↓＝相対的に力の入れ具合を抑えていく</td></tr>
<tr><td>評価結果を踏まえた2003年度の取組方向</td><td colspan="3">①三重県生涯学習振興基本計画に基づき全庁的に生涯学習の振興をはかるため、三重県生涯学習推進会議を開催するとともに、全国生涯学習フェスティバルに参集された学習者・団体・企業及び行政がネットワークを形成して本県の生涯学習を総合的に推進していきます。②県内における社会教育推進体制の整備及び生涯学習推進のための環境づくりをめざし、指導体制の充実をはかります。そのために、社会教育主事資格取得のための支援を行います。③東海北陸社会教育研究大会及び全国公民館大会の開催を通じて、県内生涯学習振興の機運を高めます。④県民がいつでも、どこでも、だれでも学習できる環境を整備するため、博物館、美術館等において収蔵品の共有と相互活用をするために、デジタル情報化を進めます。</td></tr>
<tr><td colspan="4">2003年度　基本事業マネジメント参考指標と目標値・困難度</td></tr>
</table>

	種類	指標名	目標値	目標値の困難度
1		三重デジタルミュージアム利用数	83000件	十分達成可能な目標
2				
3				
4				
5				
6				

2003年度　マネジメント参考指標に関する説明・留意事項	三重デジタルミュージアムの存在自体の広報及び各施設から発信されるコンテンツの充実により利用数を上げるとともに、ネットワークそのものの拡充も工夫します。

参考　2002年度　構成した事務事業の一覧　（予算額等：千円、所要時間：時間）

事務事業名	予算額等	対前年	所要時間	対前年	注力	改革方向	貢献度合	効果発現時期
	事業概要				マネージャーの方針・指示			
A 生涯学習みえ総合推進事業	302	-7,393	2,200	-3,300	→	現状維持	間接的	中期的
	県の生涯学習推進の方策について啓発を行い、学習者、団体、企業及び行政をネットワーク化し、学習機会の組織化・体系化をはかり、協働による事業の具体的方策を構築していきます。				学習機会の組織化・体系化を構築し、県民等と行政が協働できるようにします。			
B 社会教育推進体制整備事業	15,328	-19,418	4,160	840	↑	現状維持	間接的	中期的
	地域における社会教育推進体制の整備及び生涯学習のための環境づくりをめざし、指導体制を充実していきます。				地域における社会教育・生涯学習の指導体制を構築します。			
C 生涯学習資源共有化事業	2,792	-2,508	2,200	120	→	現状維持	直接的	即効的
	「いつでも」「どこでも」「だれでも」博物館、美術館等の収蔵資料を見ることができる環境をつくり、生涯学習に触れられる機会の増大を図るため、デジタル化した収蔵品データをインターネット上に公開するなどして、魅力あるホームページの運営を目指します。				生涯学習施設の保有する「モノ」「情報」の資源の共有化により、施設が身近にない地域において学習機会を提供します。			

③ 2002(平成14)年度 実績 継続事務事業目的評価表

事務事業名	生涯学習みえ総合推進事業		
対応する予算細事業目	生涯学習総合推進事業		
評価者	所属	教育委員会事務局社会教育推進チーム	
	職氏名		
	電話番号	059-224-2982	メール
評価年月日	2003年6月16日		

政策・事業体系上の位置づけ		
	政策：	人づくりの推進
	施策：	121　生涯学習の推進
	基本事業：	12101　生涯学習ネットワークの充実
	基本事業の数値目標：	みえ生涯学習ネットワークの参画団体者数

事務事業の目的	
	【誰、何が（対象）】
	県民（学びたい人）
	【抱えている課題やニーズ】
	自己実現をめざして学習を継続し、生きがいのある生活をおくれ、学びたい人が、だれでも、いつでも、どこでも興味や必要に応じてまなぶことができる状態にする。
	という状態を
	【どのような状態になることを狙っているのか（意図）】
	その成果を必要に応じて生かす。
	という状態にします。
	【その結果、どのような成果を実現したいのか（結果＝基本事業の目的）】
	生涯学習に取り組もうとする県民、民間団体、学校、企業、行政機関が相互のネットワークを充実し、情報交換・連携が活発になる

公共関与の根拠	2 外部（不）経済
県の関与の根拠	3 複数市町村にまたがる広域事業
税金投入の妥当性	この事業は受益者が特定できず、民間では行われていない内容です。

事務事業に関する各種データ

事業目標指標の実績値、コスト

		2001	2002	2003	2004	2005
[目標指標]						
みえ生涯学習ネットワークの参画団体者数(件) [目標指標]	目標	20	20	80		
	実績	13	70			
[目標指標]						
[目標指標]						

[目標指標]						
[目標指標]						
必要概算コスト（千円）		30,850	9,762	10,635	0	0
予算額等（千円）		7,695	302	1,175		
概算人件費（千円）		23,155	9,460	9,460	0	0
所要時間（時間）		5,500	2,200	2,200		
人件費単価（千円／時間）		4.21	4.30	4.30	4.21	4.21
必要概算コスト対前年度（千円）			−21,088	873	−10,635	0

2002年度　事業目標指標の達成状況		指標名	困難度	達成度／５点
	指標Ａ	みえ生涯学習ネットワークの参画団体者数	挑戦的な目標	4
	指標Ｂ			
	指標Ｃ			

目標値の設定理由（前年度記載内容）		
	指標Ａ	みえ生涯学習ネットワークの参画団体者数
	指標Ｂ	
	指標Ｃ	

事務事業の評価	
目的達成（対象が抱える課題解決）のために行った具体的な取組内容（手段）と結果	●みえ生涯学習ネットワークのホームページ開設に伴う普及啓発 ●みえ生涯学習ネットワーク運営委員会への参画
関連する地域機関の評価コメント集約結果	

事務事業の実績自己チェック

評価項目	評価結果
１　顧客ニーズの理解と対応	
1-1　事務事業の対象が抱える課題や事務事業に対して要求すること・期待すること（クレームを含める）を十分に把握・分析できましたか？	3 できた
２　人材開発と学習環境	
2-1　事務事業を実施する際に求められる担当としての能力開発に向けた取組は十分行えましたか？	3 できた
３　プロセス・マネジメント	
3-1　事業計画に対して事務事業の内容や量は妥当でしたか？	3 ほぼ妥当であった
3-2　実施プロセス（着手時期、業務の運び方、進捗管理など）は妥当でしたか？	3 ほぼ妥当であった
3-3　事業実施にあたって、パートナー（市町村、関係者等）との協働やパートナーへの対応は十分行えましたか？	3 できた
3-4　庁内関係部門との連携や、さまざまな視点から事業を実施するなど、総合行政の取組は十分行えましたか？	3 できた
４　情報の共有化と活用	

4-1　事務事業の目的達成に必要な情報について、対象者、市町村、関係者、庁内関係部門などとの共有は十分でしたか？	3 できた
4-2　事務事業の実施や評価、企画立案に必要となる情報・データ（ベンチマーキング情報を含む）は適切かつ十分に把握し、活用できましたか？	3 できた
5　行政活動（事務事業）の成果	
5-1　費用対効果の観点も踏まえ、この事務事業の目的は十分達成できましたか？	3 できた
5-2　費用対効果の観点も踏まえ、この事務事業の上位にある基本事業の成果に十分貢献できましたか？	3 できた

自己チェック評点の平均点	必要概算コスト対前年度
3.0	減少

総合的見地からの評価コメント（成果の有無、成果の内容と判断根拠・理由）	みえ生涯学習ネットワークのホームページ開設に伴う普及啓発 　事務局が三重県生涯学習センターに移管され、ネットワークの運営委員会に委員として参画し、ホームページ開設に向けての検討を経て、１２月にホームページが開設された。 　また、ネットワーク上だけの交流ではなく、会員以外も含む「交流会」が開催され、講演会や来場者による情報交換会が開かれたことから、目標を上回る会員数の参加者の増加があり、ネットワークの周知拡大に成果があった。
残された課題とその要因	ネットワーク運営委員会における参画や、今後のネットワーク拡大への側面支援。
事務事業の展開	

2003年度　基本事業から見たこの事務事業の取組方向	注力	マネージャーの方針・指示	改革方向
	↑	学習機会の組織化・体系化を構築し、県民と行政が協働できるようにします。	改善する

＜参考＞注力：取組への思い入れや経営資源投入など基本事業の中での力の入れ具合

↑＝相対的に力を入れて取り組んでいく

→＝従来どおりの力の入れ具合で取り組んでいく

↓＝相対的に力の入れ具合を抑えていく

評価結果を踏まえた今後の取組や改善点（事務事業のあるべき中長期的な姿も含めて）	生涯学習を振興していくためには、県民、民間団体、学校、企業などと行政が連携していくシステムが必要です。このための核となるのが、みえ生涯学習ネットワークであるので、当該組織の育成とともに、NPOとして将来独立できるようにしてまいりたい。

2003年度　事業目標指標の目標値		指標名	目標値	困難度
	指標１	みえ生涯学習ネットワークの参画団体者数	80件	挑戦的な目標
	指標２			
	指標３			

2003年度　目標値の設定理由		
	指標１	参画団体を増やしていく必要は、2002年度で目標達しているため、2003年度は80件とする。
	指標２	
	指標３	

1－1－(3)　滋賀県の『しがベンチマーク』指標
(http//www.pref.shiga.jp/gyokaku/mark2003/)

① 『しがベンチマーク2003年度版』をご覧いただく視点

② 『しがベンチマーク2003年度版』指標体系図

③ (4)子どもの瞳輝く「教育熱心県」づくり

④ (5)個性きらめく「自治と文化の創造県」づくり

⑤ 公民館等での様々な講座を受講している人の数（県民1,000人当たり）

⑥ 県民１人が年間に借りている図書冊数

⑦ 基本施策評価表（社会教育環境の整備充実）

⑧ 個別事業評価表（社会教育指導者等養成事業）

⑨ 個別事業評価表（公共図書館協力推進事業）

①『しがベンチマーク2003年度版』をご覧いただく視点

『しがベンチマーク2003年度版』は、次のような視点でご覧下さい。

(1)「5つの政策の柱」に置かれる「しがベンチマーク」

県では、「5つの政策の柱」として、「環境にこだわる県づくり」、「たくましい経済県づくり」、「くらし安心県づくり」、「教育熱心県づくり」、「自治と文化の創造県づくり」といった政策方針を示しています。「しがベンチマーク」は、この5つの政策方針に沿って、関連する指標群の達成状況を見ることができます。

(2)指標についての基本的な考え方(略)

(3)目標値

「しがベンチマーク」の指標にはそれぞれ、県政のめざす方向性を示した目標値を設定しています。目標値の設定の仕方は、それぞれの取組みによって異なりますので、今回の「しがベンチマーク2003年度版」から、各指標の目標値がどのような考え方によって設定されたものであるかをわかりやすくするため、「目標値設定パターン(A~Eの記号)」を指標のリスト中に表示しています。

A:滋賀のあるべき姿を示す理想値として設定
B:全国第1位または上位を目指すとして設定
C:全国平均または中位水準を目指すとして設定
D:国の目標等に合わせて設定
E:過去のトレンド等を踏まえた実現可能な努力目標として設定

(4)全国での位置(略)

(5)到達度

到達度は、「目標に対して、現在どの程度まで到達しているのか」を全国順位を加味して示しています。また、ひと目でわかりやすいように、到達度を「星(★、☆)の数」で表しています。

「星の数」は、次の区分で表示しています。

順位＼到達率	0~29%	30~49%	50~69%	70~89%	90%以上
1位~10位	★	★★	★★★	★★★★	★★★★★
11位~20位	★	★★	★★★	★★★★	★★★★
21位~30位	★	★★	★★	★★★	★★★★
31位以下	★	★	★★	★★★	★★★★
全国比較のないもの	☆	☆☆	☆☆☆	☆☆☆☆	☆☆☆☆☆

※1 到達率と全国順位の両方を満たす場合は★、全国順位のないものは☆となります。

※2 ★または☆の数が昨年度と比べて増えている指標には(ニコニコマーク)を、減っている指標には(しかめっ面マーク)を付けています(ただし、今回から新たに設定した指標、今回から調査方法を変更した指標には付けていません。今回から目標値を見直した指標については、新規の目標値に対する到達率に基づいて付けています)。

(6)実績値(略)

② 『しがベンチマーク2003年度版』指標体系図

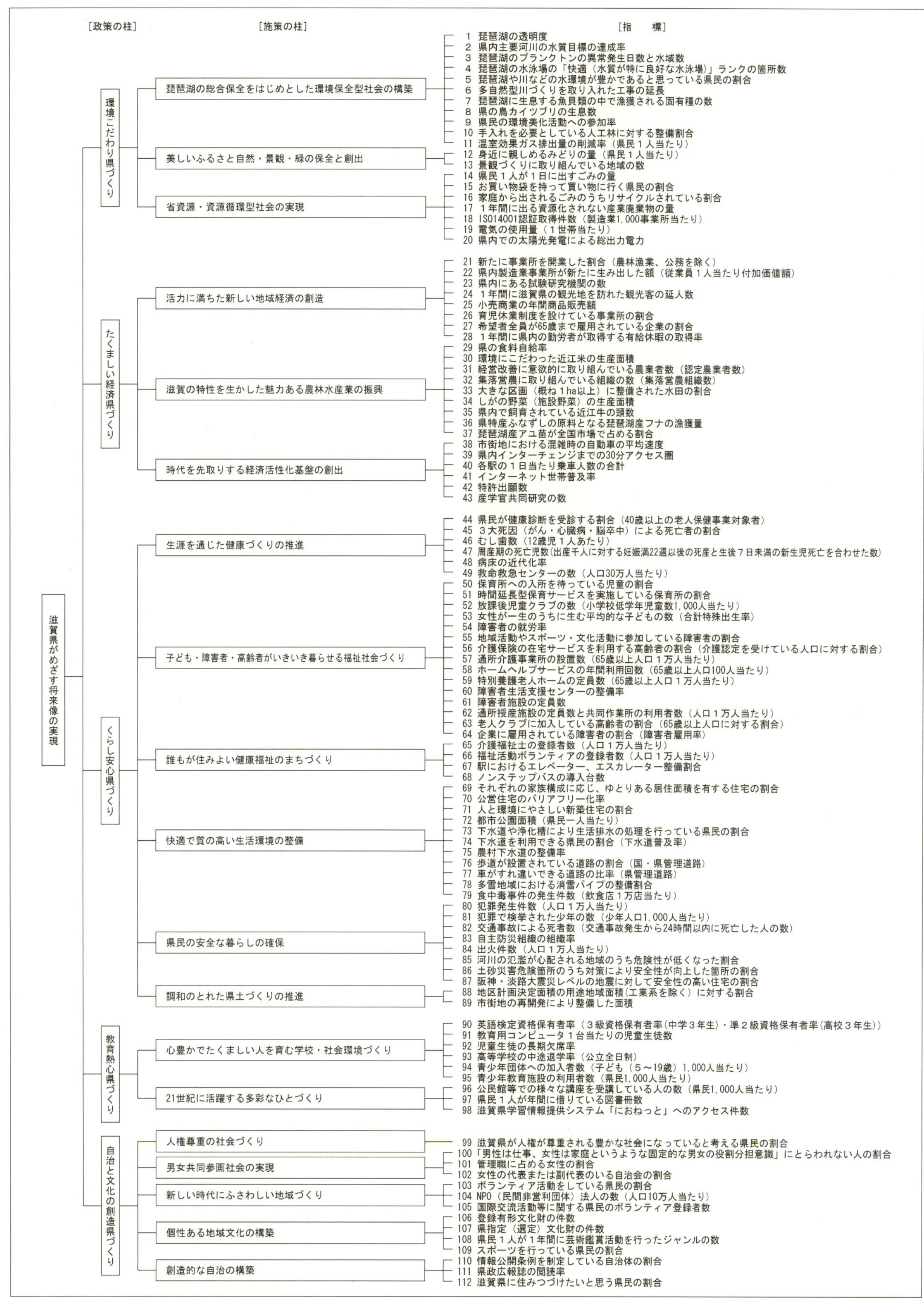

③ (4)子どもの瞳輝く「教育熱心県」づくり

番号	指標名	単位	10年度	11年度	12年度	13年度	14年度	全国順位 全国平均 (年度)	目標値	目標値設定パターン	目標年	到達度 (到達率)	摘要	目標達成への関わりの度合い
①心豊かでたくましい人を育む学校・社会環境づくり														
94	青少年団体への加入者数(子ども(5～19歳)1,000人当たり)	人	101	101	101	101	102	13位 62 (14年)	120	B	22	★★★★ (85.0)	青少年の健全育成を図るスポーツ少年団などへの加入状況を表す指標です。皆様の活動の広がりを期待して、目標を定めています。(1位 秋田県 147人)	県 県以外の行政 県民・民間等
95	青少年教育施設の利用者数(県民1,000人当たり)	人	140	—	—	—	—	159 (10年)	156	C	22	☆☆☆☆ (89.7)	健全な青少年を地域で育む環境を表す指標の一つです。平成14年度から完全学校週5日制が始まり、地域で青少年を育む環境づくりに努めます。	県 県以外の行政 県民・民間等
②21世紀に活躍する多彩なひとづくり														
96	公民館等での様々な講座を受講している人の数(県民1,000人当たり)	人	300	—	—	—	—	17位 245 (10年)	500	E	22	★★★ (60.0)	県民の皆さんの生涯学習活動の広がりを測る指標です。自己の能力を高め、生きがいをもって豊かな人生をおくることができるよう生涯学習機会の充実に努めます。(1位 石川県 728人)	県 県以外の行政 県民・民間等
97	県民1人が年間に借りている図書冊数	冊	6.3	6.7	6.8	7.4	8.3	1位 4.3 (13年)	10.0	E	22	★★★★ (83.0)	社会教育環境の充実度を表す指標の一つです。皆様の身近な学習機会の向上を図ります。 (2位 東京都 7.1冊)	県 県以外の行政 県民・民間等
98	滋賀県学習情報提供システム「におねっと」へのアクセス件数	千件	40	43	46	69	122	—	300	E	22	☆☆ (40.7)	学習情報へのアクセス数を通じて生涯学習の状況を表す指標です。インターネットにより幅広く学習情報を提供していますので、皆様からの多くのアクセスを期待しています。	県 県以外の行政 県民・民間等

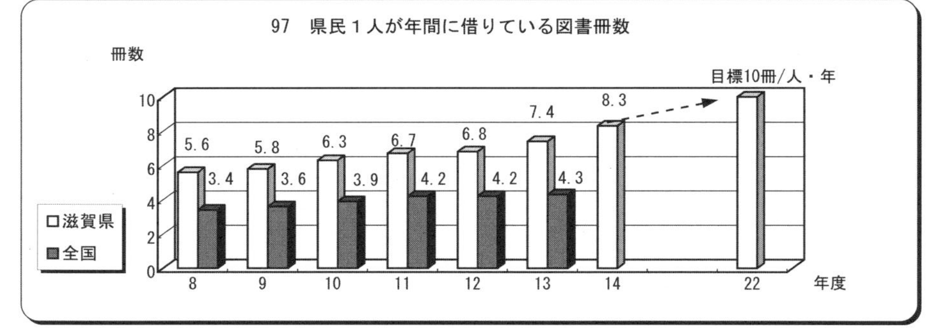

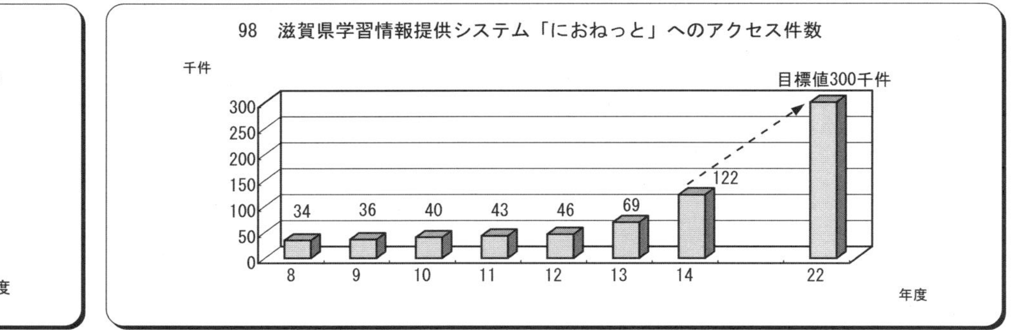

④ (5)個性きらめく「自治と文化の創造県」づくり

番号	指標名	単位	10年度	11年度	12年度	13年度	14年度	全国順位 全国平均 (年度)	目標値	目標値設定パターン	目標年	到達度 (到達率)	摘要	目標達成への関わりの度合い
①人権尊重の社会づくり														
99	滋賀県が人権が尊重される豊かな社会になっていると考える県民の割合	%	—	—	—	24.7	—	—	100.0	A	22	☆ (24.7)	人権に関する意識調査の中で、「今の滋賀県は人権が尊重される豊かな社会になっていると思いますか」という質問に対し、「そう思う」、「どちらかといえばそう思う」と答えた人の割合です。目標値は、すべての人の人権が尊重される社会の実現をめざして設定しています。	県 県以外の行政 県民・民間等
②男女共同参画社会の実現														
100	「男性は仕事、女性は家庭というような固定的な男女の役割分担意識」にとらわれない人の割合	%	—	—	38.1	—	39.2 (参考値)	48.3 (12年)	100.0	A	22	☆☆ (38.1)	県政世論調査で、「男性は仕事、女性は家庭という固定的な性別役割分担に同感しない」と答えた人の割合です。すべての人が固定的な意識をもたず、多様な価値観を認め合えるようになることをめざします。県政世論調査での調査は5年に1度のため、平成14年度は、男女共同参画社会づくりに向けた県民意識調査の数値を参考値として記入しています。	県 県以外の行政 県民・民間等
101	管理職に占める女性の割合	%	—	—	8.7	—	—	45位 11.2 (12年)	15.0	B	22	★★ (58.0)	経営や政策の方針決定の場への女性の参画度を表す指標です。女性が男性と共に活躍できる社会の実現をめざします。(1位 徳島県 15.3%)	県 県以外の行政 県民・民間等
102	女性の代表または副代表のいる自治会の割合	%	13.4	18.4	5.1	5.3	5.6	—	15.0	E	22	☆☆ (37.3)	地域社会における運営方針決定の場への女性の参画度を表す指標です。女性が男性と共に活躍できる地域社会の実現をめざします。	県 県以外の行政 県民・民間等
③新しい時代にふさわしい地域づくり														
103	ボランティア活動をしている県民の割合	%	—	—	—	39.3	—	3位 28.9 (13年)	50.0	E	22	★★★★ (78.6)	社会貢献活動への参加率を表す指標です。本県は、社会貢献活動が非常に盛んな県ですが、さらに活動が広がり、県民の活力にあふれた地域づくりが進むよう努めます。(1位 鹿児島県 40.1%)	県 県以外の行政 県民・民間等
104	NPO(民間非営利団体)法人の数(人口10万人当たり)	法人数	—	18.4	2.24	4.00	6.77	16位 7.59 (14年)	17.86	E	22	★★ (37.9)	NPO法人の数を通じて、県民の社会貢献活動の広がりを測る指標です。NPO活動の一層の促進を通じて、個性豊かな地域づくりをめざします。(1位 東京都 18.43法人)	県 県以外の行政 県民・民間等
105	国際交流活動等に関する県民のボランティア登録者数	人	13.4	18.4	521	547	654	—	819	E	22	☆☆☆☆ (79.9)	県民の皆様の国際感覚や国際意識の高まりを表す指標として掲げています。今後とも、国際化に向けたボランティア活動への取り組みが活発になるようめざします。	県 県以外の行政 県民・民間等

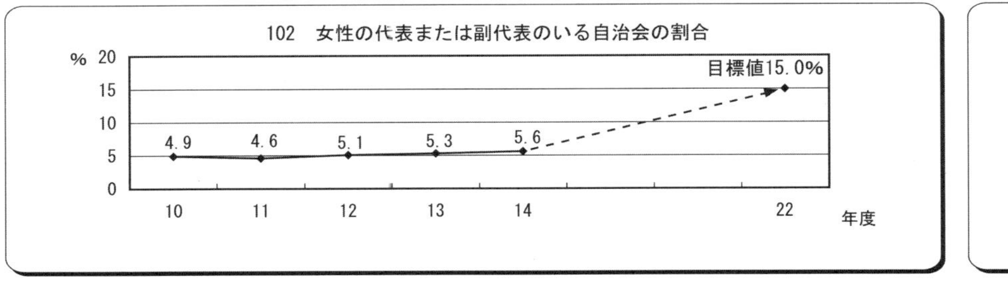

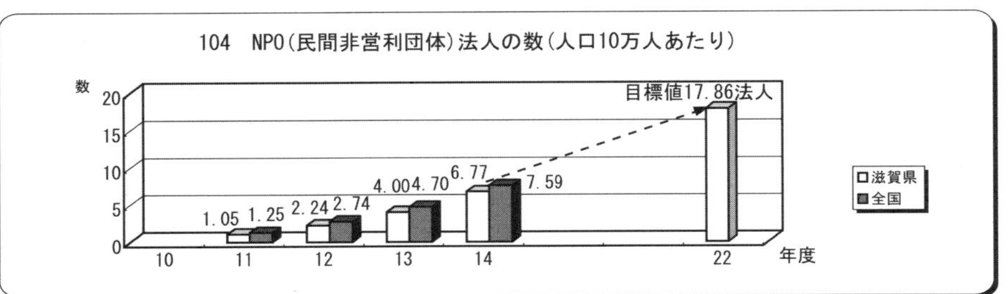

番号	指　標　名	単位	10年度	11年度	12年度	13年度	14年度	全国順位 全国平均 （年度）	目標値	目標値設定パターン	目標年	到達度 （到達率）	摘　　要	目標達成への関わりの度合い
④個性ある地域文化の構築														
106	登録有形文化財の件数	件	110	125	142	187	217	2位 70 （14年）	270	E	22	★★★★ （80.4）	登録有形文化財制度は、古くから地域で大切に保存された建造物を登録し、地域の活性化のために積極的に活用していこうというものです。例えば、長浜市の黒壁ガラス館本館がこれに該当します。（1位 大阪府 233件）	県 県以外の行政 県民・民間等
107	県指定（選定）文化財の件数	件	315	336	341	347	350	—	435	E	22	☆☆☆☆ （80.5）	文化財の保存と活用の状況を表す指標です。歴史上または芸術上価値が高く本県にとって重要なものを県で指定し、保存と活用を図ります。（データは暦年での数値です。）	県 県以外の行政 県民・民間等
108	県民１人が１年間に芸術鑑賞活動を行ったジャンルの数	ジャンル数	—	—	—	1.0	—	10位 0.96 （13年）	2.0	E	22	★★★ （50.0）	「美術」、「演芸・演劇・舞踏」、「映画」、「クラシック音楽」、「ポピュラー音楽・歌謡曲」の５つのジャンルについて、１年間に鑑賞したジャンル数を示しています。誰もが芸術鑑賞に親しめる環境づくりに努めます。（1位 東京都 1.24ジャンル）	県 県以外の行政 県民・民間等
109	スポーツを行っている県民の割合	%	—	—	21.8	—	34.4	—	50.0	D	22	☆☆☆ （68.8）	生涯スポーツの普及と振興の指標として掲げています。健康で明るく豊かな生活のために、誰もがスポーツを楽しめるようさらに普及と振興に努めていきます。	県 県以外の行政 県民・民間等

番号	指標名	単位	10年度	11年度	12年度	13年度	14年度	全国順位 全国平均 (年度)	目標値	目標値設定パターン	目標年	到達度 (到達率)	摘要	目標達成への関わりの度合い
⑤創造的な自治の構築														
110	情報公開条例を制定している自治体の割合	%	17.6	31.4	60.8	80.4	94.1	21位 90.1 (14年)	100.0	A	22	★★★★ (94.1)	県・市町村の情報公開の進捗度合いを示す指標です。行政運営の透明性の向上や行政活動についての説明責任を果たすことが求められており、すべての市町村で条例が制定されることを目標としています。 (1位 宮城県、秋田県、山形県、茨城県、千葉県、神奈川県、長野県、愛知県、三重県、大阪府、兵庫県、鳥取県 100%)	県 県以外の行政 県民・民間等
111	県政広報誌の閲読率	%	–	–	–	41.6	47.3	–	65.0	E	22	☆☆☆☆ (72.8)	広報誌をどれだけの県民に読んでいただいているかを表す指標です。閲読率が高まるよう、県民の皆さんが必要とされる情報をわかりやすく伝えることのできる広報誌づくりに努めます。	県 県以外の行政 県民・民間等
112	滋賀県に住みつづけたいと思う県民の割合	%	69.2	73.2	70.1	70.3	67.1	–	100.0	A	22	☆☆☆ (67.1)	「住んでよかった」「ずっと住みつづけたい」と思っていただける県となるよう努力することは、県政の原点とも言え、県民の皆さんがゆとりと豊かさを実感できる地域社会の実現をめざします。	県 県以外の行政 県民・民間等

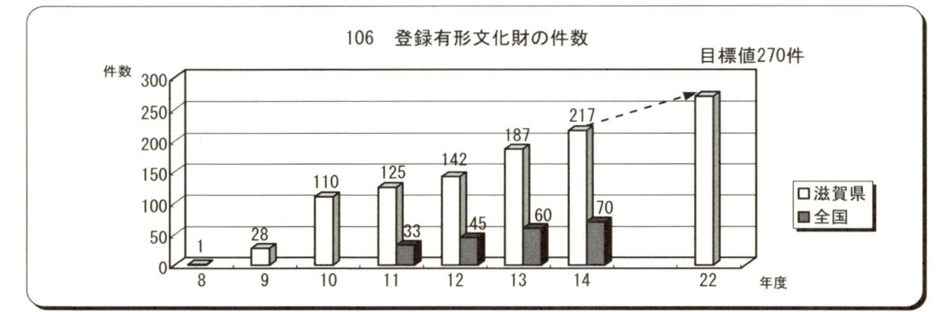

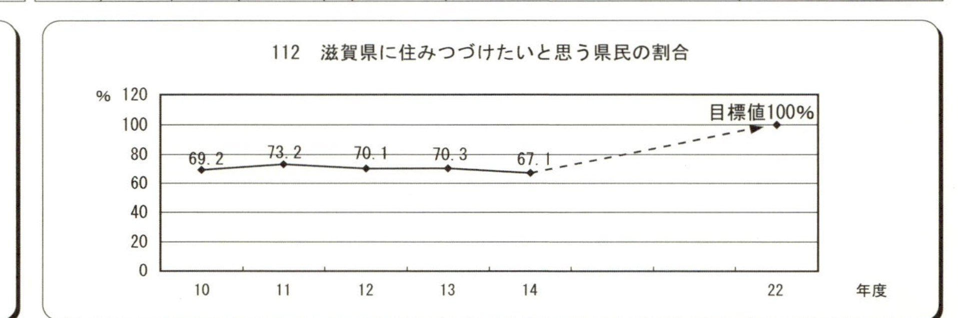

⑤　公民館等での様々な講座を受講している人の数（県民1,000人当たり）

番号	９６	公民館等での様々な講座を受講している人の数（県民1,000人当たり）	目 標 値	５００人
			目標年度	平成２２年度
			達 成 度	★★★

指標の定義および算出式

定　義　教育委員会、公民館等の社会教育施設、知事・市町村長部局、カルチャーセンターが開設している学級・講座の受講者数（県民1,000人当たり）

算出式　学級・講座の受講者数（教育委員会＋公民館（類似施設含む）＋青少年教育施設＋婦人教育施設＋知事・市町部局＋カルチャーセンター）／県人口×1,000

この指標はなぜ重要か

複雑化する現代社会において、人々はさまざまな動機から学習する必要を感じ、その機会を求めています。こういった要求は、従来よりも幅広く高度化しています。このため、公的な施設による学習機会の提供に加え、いわゆるカルチャーセンター等の民間の教育活動も重要な役割を担っています。

本指標は、県内にある学習機会の量的な充実度、県民の生涯学習の実践度を測る指標として重要です。

現状はどうなっているのか

滋賀の現状

受講者数の推移をみると、平成元年度間は179人、平成４年度間は244人、平成７年度間は246人、平成10年度間は300人となっています。平成４～７年度は微増にとどまりましたが、平成７～10年度で22％と大きく伸びています。

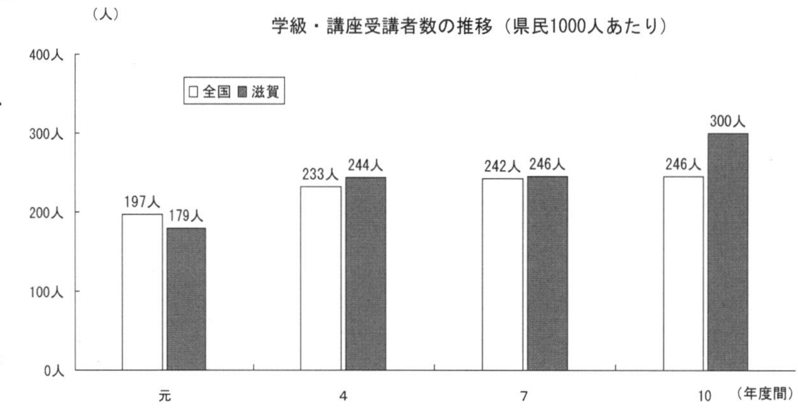

全国の状況や他の都道府県と比較してどうか

受講者数の全国平均の推移をみると、平成元年度間は197人、平成４年度間は233人、平成７年度間は242人、平成10年度間は246人となっています。平成４～７年度は全国・滋賀とも伸び率が鈍化しましたが、平成７～10年度は滋賀の伸び率は全国平均を上回ったため、順位も平成７年度26位から17位と大きく上昇しました。

この目標を設定した理由は何か

目標値設定パターン：Ｅ（過去のトレンド等を踏まえた実現可能な努力目標として設定）

理由：平成10年度間の受講者数の全国１位は石川県の728人であり、唯一700人台となっています。本県は、ほぼ倍増することによりこの水準に到達することになります。全国的にも伸び率は鈍化していますが、ますます複雑化する社会のなかで、学習のニーズの高まりを予想し、これに応える施策展開の目標値として設定しました。

各主体が果たす役割と今後のパートナーシップのあり方

県が果たす役割（県の施策の概要）

生涯学習推進本部の効果的運用を図る中、「多様で体系的な学習機会の充実」「学習成果を生かした社会参加活動の促進」「広域的なネットワークの整備」を滋賀の生涯学習社会の実現に向けての方向性にして、総合的に推進しています。中でも、指導者研修の充実や誰もがいつでも必要な学習情報を入手できる「学習情報提供システム」の強化、大学等の高等教育機関との連携による学習機会の拡充など、県ならではの事業に力を注いでいます。

県以外の行政（国、市町村）が果たす役割

県民の学習機会は、身近な公民館等の社会教育施設を拠点にして、市町村の教育委員会や首長部局、団体等により提供されるものが最も多いことから、市町村による学習機会の一層の拡充等が求められます。

県民・民間等が果たす役割

生涯学習社会にあっては、カルチャーセンターやNPO、団体等民間の果たす役割は大きいものがあります。また、県民も学習の成果を生かして、学習機会の提供者や指導者となるなどの社会参加活動を行い、生涯学習の推進に貢献することが期待されます。

今後のパートナーシップのあり方

国や県、市町村、大学、民間等がそれぞれの特性を生かしつつ連携して、県民の生涯学習を支援していくことが大切であり、このため、県では学習情報提供システムを活用して広く意見を求めたり、関係者が連携策等を協議する場を設定したりします。

目標達成への関わりの度合い（マークは最高３つまで）

県
県以外の行政
県民・民間等

関連する県の基本施策

生涯学習推進体制の整備（１２１１）
多様で体系的な生涯学習機会の充実（１２１２）
社会教育環境の整備充実（１２２３）

指標の数値はどのようにして把握したか

出　典

「社会教育調査」（文部省（現文部科学省）調査）

出典以外に参考となる資料等

―

担当課：教育委員会事務局生涯学習課

番号	９７	県民１人が年間に借りている図書冊数	目標値	１０．０冊
			目標年度	平成２２年度
			達成度	★★★★

指標の定義および算出式

定　義　県内公立図書館の年間貸出冊数（県民１人あたり）
算出式　県内公立図書館の年間個人貸出冊数／県人口総数

この指標はなぜ重要か

図書館は、県民の身近にあって、その多様な学習上の要求に応えることができる基本的な社会教育施設です。図書館活動の充実は、直接に地域の社会教育の充実を表すともいえます。

図書の貸出サービスは、図書館の中枢の業務であり、最も端的に図書館の利用の度合いを表しています。一般に、図書館サービスの水準を比較する際には、最も重要視される指標ともなっています。

広域的な機能を持つ県立図書館では、直接県立図書館へ来館する利用者へのサービスとあわせて、市町村立図書館の活動をバックアップしていく働きが期待されています。特に市町村立図書館が充実してきたなかでは、県民が日常的に利用する市町村立図書館で必要な資料を確実に手にすることができるようにしていくためにも、市町村立図書館で所蔵していない資料を県立図書館から提供する仕事は重要です。このことが、図書館に行けば必要とする資料を確実に入手できるという信頼感を生みます。県民の誰もが、図書館で必要な資料や情報に出会えるようにすることが県立図書館の責任であり、そのことを点検していくためにも本指標は重要です。

現状はどうなっているのか

滋賀の現状

県立図書館が新館を開館した1980年当時の、県内の市町村立図書館の人口あたりの貸出冊数は全国的にも最低レベルにありました。７市全てに市立図書館が設立された80年代半ばに全国平均を上回り、90年代には町立図書館の設置数が飛躍的に増え、自治体の図書館設置率が全国平均を上回るようになったことから、全国からも注目される水準にまで伸びてきました。

全国の状況や他の都道府県と比較してどうか

2001年度の滋賀県の公立図書館の貸出総冊数は10,026千冊で、県民一人あたりの貸出冊数でみると7.4冊となります。全国平均は4.3冊であり、滋賀県の数値は全国平均の1.7倍となっています。都道府県別の順位で見ると滋賀県は長年１位を占めてきた東京都の7.1冊をおさえ、全国１位の位置にあります。新しい図書館が多いにもかかわらず、個々の図書館がそれぞれ水準の高い活動実績を上げていることが、現在の結果につながっているといえます。

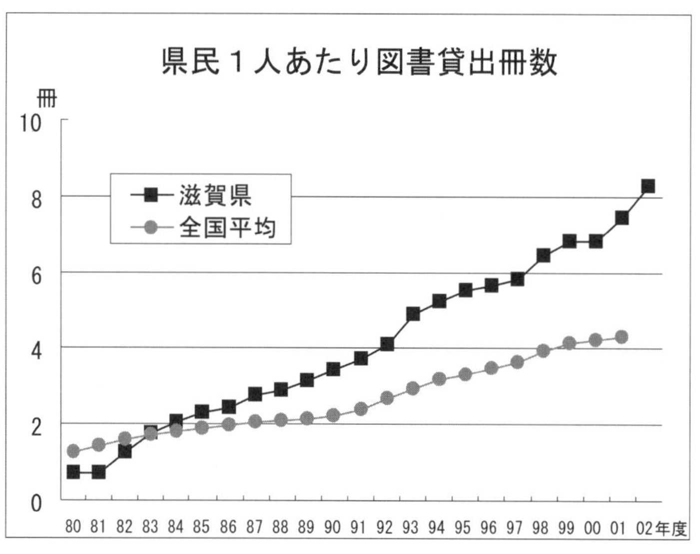

この目標を設定した理由は何か

目標値設定パターン：E（過去のトレンド等を踏まえた実現可能な努力目標として設定）

理由：住民一人あたり10冊の貸出冊数を実現しているのは、全国的にも評価の高い図書館ばかりです。滋賀県の図書館すべてがこの水準のサービスを実現することを目標としました。

各主体が果たす役割と今後のパートナーシップのあり方

県が果たす役割（県の施策の概要）

県立図書館による市町村立図書館への資料提供の支援とあわせて、県立図書館における蔵書構成の充実や資料保存センター機能の強化を図っていきます。

また、蔵書のデータベースや古文書・絵図など地域資料のデジタル化など電子化情報の積極的な運用を進めることで、図書館の持つ資源がより有効に活用される環境を整備していきます。

あわせて、図書館設置に成果を上げてきた図書館振興施策によって、図書館未設置の自治体への公立図書館の設置をより一層推進します。

県以外の行政（国、市町村）が果たす役割

図書館サービスの充実は、住民が身近に利用できる市町村立図書館の働きによって実現されます。この市町村立図書館の活動を支援していくことが県立図書館に求められます。

国立国会図書館は、関西館がオープンし、全国の図書館協力の拠点としての機能が充実してきました。資料の保存と全国的な図書館協力のためのシステムの整備によって各地の図書館サービスの進展が図られています。

今後のパートナーシップのあり方

地方分権の推進や自治体における情報公開の進展は、地域における公立図書館機能の必然性を高めています。また、情報化社会にあって、図書館に要求される資料や情報は多様化するとともに高度なものとなっています。

まず、市町村立図書館におけるサービスの充実を進めていくなかで、県立図書館の機能を何に集中させていくことが最も効率的な方向となるのかを、図書館利用の実態に即して判断していかなければならないと考えます。

目標達成への関わりの度合い

（マークは最高３つまで）

県

県以外の行政

県民・民間等

関連する県の基本施策

社会教育環境の整備充実（１２２３）

指標の数値はどのようにして把握したか

出　典

『日本の図書館』各年版（日本図書館協会）

出典以外に参考となる資料等

『滋賀の図書館 '99』（滋賀県公共図書館協議会1999年）

担当課：教育委員会事務局生涯学習課、滋賀県立図書館

⑦ 基本施策評価表（社会教育環境の整備充実）

評価責任者職氏名	教育次長
評価担当部課名	教育委員会　生涯学習課
TEL(直通)	077-528-4651

基本施策名	社会教育環境の整備充実 (1223)

政策との関わり

分野	自治と教育・文化の創造県づくり
政策目的	新時代にふさわしい多彩な人をつくり、その活力を活かす

この基本施策に関連するベンチマーク

ベンチマーク指標名（番号）	単位	10年度	11年度	12年度	13年度	14年度	目標年度	目標値
県民１人が年間に借りている図書冊数 (113)	冊	6.3	6.7	6.8	7.4	8.3	22	10.0
公民館等での様々な講座を受講している人の数（県民1,000人当たり） (111)	人	300	−	−	−	−	22	500

政策目的に対する基本施策のねらい

社会教育推進の中心となる、行政や社会教育関係団体の指導者の資質の向上や、公民館や社会教育関係団体の活動の充実、地域文化の拠点として重要な公共図書館の充実により、新時代にふさわしい多彩な人をつくり、その活力を活かします。

【基本施策に関連するアンケート調査結果・県民からの意見等】

【成果についての評価】

成果指標名 計算式 この指標を設定した理由･目標値の根拠	09年度（実績）	10年度（実績）	11年度（実績）	12年度（実績）	13年度（実績）	14年度（実績）①	15年度（見込）	目標 年度	目標 目標値②	達成率(%) ①/②	達成度
公民館等での様々な講座の受講者数		300.					350.	22	500.		B
学級、講座、カルチャーセンター受講者数（公共＋民間）1,000人当たり											
公民館等での様々な講座の受講者数は、県民に学習機会がどれだけ提供されたかの指標となります。講座等の受講者の増加を３年間で50千人とし目標値を設定しました。											
市町村立図書館図書貸出冊数（冊／人）	6.08	6.66	6.88	6.83	7.25	8.18	8.4	22	10.	81.8	A
市町村立図書館個人貸出冊数／図書館設置市町村人口											
貸出は県全体の図書館サービスの向上により、県民にどれだけ資料提供・情報提供されたかの指標となります。先進的な図書館のサービス水準を目標として目標値を設定しています。											
県民一人当たり貸出冊数（冊）	0.7	0.7	0.75	0.72	0.74	0.76	0.77	22	1.	76.0	A
県立図書館個人貸出冊数／県人口											
貸出は図書館における資料・情報提供サービスのもっとも典型的な方法であるので、貸出冊数によって事業の目的である充実した資料提供・情報提供の達成度が表されると考えられます。全国第一位の県立図書館の数値を目標値としています。											

【基本施策を構成する事業】

個別事業名	事業所管課	14年度費用（構成比%）	効果性	効率性	滋賀らしさ	終期設定
社会教育連絡体制支援事業	生涯学習課	8,324 (3.8)	A	A	□	
社会教育指導者等養成事業	生涯学習課	4,249 (1.9)	B	B	□	
市町村図書整備事業	生涯学習課	18,163 (8.3)	A	A	◎	
地域文化拠点整備事業	生涯学習課	30,376 (13.9)	A	A	◎	平成16
公共図書館協力推進事業	図書館	19,922 (9.1)	A	A	◎	
図書資料等購入事業	図書館	137,470 (62.9)	A	A	◎	
費　用　合　計	—	218,504 (100)	—	—	—	

【基本施策の総合評価と今後の展開方向】

<【政策目的に対する基本施策のねらい】【基本施策に関連するアンケート調査結果】に関連して>
政策目的に対する基本施策のねらいは、県民の意識・ニーズや社会状況を踏まえたものとなっているか？
生涯学習社会の到来により県民の学習ニーズが多様化・高度化しており、社会教育の充実に対する期待は一層高まっています。

<【成果についての評価】欄に関連して>
成果指標の推移から見て、基本施策のねらいは達成されているか？
指標の推移はおおむね順調であり、基本施策のねらいはほぼ達成されています。

<【基本施策を構成する事業】欄に関連して>
基本施策を構成する個別事業は、基本施策の成果指標の改善に貢献するものとなっているか？
社会教育の中心となる、指導者等の研修については、社会教育主事・公民館指導主事研修などを県において実施し、資質の向上を図ることにより、社会教育活動の充実が図られ、公民館等での講座の受講者数が年々伸びており、また、地域文化の拠点としての図書館についても、サービス提供や資料整備の充実などにより一人当たりの貸出冊数が増加しています。

<その他この基本施策の成果に関連して特記すべき事項>

<以上を踏まえて>
基本施策のねらいから見て個別事業の組合せはこれで良いか？

その他基本施策を推進する上での課題とその解決方法は？
学習ニーズの多様化、高度化に広域的に対応するため、県内図書館全体の一元的な蔵書検索システムの構築が必要です。

【外部委員の評価】
□評価対象　■評価対象外

⑧　個別事業評価表（社会教育指導者等養成事業）

評価責任者職氏名	課長
評価担当課室名	生涯学習課
TEL（直通）	077-528-4651

個別事業名	社会教育指導者等養成事業	事業始期	年度	事業終期	年度

事業の対象

［最終的な受益者］
県民

［直接の対象］
市町村社会教育関係職員、団体の指導者

実施の方法

■ 直接実施する　□ 貸付を行う
□ 補助金を交付する　□ 業務を委託する
□ その他

事業の意図・目的

各市町村の社会教育関係職員およびPTA指導者等の資質の向上を図るため、その職務の遂行上必要な社会教育、生涯学習に関わる専門的知識や技術について研修します。

事業の手法

・社会教育を行う者を対象とした研修事業を開催します。
・社会教育主事講習を対象とした受講料の一部を負担します。

【上位の基本施策】

基本施策名	主	社会教育環境の整備充実	(1223)	副	(0000)

基本施策のねらいを達成するためにどのように貢献しているか

今日の急激な社会の変化により、県民の多様な学習ニーズや、現代的課題が山積する中、それらの学習活動を援助するためには、専門的知識や技術を習得する必要があります。社会教育を行う者の研修・養成は、社会教育環境の整備充実に寄与するものです。

【県が事業を実施する必要性】

公共部門が関与する理由
価格付けを行えない財・サービスの供給（教育、環境施策など）

県が関与する理由
広域に渡るもの
（県で行う事務として社会教育法に規定されています。）

根拠法令　　有
＜自治事務＞
法令名：社会教育法

【事業の効果性の評価】

効果指標名	09年度（実績）	10年度（実績）	11年度（実績）	12年度（実績）	13年度（実績）	14年度（実績）①	15年度（見込）	目標 19年度（目標値）②	達成率（%）①/②
研修講座受講者数			837.	1,715.	1,906.	1,320.	1,300.	1,300.	101.5

効果指標の計算式
研修講座（PTA会長等代表者研修会、社会教育主事・公民館主事等研修講座）受講者数

なぜこの指標を選んだか・この目標値を設定したか
研修講座受講者数は、どれだけ指導者を養成したかの指標となります。研修講座の総定員を目標値としました。

数値で現せない効果の発揮

評価とその理由　評価　B

今日の急激な社会の変化に伴い、現代的な課題に対する学習機会の必要性が増大する中で、社会教育を行う者の資質と技能の向上が必要とされており、研修講座等を通じて指導者の資質を高めることにより、社会教育環境の整備充実に寄与しています。

【事業手法の効率性の評価】

事業の手法 結果指標 単位当たり費用 (決算額/結果指標数値)	12年度 決算額(千円) 人件費 事業費 構成比		13年度 決算額(千円) 人件費 事業費 構成比		14年度 決算額(千円) 人件費 事業費 構成比		15年度 当初予算額(千円) 人件費 事業費 構成比		15年度の事業実施にあたり、前年度までの評価を踏まえた改善点	今後の方向性
		対前年比		対前年比		対前年比		対前年比		
	(実績)		(実績)		(実績)		(見込)			
社会教育指導者等養成事業	4,762 1,377 3,385		2,861 1,392 1,469		3,254 1,353 1,901		3,038 1,353 1,685			現状維持
	81.8%	―	77.4%	60.1%	76.6%	113.7%	73.5%	93.4%		
研修回数	12		10		11		6			
単位当たり費用	396.8		286.1		295.8		506.3			
社会教育主事講習受講料の一部負担	1,063 153 910		837 155 682		995 150 845		1,093 150 943			現状維持
	18.2%	―	22.6%	78.7%	23.4%	118.9%	26.5%	109.8%		
受講者	28		25		27		27			
単位当たり費用	38.0		33.5		36.9		40.5			
		―								
単位当たり費用										
費用合計(千円)	5,825		3,698		4,249		4,131			
うち人件費	1,530		1,547		1,503		1,503			
うち事業費	4,295		2,151		2,746		2,628			
	100.0%	―	100.0%	63.5%	100.0%	114.9%	100.0%	97.2%		
事業の財源 国庫支出金	1,276		734		756		581			
その他	0		0		0		0			
一般財源	3,019		1,417		1,990		2,047			

効率性の評価とその理由 | 評価 | B

今日的課題に関する指導者研修は、各市町村や各団体の共通課題であり、各々で実施するより、県全体で事業を行うことが効率的です。

【滋賀らしさの発揮の面からの特記事項】

評価 | ◎

・県民の市町村立図書館の利用が全国で２番目である滋賀県の図書館行政を全体として支えているのは、司書が同乗する協力車巡回による資料提供サービスと、市町村立図書館にたいするレファレンス受付、所蔵館紹介などの資料相談サービスです。
・このサービスは「滋賀方式」とも呼ばれ、市町村立図書館支援事業のモデルとなり、全国の都道府県図書館の市町村立図書館支援策として広く取り入れられており、まさに、滋賀からの全国に向けて発信した事業形態であるといえます。

【事業を実施する上での環境への配慮】

評価 | ◎

各市町村立図書館がおのおの運送用の車両を運用するよりも、県立図書館が運用を行うのが、最も効率的であり、環境への負荷も減らすことができます。

【事業の今後の展開方向―課題や問題点の解決・効果性や効率性の向上のために】

今後とも県立図書館が主体となって協力車を運行することで、継続的に市町村立図書館に対して効率的なサービスを行います。

【自由記述欄】

⑨ 個別事業評価表（公共図書館協力推進事業）

評価責任者職氏名	課長
評価担当課室名	生涯学習課
TEL（直通）	077-528-4651

個別事業名	公共図書館協力推進事業	事業始期	昭和57年度	事業終期	年度

事業の対象

［最終的な受益者］
一般県民

［直接の対象］
市町村立図書館

実施の方法

■ 直接実施する　□ 貸付を行う
□ 補助金を交付する　□ 業務を委託する
□ その他

事業の意図・目的

市町村立図書館の利用者への資料提供サービスの支援ならびに運営に対する助言を通じて、市町村立図書館のサービスの基礎を支え、図書館利用の増加を目指します。

事業の手法

・利用者からの資料のリクエストに対して市町村立図書館で提供できない資料の提供ならびに所蔵館の紹介を行います（協力貸出）。
・市町村立図書館への貸出資料を搬送するため、毎週１回協力車の巡回を行います。

【上位の基本施策】

基本施策名	主	社会教育環境の整備充実	(1223)	副	(0000)

基本施策のねらいを達成するためにどのように貢献しているか

・市町村立図書館は、住民の様々なニーズに適切に応え、資料・情報の提供を行う最も身近な施設です。
・地域の情報拠点である図書館の資料・情報提供サービスを、県立図書館の資料援助によりさらに充実させ、住民の図書館利用を高めることが、新時代にふさわしい多彩な人材を育て、活かすことにつながります。

【県が事業を実施する必要性】

公共部門が関与する理由

価格付けを行えない財・サービスの供給（教育、環境施策など）
（県民の資料・情報ニーズが多様化・高度化するなかで、市町村立図書館が個別にそれらのニーズに応えていくことは困難であり、市町村立図書館に対して資料提供をバックアップする図書館機能の充実が必要です。）

県が関与する理由

規模又は性質において一般の市町村が処理することが適当でないと認められるもの
（市町村立図書館に対する協力事業は、市町村の枠や広域行政域を越えて、県全体に対して行うべき事業であり、その要としての県立図書館の役割を、他に代替させることは出来ません。）

根拠法令　有
＜自治事務＞
法令名：図書館法

【事業の効果性の評価】

効果指標名	09年度（実績）	10年度（実績）	11年度（実績）	12年度（実績）	13年度（実績）	14年度（実績）①	15年度（見込）	目標 19年度（目標値）②	達成率（%）①/②
図書館設置自治体人口１人あたりの貸出冊数	6.08	6.66	6.88	6.83	7.26	8.18	8.4	10.	81.8

効果指標の計算式

市町村立図書館個人貸出冊数／図書館設置市町村人口

なぜこの指標を選んだか・この目標値を設定したか

市の図書館設置率は100%ですが町村立図書館は73.8%にとどまっています。図書館サービスが住民に浸透するにつれて図書館の利用も増えることがわかる指標を選定しました。図書館先進国であるアメリカ・イギリス並みのサービスを目標として目標値を設定しました。

数値で現せない効果の発揮

評価とその理由　評価　A

・市町村立図書館は年々増加し、県全体の貸出冊数も増加しています。
・出版点数はここ数年非常に増加し、また生涯学習時代にあって図書館利用者の資料の要求は今後も増加し多様化しています。
・市町村立図書館は要求に応えるべく資料の充実に努めていますが、利用が増えるほど求められる資料は多様化します。これらに対応するのに、市町村立図書館は県立図書館の蔵書やレファレンスサービスを求めており、それに応えるのが県立図書館の使命と考えます。そのため今後も事業を維持、継続していく必要があります。

【事業手法の効率性の評価】

事業の手法	12年度 決算額(千円) 人件費 事業費		13年度 決算額(千円) 人件費 事業費		14年度 決算額(千円) 人件費 事業費		15年度 当初予算額(千円) 人件費 事業費		15年度の事業実施にあたり、前年度までの評価を踏まえた改善点	今後の方向性
	構成比	対前年比	構成比	対前年比	構成比	対前年比	構成比	対前年比		
結果指標 単位当たり費用 (決算額/結果指標数値)	(実績)		(実績)		(実績)		(見込)			
市町村立図書館への協力車の巡回	20,360 15,302 5,058		21,738 15,462 6,276		19,922 15,034 4,888		20,479 15,034 5,445		引き続き計画に沿って事業を継続します。	現状維持
	100.0%	―	100.0%	106.8%	100.0%	91.6%	100.0%	102.8%		
巡回市町村数	36		39		39		40			
単位当たり費用	565.6		557.4		510.8		512.0			
費用合計(千円)	20,360		21,738		19,922		20,479			
うち人件費	15,302		15,462		15,034		15,034			
うち事業費	5,058		6,276		4,888		5,445			
	100.0%	―	100.0%	106.8%	100.0%	91.6%	100.0%	102.8%		
事業の財源 国庫支出金	0		0		0		0			
その他	0		0		0		0			
一般財源	5,058		6,276		4,888		5,445			

効率性の評価とその理由 | 評価 | A

図書館数の増加に対して、1巡回あたりの館数を増やすことで対応していますので、1館あたりの巡回にかかるコストは下がり、効率が上がっています。

【滋賀らしさの発揮の面からの特記事項】

評価 | □

【事業を実施する上での環境への配慮】

評価 | ◎

事業チラシについては、再生紙を使用しています。

【事業の今後の展開方向―課題や問題点の解決・効果性や効率性の向上のために】

社会教育の課題が複雑化・多様化しており、指導的立場にあるPTA指導者等の社会教育指導者の資質向上は、今後も継続して実施することが必要です。

【自由記述欄】

１－１－(4)　大阪府の施策評価
(http://www.pref.osaka.jp/G214070/B2.asp?Nendo=2004&TaikeiCode=010206&Scrflg=C3)

①　生涯学習の推進（施策の目標）

②　生涯学習の推進（施策の評価調書）平成15年度

①　生涯学習の推進（施策の目標）

施策の目標	指標と目標値		12年度	13年度	14年度	15年度	16年度以降
多様な学習機会や学習活動の場を提供することなどにより、府民の生涯学習活動を促進する。	生涯学習に取り組んでいる府民の割合－過半数	目標(値)	－	－	－	－	－
		実績値	30.1%	－	－	－	－
施策の方向性	生涯学習社会の実現に向けて、新生涯学習推進プランに基づき、様々生涯学習施策に取り組むとともに、府民や民間団体、市町村、学校などに対して、積極的に働きかけていく。						

番号	事務事業名	事務事業の概要	優先順位	事務事業の今後の方向性		見直しの視点	平成15年度予算（千円）	平成16年度当初予算（千円）	担当部局
031-01	新生涯学習プランの推進	府民の生涯学習活動の推進を図るため、新生涯学習推進プランに基づいた施策の総合的・体系的な展開を図る。	ＡＡ	継続	生涯学習を総合的に推進するため、具体的施策の実施状況を把握し、プランの適切な進行管理を行う。		0	0	生活文化部
031-02	大阪府生涯学習情報提供システムの運営	文化・生涯学習情報提供の充実を図るため、インターネット等を活用し、府内市町村など生涯学習実施機関の講座・イベント情報を24時間提供する。	ＡＡ	継続	インターネットを通じた情報提供は、コストパフォーマンスが高く、引き続き実施する。		7,871	7,871	生活文化部
031-03	文化・生涯学習推進本部の運営	文化・生涯学習に取り組む戦略及び施策方向を探るため、知事を本部長とし、各部局で構成する推進本部を運営する。	ＡＡ	継続	文化・生涯学習施策を進めるにあたって、全庁的に取り組む必要があり、引き続き実施する。		141	0	生活文化部

②　生涯学習の推進（施策の評価調書）平成15年度

Ⅰ．施策名等

(1)施策名

施　策　名		生涯学習の推進
総合計画上の位置付け	基本方向	1　人を創り、人を活かす
	取り組み体系	2　ライフステージに応じて豊かな個性を伸ばし、健やかなこころとからだをはぐくむ学習機会の充実 （6）　生涯にわたる学習機会の充実

(2)関係部局名

調書作成部局	生活文化　部　　室　文化　課　連絡先（内線　４８２５）
その他関係部局	部　文化情報センター　連絡先（内線　４８９３）
	部　室　課　連絡先（内線　）
	部　室　課　連絡先（内線　）

Ⅱ．施策の現状分析

(1)施策目的

府民の多様化する生涯学習ニーズに応えるため、府民がいつでもどこでも誰でも学習できる生涯学習社会の実現をめざす。

(2)社会的ニーズ

少子高齢化、ＩＴ化、就業意識の変化や就業形態の多様化、価値観・ライフスタイルの多様化など時代の流れの中で、府民の生涯学習ニーズが高まってきており、府民一人ひとりが自己実現を図り、豊かな生活を創造するためには、「生涯学習」の持つ意味が益々大きくなっている。

(3)府の役割

市町村は、日常生活圏における生涯学習の機会・場・情報の提供といった事業を実施し、府はこうした市町村事業を支援するためのネットワークづくりや、府の特性を活かした事業（モデルとなる先導的事業、高度・専門的な事業、広域的事業等）を実施する。

Ⅲ．施策目標

(1)施策目標

多様な学習機会や学習活動の場を提供することなどにより、府民の生涯学習活動を促進する。

(2)施策目標を表す数値指標の目標値

数値指標名　（生涯学習に取り組んでいる府民の割合―過半数）

年　度	平成 12 年度	平成 13 年度	平成 14 年度	平成 15 年度	平成　年度（⑯以降）
目標値	―	―	―	―	過半数
実績値	３０．１	―	―	―	

(3)現状の到達点と目標設定の考え方

「大阪 21 世紀の総合計画」で掲げた「みんなでめざそう値」を新生涯学習推進プランの目標年次である平成 22 年に達成できるよう取り組んでいく。

Ⅳ．今後の方向

生涯学習社会の実現に向けて、新生涯学習推進プランに基づき、様々生涯学習施策に取り組むとともに、府民や民間団体、市町村、学校などに対して、積極的に働きかけていく。

Ⅴ．施策目的達成のための事務事業

(1)既存の事務事業

①事務事業の名称	②担当課名	③総合的判断	④15年度予算額（千円）	うち一般財源額（千円）	⑤15年度人件費（千円）	⑥16年度予算案（千円）	うち一般財源額（千円）	⑦今後の事業の方向性	⑧関連する施策名
文化・生涯学習推進本部の運営	文化課	ＡＡ	141	141	2,120	0	0	文化・生涯学習施策を進めるにあたって、全庁的に取り組む必要があり、引き続き実施する。（継続）	文化振興施策の企画推進
新生涯学習推進プランの推進	文化課	ＡＡ	0	0	9,540	0	0	生涯学習を総合的に推進するため、具体的施策の実施状況を把握し、プランの適切な進行管理を行う。（継続）	
大阪府生涯学習情報提供システムの運営	文化課	ＡＡ	7,871	7,871	2,120	7，871	7,871	インターネットを通じた情報提供は、コストパフォーマンスが高く、引き続き実施する。（継続）	

(2)新規の事務事業

①事務事業の名称	②担当課名	③事務事業の概要	④16年度予算案（千円）	うち一般財源額（千円）	⑤成果指標	⑥関連する施策名

Ⅵ．施策目的に関連する事務事業等

■ 施策目的に関連する事務事業

①事務事業の名称（担当課名）	②事務事業の概要	④15年度予算額（千円）	うち一般財源額（千円）	⑤15年度人件費（千円）	⑥16年度予算案（千円）	うち一般財源額（千円）	⑥今後の事業の方向性
府立文化情報センターの運営	府民の文化活動及び生涯学習を推進するため、学習機会の提供や活動の場の提供を行う	62,457	58,817	40,503			貸館業務については、代替施設の整備状況は極めて高く、府として施設の提供を続ける必要性については低いことから廃止の方向で検討するが、当面、管理運営のあり方など検討しながら、府が直営する。〔見直し〕 運営コスト（施設管理費＋人件費－府収入）の削減　平成13年度当初予算の約40％（Ｈ16まで）

■ 施策目的に間接的に寄与する事務事業

①事務事業の名称（担当課名）	②事務事業の概要	④15年度予算額（千円）	うち一般財源額（千円）	⑤15年度人件費（千円）	⑥16年度予算案（千円）	うち一般財源額（千円）	⑥主たる施策名

Ⅶ. 事務事業の指標値等の推移

①事務事業名	年　度	平成12年度	平成13年度	平成14年度	平成15年度
文化・生涯学習推進本部の運営	②事業費（千円）	148	148	141	141
	うち一般財源額（千円）	148	148	141	141
	③人件費（年間延べ人数×単価）（千円）	0	2,086	2,310	2,120
	④総事業費	148	2,234	2,451	2,261
文化・生涯学習に取り組む戦略及び施策方向を探るため、知事を本部長とし、各部局で構成する推進本部を運営する。	⑤成果指標				
	⑥活動指標　幹事会開催件数（件）	0	0	1	
				1	
	⑦参考指標　生涯学習推進部会開催件数（件）	0	1	1	
事業開始年度：Ｓ６３年度	⑧対　象				
新生涯学習推進プランの推進	②事業費（千円）	0	597	0	
	うち一般財源額（千円）	0	597	0	
	③人件費（年間延べ人数×単価）（千円）	0	9,387	10,395	
	④総事業費	0	9,984	10,395	
府民の生涯学習活動の推進を図るため、新生涯学習推進プランに基づいた施策の総合的・体系的な展開を図る。	⑤成果指標				
	⑥活動指標				
	⑦参考指標				
事業開始年度：Ｈ１３年度	⑧対　象				
大阪府生涯学習情報提供システムの運営	②事業費（千円）	8,057	7,871	7,871	7,871
	うち一般財源額（千円）	8,057	7,871	7,871	7,871
	③人件費（年間延べ人数×単価）（千円）	2,086	2,086	2,310	2,120
	④総事業費	10,143	9,957	10,181	9,991
文化・生涯学習情報提供の充実を図るため、インターネット等を活用し、府内市町村など生涯学習実施機関の講座・イベント情報を24時間提供する。	⑤成果指標　アクセス件数（件数）	506,354	366,022	618,546	
	⑥活動指標　登録施設数・講座数（件数）	826	1,508	1,645	
	⑦参考指標				
事業開始年度：Ｈ１０年度	⑧対　象				

Ⅷ. 施策目的に対する寄与度の分析

事務事業名	施策目的に対する寄与度チェック項目			総合的判断（施策目的に対する寄与度）
	緊急性（必要性）	府関与の必要性の度合い	コストパフォーマンス	
	ランクとその理由	ランクとその理由	ランクとその理由	ランクとその理由
文化・生涯学習推進本部の運営	AA 文化・生涯学習施策は、間断なく行うべき性質のものであり、その連絡調整機能を担う本部の運営は必須で	AA 大阪府内の広域的な文化・生涯学習施策を展開するのは、府において他にない。	AA 事業費に比し、生涯学習社会づくりに全庁的に取り組んでいる結果への効果は極めて大	AA 引き続き、大阪の文化・生涯学習社会づくりは、全庁的に取り組む必要があり、その基盤となる本部の運営は重要である。
新生涯学習推進プランの推進	AA 平成15年３月策定の「新大阪府生涯学習推進プラン」の目標年次までに計画的に事業に取り組む必要がある。	AA プランは、大阪府の生涯学習推進の基本的な考え方であり、各部局の事業の具体化する必要がある。	AA 基本的方針を明らかにし、生涯学習社会づくりのための施策を展開することは、効率的である。	AA 「生涯学習社会の実現」をめざして、生涯学習を総合的に推進するためには、具体的施策の実施状況を把握し、プランの適切な進行管理を行う必要がある。
大阪府生涯学習情報提供システムの運営	AA 府民の高度化・多様化する生涯学習ニーズに対応するために、生涯学習情報を提供することは、重要である。	AA 大阪府内の生涯学習情報の提供は、民間に任せるだけでは不十分であるため、府が提供することが望ましい。	AA 安価でインターネットを通じて生涯学習情報を提供しており、コストパフォーマンスは高い。	AA インターネット等を利用し公民の生涯学習情報を提供しており、府民の高度化・多様化する学習ニーズに応えている。今後は、情報提供主体、情報内容につき拡充を図る。

１－２－(1)　兵庫県芦屋市の市民サービス・施設運営評価
(http://www.city.ashiya.hyogo.jp/pm/s15/h1510sheet.pdf)

①　芦屋川カレッジ（平成14年度）

②　図書館運営事業（平成14年度）

①　芦屋市　芦屋川カレッジ（平成14年度）

1 事業概要(ドゥ)

第3次芦屋市総合計画政策施策体系	まちづくりの目標	3	人と文化を育てるまちづくり	所管課	教育委員会社会教育部公民館		
	中	2	生涯学習社会の実現				
	小	1	学習推進体制の整備	所管課長氏名			
	細			電話番号	0797-35-0700	内線	91-510
事業期間		昭和６０年～	経常臨時 経常	実施主体	市　自治事務		
根拠法令・要綱等		社会教育法第２０条及び第２２条　芦屋市公民館設置条例第３条		実施手法	直営		

事業の概要	昭和60年の主要施策で発足。60歳以上の市民対象の高齢者大学。
事業の現状 目的実現のための手段及び実施内容	実施期間　平成１４年５月８日～平成１５年３月５日 必修コース３６回，選択コース１５回（自主企画を含む） 内容は，時事問題・法律・音楽・文芸・科学等

アウトプット指標							
結果指標(1)	指標名	受講者数(聴講生含む)					
	年度	平成１２年度（実績）	平成１３年度（実績）	平成１４年度（実績）	平成１５年度（目標）	平成１６年度（目標）
	指標値		１８３人	１９７人		
	単位コスト		３４，０００円／人	３２，０００円／人		
結果指標(2)	指標名	応募倍率（聴講生除く）				
	年度	平成１２年度（実績）	平成１３年度（実績）	平成１４年度（実績）	平成１５年度（目標）	平成１６年度（目標）
	指標値		１．４倍	１．４倍		
	単位コスト					

2 事業成果(アウトカム)

事業の目的対象・意図	対象	60歳以上の市民
	意図	60歳以上の市民に学習の機会を提供し，知識・技能の向上，活発な交流を実現する。

アウトカム指標							
成果指標(1)	指標名	受講者満足度				
	考え方・式	アンケートによる満足度（満足している人の割合）				
	年度	平成１２年度（実績）	平成１３年度（実績）	平成１４年度（実績）	平成１５年度（目標）	平成１６年度（目標）
	指標値		９４％	９２％		
成果指標(2)	指標名	修了後のグループ結成数				
	考え方・式	修了後のグループ結成数より交流度を類推する。未実施。				
	年度	平成１２年度（実績）	平成１３年度（実績）	平成１４年度（実績）	平成１５年度（目標）	平成１６年度（目標）
	指標値		不明	不明		

大きな目的	・高齢者に組織的な学習機会を提供することで，自ら教養を高め，生きがいのある充実した生活を送れるようにする。 ・高齢者の交友関係を活発にし，自主的なグループを生み出し，社会的な役割を担おうとする意欲を引き出す。
芦屋市の特色など補足する事項	・学習活動だけでなく，係活動を実施することにより，仲間づくりにも配慮している。 ・「学友会」「同期会」「同好会」等修了後も自主的な組織を自ら運営し，会員向の活動だけでなく，その組織を核として一般市民向けの講座や音楽会等も実施している。

3 事業費・活動配分(コスト)

1世帯当り（円）164　住民1人当り（円）70　平成15.4.1 住民基本台帳

事業費		構成%	平成１２年度（決算）	平成１３年度（決算）	平成１４年度（決算）	平成１５年度（予算）
内訳（千円）	人件費	64.5%	0	3,390	4,009	－
	事業費	35.5%	0	2,901	2,211	1,895
	他部門経費					－
	減価償却費					－
	合計	100.0%	0	6,291	6,220	1,895
財源（千円）	国・県					
	市債等					
	その他	11.2%		676	694	1,211
	一般財源	88.8%	0	5,615	5,526	684
活動配分（人）	職員	5.0%	0.00	0.05	0.05	－
	嘱託・臨時等	95.0%	0.00	0.95	0.95	－
	合計	100.0%	0.00	1.00	1.00	0.00

4 予算状況(バジェット)

	会計区分		款		項		目		細目		当初予算額(千円)
平成15年度	2	一般行政費	10	教育費	6	社会教育費	4	公民館費	15	芦屋川カレッジ運営	1,895

5 評価(チェック)

評価視点		理由・根拠・現状認識等(所管課長記入)	1次評価	2次評価
妥当性	①目的妥当性	高齢化，生涯学習社会に対応した事業であり，妥当である。	A	B
	②市民ニーズ，理解度	第19期生は100人の定員に対して140名の応募者があり，市民のニーズは高い。事業実施後のアンケートによると本事業がよい企画だという趣旨の意見が多く，理解度は高い。		
	③市関与	質の高い講座を低い受講料で広く市民に提供するためには，市の関与は不可欠である。		
	④優先性，緊急性	高齢化が進行し，生涯学習に対する要望が多いため，優先性，緊急性は高い。		
	2次評価委員会コメント	民間でも同様の事業を実施しており，行政が実施する必要性はやや低い。		
有効性	⑤目標達成度	事業実施後のアンケートによると各講座に対する満足度が高く，人間関係が広がったという趣旨の意見も多く，目標に対する達成度は高いと言える。	A	A
	一成果向上の余地			
	⑥上位施策への貢献度	芦屋市のめざす「知性と気品に輝く活力ある国際文化住宅都市」を実現する施策として有効な事業であり貢献度は高い。		
	2次評価委員会コメント			
効率性	⑦コスト	高い。1講座当たり経費は約12万円であり，1人当たり相当な経費がかかっている。	A	B
	一コスト削減の余地	受益者負担率を上げることにより市の負担を軽減することができる。		
	⑧受益者負担	人件費・事業費に対する受益者負担率は低い。		
	⑨手段	講師に対して公民館が直接講義等の依頼をしており，適正である。		
	⑩執行体制	担当は主に嘱託職員1人であるが，他の職員だけでなく，受講生も役割分担して協力体制をしいており効率性は高い。		
	2次評価委員会コメント			
課題対応(平成14年度)		受講料を見直し，平成15年度より20期生については受講料を5000円から10000円に値上げしている。 また，聴講生についても2000円から2700円に値上げしている。 公民館運営審議会に了承を得ている。		

6 今後の対応(アクション)

現状の課題認識			アンケート実施により高齢者のニーズを把握し，さらに魅力のある講座を開設することにより高齢者の教養の向上を図る。 受益者負担率は，低いと思われるので適正な負担率にしたい。
課題対応	(1)	いつまでに	平成15年度末
		何を	講座の内容を見直す
		どの程度	全ての講座の評価をする
		どのように	アンケートにより
	(2)	いつまでに	平成16年度末
		何を	受講料
		どの程度	適切な負担率に見合う割合の検討を進める
		どのように	公民館運営審議会に諮問する

平成16～17年度の方向性		今後の方向性	1次評価	2次評価
	高齢者にとって魅力のある講座を開設する。 地域での社会的な役割を果たすよう動機付けする。 適正な負担率に対する市民の理解を得る。	拡大・充実		
		現状維持	○	
		見直し継続		○
		民間委託等		
		統合/終期設定		
		廃止/休止		
2次評価委員会コメント	適正な負担となるよう，さらに見直しが必要です。			

② 芦屋市　図書館運営事業（平成14年度）

1 事業概要(ドゥ)

第3次芦屋市総合計画政策施策体系	まちづくりの目標	3	人と文化を育てるまちづくり	所管課	教育委員会社会教育部図書館		
	中	2	生涯学習社会の実現	所管課長氏名			
	小	1	学習推進体制の整備				
	細			電話番号	31-231	内線	3297
事業期間	昭和２４年～	経常臨時		実施主体	市		
根拠法令・要綱等	図書館法，図書館設置条例			実施手法	直営		
事業の概要	・資料の収集・整理・保存及び利用に関する業務						
事業の現状 目的実現のための手段及び実施内容	・施設の維持管理 ・資料の収集（選書・発注・受入・装備・整理・保存），利用（インターネットの活用），リクエスト ・相互利用，相互協力，館外奉仕，障害者奉仕，予約業務 ・参考調査相談業務 ・相互利用，相互協力，館外奉仕，障害者奉仕，予約業務 本館開館時間　火～金　9：30～18：00　土・日　9：30～17：00 分室　水～土　10：30～17：00						

アウトプット指標							
結果指標(1)	指標名	館外貸出冊数					
	年度	平成１２年度（実績）	平成１３年度（実績）	平成１４年度（実績）	平成１５年度（目標）	平成１６年度（目標）	
	指標値	692,415冊	626,938冊	630,263冊	630,000冊		
	単位コスト						
結果指標(2)	指標名	蔵書受入冊数					
	年度	平成１２年度（実績）	平成１３年度（実績）	平成１４年度（実績）	平成１５年度（目標）	平成１６年度（目標）	
	指標値	15,512冊	13,793冊	14,582冊	13,000冊		
	単位コスト						

2 事業成果(アウトカム)

事業の目的対象・意図	対象	・芦屋市民・在住・在勤者及び阪神７市１町在住者，その他市民
	意図	・図書資料を収集，整理，保存して，一般市民の利用に供する ・市民の調査研究，レクリエーションに利用してもらう。 ・子どもの読書推進に資する。

アウトカム指標						
成果指標(1)	指標名	還元額				
	考え方・式	館外貸出による市民一人あたりの還元額（図書平均単価×貸出冊数ー図書館費）÷人口				
	年度	平成１２年度（実績）	平成１３年度（実績）	平成１４年度（実績）	平成１５年度（目標）	平成１６年度（目標）
	指標値	12,917円	11,478円	10,286円		
成果指標(2)	指標名					
	考え方・式					
	年度	平成１２年度（実績）	平成１３年度（実績）	平成１４年度（実績）	平成１５年度（目標）	平成１６年度（目標）
	指標値					

大きな目的	・図書館は，生涯学習の進行を図る上で，住民の身近にあって，学習活動を支援する重要な任務を負っている。
芦屋市の特色など補足する事項	・資料の収集にあたっては，児童書，芸術分野の特色を維持しながら総合的な蔵書構成をめざす。

3 事業費・活動配分(コスト)

1世帯当り（円）5,897　住民1人当り（円）2,535　平成15.4.1 住民基本台帳

事業費		構成%	平成１２年度（決算）	平成１３年度（決算）	平成１４年度（決算）	平成１５年度（予算）
内訳（千円）	人件費	46.2%	112,418	106,756	103,619	－
	事業費	44.4%	88,143	84,735	99,620	84,735
	他部門経費					－
	減価償却費	9.4%	20,969	20,969	20,969	－
	合計	100.0%	221,530	212,460	224,208	84,735
財源（千円）	国・県	0.2%			521	
	市債等					
	その他					
	一般財源	99.8%	221,530	212,460	223,687	84,735
活動配分（人）	職員	54.1%	9.60	10.60	10.00	－
	嘱託・臨時等	45.9%	7.90	8.20	8.50	－
	合計	100.0%	17.50	18.80	18.50	0.00

４ 予算状況（バジェット）

	会計区分		款		項		目		細目		当初予算額（千円）
平成１５年度	01	一般会計	10	教育費	06	社会教育費	05	図書館費	03		84,735

５ 評価（チェック）

評価視点		理由・根拠・現状認識等（所管課長記入）	1次評価	2次評価
妥当性	①目的妥当性	図書館法に基づいた生涯学習の主要な柱である	A	A
	②市民ニーズ，理解度	子どもの読書活動推進等でボランティアの協力を得て事業を行う，資料の状態をリアルタイムにインターネットで提供するなど，公共図書館の理解者は多い		
	③市関与	利用者の利便性の拡大という観点から，図書館ネットワークの機能は公共図書館であるからこそ信頼があり相互利用，相互貸借ができている。民間サービスで代替できるものではない。		
	④優先性，緊急性	市民財産としての蔵書は５０年間積み重ねたものであり，蔵書数，利用数に応じたメンテナンスと更新が欠くことができない。		
	2次評価委員会コメント			
有効性	⑤目標達成度	個々の目標より総合的見地からの目標による	A	B
	ー成果向上の余地	ＩＴ時代に入り，蔵書検索のインターネット公開をしている図書館が増加したため利用者から相互貸借の希望が出るなど，新しい利用ニーズに応える図書館の専門性が求められている。		
	⑥上位施策への貢献度	生涯学習の推進体制整備という観点から他の事業で代替できない事業である		
	2次評価委員会コメント	開館時間の延長等により利便性を向上させる余地があります。		
効率性	⑦コスト	市民一人あたりの還元額は，10.286円（還元率350%）	B	B
	ーコスト削減の余地	対面サービスであり，自館の蔵書に詳しく，なおかつ経験が必要な業務である		
	⑧受益者負担	対価の徴収は出来ない（図書館法による）		
	⑨手段	総合的・一体的な業務で，その一部を切りとって民間委託することは困難である		
	⑩執行体制	利用者から専門性を求められる一体的な事務であり，分離分割は困難である		
	2次評価委員会コメント	狭い市域に３拠点（本館，大原分室，打出分室）あり，効率性は低い。		
課題対応（平成１４年度）		・自動車文庫の廃止 ・打出分室休館についての調整		

６ 今後の対応（アクション）

現状の課題認識			・蔵書の維持，更新により魅力ある図書館の維持 ・自動車文庫廃止に伴う高齢者・障害者サービスのありかたの検討 ・学社連携，デジタルデバイド解消への対応 ・ボランティアの活用による経費節減の方向
課題対応	（1）	いつまでに 何を どの程度 どのように	・打出分室休館についての調整 ・ボランティアの活用
	（2）	いつまでに 何を どの程度 どのように	

平成１６～１７年度の方向性		今後の方向性	1次評価	2次評価
	・市民サービス向上にむけての検討 ・インターネットの活用とビジネス支援 ・ボランティアの活用	拡大・充実		
		現状維持		
		見直し継続	○	
		民間委託等		○
		統合／終期設定		
		廃止／休止		
2次評価委員会コメント	図書購入のあり方を見直す必要があります。 民間活力の導入を検討すること。（民間企業への委託，地域住民による運営等）			

１－２－(2)　大分県臼杵市の政策評価
(http://kensyou.usuki.oita.jp/webapp/usuki/)

①　施策評価詳細（平成15年度）　事前

②　事務事業評価詳細（平成15年度）　事前

③　事務事業評価（平成14年度）　事後

①　臼杵市　施策評価詳細（平成15年度）事前

事前評価結果の見方	
効果(あるべき姿)	この施策を実施することで、2010年に達成される理想の姿を掲げています。
成果目標	2005年におけるこの施策の目標を掲げています。
指標	成果目標値の達成状況を測るものさしを掲げております。
指標に代わる説明	指標を設定することが困難な場合、これに代わる説明をしています。
関連事務事業	この施策に伴う事務事業を掲げております。
一次評価	担当者が実施したこの施策の評価です。
二次評価	臼杵市サービス評価委員会が一次評価を基に実施した評価結果です。

	施策コード	Ⅲ-2

総合計画施策名	(教育・学習)－育ち、磨ける人づくり－学童、学生
効果(あるべき姿)	自然、地域、人など自分を取り巻く全てのものから、知識、知恵を得ようとする子どもであふれている。子どもたちは、臼杵に誇りを持つと同時に、身体を動かし働くことを体験し、楽しみや苦しさ、喜びを味わっている。また、社会に出る準備として、仲間や先輩、後輩とのふれあい、学校や地域という集団の中で、物事の善悪を判断する力も身につけ、精神的にも経済的にも自立できる環境ができている。
成果目標	教育環境を確立する。体験学習スタイルを確立する。人と人との交流の大切さを体験できる環境を充実する。創造力やたくましさを育てられる環境を整備する。『食』を考え、自分の身体のしくみを学び、身体に必要な食物を選択できる能力を育てる。・遊びや学習の習慣が身につく環境を整備する。『人』の心と身体を理解できる環境を整える。

指標	ボランテイア活動に取り組む機会の数	
	目標値	地域、個人で取り組める。
	現状値	学校行事等で取り組んでいる。

指標に代わる説明	児童生徒も地域の一員であり、彼らを取り巻く環境全てが、彼らを育む。彼らが「うまく育てば」将来彼らが児童生徒に対しての「環境」となる。地域を単位とし相互扶助の気持ちが育った子供達、また、ボランテイアとして意識せずに自然体で地域活動が身に付いた子供達が育っている。ボランテイア活動を総合的学習など指導や施策に自然な形で取り入れられている。

事業事務評価結果

事務事業名	主要施策	予定コスト	目標年度	成果指標	評価結果	２次評価
小学校維持管理事業		12,770	毎年	学校施設の使用年数	現状維持	A
小学校備品整備事業		15,604	毎年	学校の備品数	教材機能別分類表の備品整備	A
中学校維持管理事業		3,945	毎年	学校施設の使用年数	現状維持	A

中学校備品整備事業		7,489	毎年	学校の備品数	教材機能別分類表の備品整備	A
中学校ＰＣ整備事業		8,065	16	ＰＣの新型への移行台数	現在のＰＣ教室のＰＣ全ての入れ替え	A
要保護及び準要保護児童生徒援助費補助事業		9,599		多くの人が利用する		A
視聴覚教育～臼杵市立視聴覚ライブラリー		1,254	17	機材・教材の利用者数、映画鑑賞会等の参加者数。	総利用(参加)人員8,000人	B
要保護及び準要保護児童生徒援助費補助事業（給食）		8,088		多くの人が利用する		A
私立保育園保育の実施事業		431,146	17	待機児童数	0	A
市民会館自主文化事業		34,106	17	観客動員率(%)	80	B
模範善行少年・新聞少年表彰事業	○	810	22	社会に貢献し、優しい児童の数	人に対してやさしく、我慢強い児童がほとんど	B
総合的学習補助金	○	2,844	18	地域社会の事象から課題を発見し、工夫して追求し、解決していく力をつける	各学校ごとに調査方法、発表方法など具体的な目標を設定する	A
生涯学習振興事業～青少年教育	○	3,710	17	学習会に参加した人の満足度	95%	B
児童福祉施設併設型民間児童館事業	○	10,836	18	登録児童数	60人／日	A
放課後児童健全育生事業	○	9,984	16	登録児童数	230人	A
中央公民館空調設備改修		52,076	16	学習環境の整備による利用者の満足感。	95%改修	A
生涯学習事業～公民館教室(講座)の開設		7,874	17	学習会への参加率	90%	B
高等学校奨学資金		4,327	15	負担軽減	交付額の増	A

交付金						
臼杵市中学校体育連盟補助事業	○	1,827	15	競技力の向上	向上	A
児童・生徒健康診断委託事業	○	4,860	15	健康な児童・生徒及び幼児	６月までに実施	A
要保護及び準要保護児童生徒援助費補助事業		7,636	17	経済的負担軽減	支給世帯０	A
こどもエコクラブ事業		757	17	こどもエコクラブ加入数	５クラブ	B
こども図書館運営事業		3,026	15	来館者数2,875人	2,875人	
中央公民館調理室改修		0				
保育所運営管理委託事業		114,418	17	待機児童数	０	A
学校施設管理運営事業		178,416		学校環境整備に関する要望件数		
合　　計		935,467				

現状・問題	地域に高齢者が多くなり、地域揚げての掃除や行事ができにくくなっている。そのため児童生徒と地域との触れ合いも無く、人に対する思いやりの心や自立の心が薄れている。

一次評価	子ども達を育む取り組みのひとつである総合的学習の目的は、児童生徒の「生きる力」を育てること。「生きる力」は単に経済的、物質的に「生きる力」だけではない。お互いを思いやり、尊重しあう姿勢が育つことが必要。そうすれば「生きる力」は、本来の「生きる力」となる。

特記事項	

二次評価	・総合学習の目的の「生きる力」づくりのための、児童、生徒の年代に応じた目標設定を考えていくことが必要である。「ボランティア活動に取り組んだ機会の数」を指標に設定しているので、自ら進んで取り組む意識づくりのための施策が必要。・子どもたちが体を動かすことで「喜怒哀楽」を学べる場を考えていく必要があり、そのためにも地域の協力が必要となる。地域の協力を得るためのそれぞれの学校としての工夫（知恵）が必要である。以上のことから本施策については、効果的な事業の展開を図りながら拡大して実施することが適当。

② 臼杵市　事務事業評価詳細（平成15年度）事前

基本項目					
	事務事業名		生涯学習振興事業～青少年教育		
	事務種別		ソフト	新規・継続	継続
	事業年度		平成15年度 ～ 平成15年度		
	主要施策名		(教育・学習)－育ち、磨ける人づくり－学童、学生		
			この事務事業が主に関係する施策です。		
	関連施策名		(教育・学習)－育ち、磨く人を支える環境－自然		
			(生活の土台)－心身の活力－学童		
			主要施策の他に関係する施策です。		
	経緯・現状		学校週５日制の導入に伴い、学校・地域・家庭の連携を強め、様々な生活体験・社会体験・自然体験を提供することにより、心身ともにたくましい臼杵っ子の育成に努める。		
			この事業を実施するに至った経緯や現状です。		
事業の目的	事業内容		臼杵の子どもたちが、しっかりとした人間として、多くの人から信頼されるよう、体験活動も交えながら人生哲学を学び（人としての生き方について自覚を深め)、正直さや辛抱強さ、努力心や責任感などを身に付けさせる。このため、「心の教育」を推進する「臼杵っ子夢プラン（仮称)」の一環として、休日である土曜日に子どもたちを集めた「臼杵塾（仮称)」を開設する。		
	行動指標		学習会の参加者数（延べ人数）		
			成果を上げるための直接的な目標の達成度を測るものさしです。		
		目標年度	17		
		目標値	800		
		現状値	400		
		来年度目標値	600		
		内　容	学校週５日制の導入を踏まえ、学習機会の場をを充実する		
	事業対象		小学生・中学生・高校生		
	成　果		学習会についてのアンケートをとり、より魅力的なプログラムにする。		
			この事業を行うことによりもたらす成果を掲載しています。		
	成果指標		学習会に参加した人の満足度		
			成果の達成度を測るものさしです。		
		目標年度	17		
		目標値	95%		
		現状値			
		来年度目標値	80%		
		内　容	学習内容の充実。指導・協力者のスキルアップ。		
経費	予定直接経費	3,710	千円		
	予定直接経費内訳	人　役		人件費	
		0.40	人役	3,026	千円
	事業費	684	千円		

	事業費内訳（単位：千円）	国庫補助金	県補助金	市債	その他	一般財源
		0	0	0	0	684

評価反映状況		評価	説明
	前回評価結果		
	反映状況		

評価項目	評価は100点満点です	評価	説明
	必要性	100	様々な青少年問題が起きている中で、地域社会を巻き込んだ少年期の体験活動が必要である。
		目的が市民のニーズに照らして妥当か	
	有効性	80	効果を予想するのは難しいが、文部科学省の調査（生涯学習審議会答申）によると効果大。
		目的や目標に照らして予想される効果が得られるか	
	効率性	80	効果を予想することが困難なので効率を考えることも難しいが、青少年の健全育成と同時に指導・協力者の養成にもつながるので、効率はいいと思う。
		行政資源量に見合った効果があるか	
	公共性	60	将来に渡っての公共性は大きいと思うが、実際の事業は一部の青少年に限定されている。
		受益や負担が公共的に分配されているか	

事業評価	B	事業を総合的に評価します A：事業の水準を維持又は拡大して実施が適当 B：規模等内容を見直して継続又は改善が適当 C：事業の縮小もしくは休止が適当
合計点数	320	
説明	この事業を未来の臼杵市を担う人材育成として考えれば評価は上がるものと思うので、啓発強化も並行して行いたい。また、参加者数の増加も心掛けたい。	

優先性	A	事業実施の優先性を評価します A：優先性は極めて高い B：普通 C：優先性は低い
説明	様々な青少年の諸問題に対応するため、青少年への直接的な学習機会の提供は最優先する必要がある。	

二次評価	B	臼杵市サービス評価委員会が二次評価した結果です A：事業の水準を維持又は拡大して実施が適当 B：規模等内容を見直して継続又は改善が適当 C：事業の縮小もしくは休止が適当
説明	出来るだけ多くの参加が出来るように、創意工夫しながら今後とも事業を維持していく必要がある。	

実施時期等	

担当課名	生涯学習課	係・グループ名	生涯学習係

③　臼杵市　事務事業評価詳細（平成14年度）事後

事務事業名		生涯学習振興事業～青少年教育		
事務種別		ソフト	新規・継続	継続
事業年度		平成14年度～平成17年度		
主要施策名		（教育・学習）ー育ち、磨ける人づくりー学童、学生		
		この事務事業が主に関係する施策です。		
関連施策名		（教育・学習）ー育ち、磨く人を支える環境ー自然		
		（生活の土台）ー心身の活力ー学童		
		主要施策の他に関係する施策です。		
事業の目的	事業内容	小学生を対象にした「うすき元気っ子クラブ」～様々な人材を活用した体験活動の提供。中・高生を対象にした「ジュニアリーダークラブ」～小学生の体験活動のリーダー的な役割。青年層（青年団等の団体）の有効な活用～体験活動の指導者等		
	行動指標	体験教室の回数		
		成果を上げるための直接的な目標の達成度を測るものさしです。		
		目標年度	14	
		目標値	20	
		今年度実績	20	
		累　計	ー	
		達成度（％）	100％	
		内　容	臼杵元気っ子クラブ10回。科学実験教室10回。	
	成　果	各種体験教室を行うことで青少年が地域社会と関わり、家庭や学校以外の教育効果が期待される。		
	成果指標	体験教室参加者数（延べ人数）		
		成果の達成度を測るものさしです。		
		目標年度	14	
		目標値	650	
		今年度実績	350	
		累　計	ー	

		達成度（%）	53.8%
		内　容	臼杵元気っ子クラブ150名。科学実験教室200名。

コスト	直接経費	5,223	千円	この事業に必要な人件費と事業費をいいます。		
	直接経費内訳	人　役		人件費		
		0.60	人役	4,539	千円	
		この事業に必要な職員数と人件費です。				
	事業費	684	千円	この事業に必要な費用です。		
	事業費内訳（単位：千円）	国庫補助金	県補助金	市　債	その他	一般財源
		0	0	0	0	684
	間接経費	0	千円	耐用年数のあるものの今年度分の減価償却費、又は経費を借り入れた場合の今年度分の金利等の合計です。		
	間接経費内訳	減価償却費	市債金利	その他		
		0	0	0		
	フルコスト	5,223	千円	この事業に要した全ての経費です（直接経費＋間接経費）		
	単位コスト	0	千円	単　位		
		この事業においてあるものをするとき又は作るときの単位あたりの経費です				
	コスト削減方法	地元講師の活用を図る。				

評価は100点満点です	評　価		理　由
	事前	事後	
必要性	100	90	様々な青少年問題が起きている中で、地域社会を巻き込んだ少年期の体験活動が必要である。
	目的が市民のニーズに照らして妥当か		
有効性	50	70	予定通りの教室を開催できたが、参加人数が多くない。
	目的や目標に照らして予想される効果が得られる		
効率性	50	80	青少年育成ディレクターの方等の協力で効率性は高い。
	行政資源量に見合った効果があるか		
公共性	70	60	将来に渡っての公共性は大きいが、実際の事業は一部の青少年に限定されている。
	受益や負担が公共的に分配されているか		

事業評価	B	B	
合計点数	270	300	
理　由			

優先性	A	A	事業実施の優先性を評価します Ａ：優先性は極めて高い Ｂ：普通 Ｃ：優先性は低い
理　由	未来の臼杵を担う人材育成や様々な青少年の諸問題に対応するという点から考えると優先性は極めて高い。		

問題議題	•年間を通しての体験教室のため、参加者が限定される。•参加者数があまり多くない。
改善計画	教室の内容の改善、充実を図る。広報活動の見直し。
予想効果	参加希望者、また実際の参加者が増加し、将来地域社会へ学習成果を還元できる子どもが増える。
その他	

二次評価	A	B	臼杵市サービス評価委員会が二次評価した結果です Ａ：事業の水準を維持又は拡大して実施が適当 Ｂ：規模等内容を見直して継続又は改善が適当 Ｃ：事業の縮小もしくは休止が適当
理　由	単に体験活動を行うというのではなく、教育ビジョンを明確にして、それに沿った活動を計画するとともに、募集時に趣旨や活動内容を広く周知し、参加者の増加を図ることが必要。		

担当課名	生涯学習課	係・グループ名	社会教育スポーツ

２－１　公民館の評価

２－１－(1)　千葉県市川市中央公民館
(http://www.city.ichikawa.chiba.jp/net/kikaku/gyokak/hyoukahyou13/29komin.pdf)

①　事務事業目的評価表（平成13年度）

２－１－(2)　東京都調布市東部公民館
(http://www.city.chofu.tokyo.jp/contents/7d339df10ef/other/7d339df10ef255.pdf)

①　東部公民館管理運営事務（平成14年度）

②　東部公民館活動事業（平成14年度）

③　東部公民館整備（平成14年度）

①　市川市中央公民館　事務事業目的評価表（平成13年度）

課コード：８０４３２０　　　　作成日　平成１３年２月１３日

平成１３年度	当初・（　）月補正	部課名：　生涯学習部　中央公民館　課			
事務事業名	公民館主催講座事業	短縮コード	２１１１－	経費区分	経・A・B
予算科目	目：公民館費	節（細節）：報償費（講師謝礼金）・需用費（印刷製本費）・役務費（通信運搬費）・委託料（委託料）			
事務事業の位置	基本構想：豊かに暮らせるまち　分野：生涯学習　施策：生涯学習機会の拡充　（基本事業）				
全庁共通課題	環境保全・バリアフリー・人づくり・危機管理・情報化・その他（　）				
根拠法令	社会教育法	事務事業種類	自治・法定受託（１号・２号）		

DO

(1)事務事業の目的と成果（関連計画　総・革・他（　）／事業開始　昭和28年度）

①対象（事務事業が対象、範囲とするヒト・モノ）

市民及び在勤者

②手段（今のやり方、手順）

市内１５公民館において講座を実施している。
主な講座内容としては、歴史・文学・パソコン・手工芸・舞踊・音楽・ダンス・スポーツ等である。
また講座の募集は、年２回（春・秋号）発行しているミーティアムガイドで案内している。

③意図（この事業によって、対象をどう変えるのか）

主催講座を受講することにより、様々な知識や技術を習得してもらう。

④結果（意図したことが行われた結果、最終的に何が達成されるのか）

市民の自主的な学習活動を支援し、促進する。

⑤財源の内訳：国・県・市債・その他（使用・手数、他）・一般
特定財源の名称：

⑥全体事業計画　（計画年次：　年度～　年度）
⑦事務事業の指標（指標式）…数値の記入は⑧、複数可

活動指標

ア　講座開催回数（回）
イ　講座受講者数（人）
ウ　講座申込者数（人）

成果指標

$$\frac{\text{講座受講者数}}{\text{対象者}} \times \frac{\text{知識・技術習得者数}}{\text{講座受講者数}}$$

（代）

$$\frac{\text{講座受講者数}}{\text{講座申込者数}} \times 100$$

⑧予算及び所要時間等の推移（単位：千円、時間等）

区　分		前々年度の実績（平成10年度）	前年度実績（平成11年度）	本年度計画（平成12年度）	本年度見込み（平成12年度）	翌年度計画（平成13年度）	最終年度計画（平成　年度）
活動指標		ア１，４７７ イ１３，３７０ 延３８，７７７ ウ１４，０７４	９１６ １１，２３３ 延３４，６６０ １１，５８１	８１０ ８，９９７ 延４０，０００ ９，３７２	８１０ ８，９９７ 延４０，０００ ９，３７２	８１０ １０，０００ 延４０，０００ １０，０００	
成果指標		９５．０％	９７．０％	９６．０％	９６．０％	１００．０％	
予算額等		１１，０９６	９，５４８	８，６８１	８，６８１	８，５９８	
財源内訳	国県市 その他 一般	１１，０９６	９，５４８	８，６８１	８，６８１	８，５９８	
所要時間(H)		３，１０１	２，６３７	２，５４２	２，５４２	２，５４２	

(2)事務事業環境変化・市民の意見等

①開始当初と現在との環境比較

・余暇時間の増、高齢化に伴う年齢層の変化
・講座内容の高度化

②今後の予測（このまま推移したらどうなるか、何が発生するかこの事業にどう影響するか）

多種、多様な要望が益々多くなってくると思われる。

③市民の意見（市民意向調査<特定意識調査がある場合にはその名称>や個別要望等）

・講座の内容を豊富にしてほしい
・講座の情報を充実してほしい
・参加したい講座を企画してほしい

SEE

(3) 事務事業の評価　目的妥当性・有効性・効率性

①公共関与の妥当性（手は引ける→改革案）手を引けない　→理由：

市民の自主的な学習活動を支援するため公民館の主催講座を充実していくことは現在の当該事業の利用状況からみても、非常に高い市民ニーズがある。
なお当該事業は、社会教育法が根拠となっている。

②上位施策の目的に結び付くか（無→改革案）有→理由：

市民の自主的な学習活動を支援し、促進するための事業の一つとして主催講座事業を実施している。

③対象の拡大又は縮小余地（有→改革案）無→理由：

広く市民及び在勤者を対象とした事業であり縮小等の余地はない。

④意図の拡大又は縮小余地（有→改革案）無→理由：

社会教育法の規定に基づいたものであり縮小等の余地はない。

⑤現在の事業での成果向上余地＝現状あるべき基準との差（有→改革案）無→理由：

主催講座事業の成果をより向上させるには講座開催回数を増やし貸館事業を減らすことであるが、一方で貸館事業のニーズも高いことから困難な面がある。

⑥成果を達成する手段は当該事業以外にないか（有→改革案）無→理由：

他部門でも類似の事業を行っているが市内１５館で総合的な視点で事業を進めているのは、当該事業のみである。

⑦現在の事業で成果を低下させずコストの削減余地（有→改革案）無→理由：

事業費は毎年度見直しており、これ以上のコスト削減は困難である。

⑧他の事業方式（外部委託、補助、第３セクター等）に変えることで費用対効果を上げる余地（有→改革案）無→理由：

主催講座については、具体的な委託先の問題もあり現行方式が望ましい。

⑨受益者負担の適正化余地（有→改革案）無→理由：

主催講座によって、受講者は教材費・材料費等の実費を負担している。

⑩当該事業の廃止、終了の条件（どういう状態になったら事業をやめるか）：

社会教育法の規定もあり、考えにくい。

＊事務事業のポジショニング（絶対評価）
⑤で余地があればＬ
⑤で余地無ければＨ

成果レベル（H / L）、コストレベル（A / B / C）

⑦で余地あればＣ無ければＢ

PLAN

(4) 改革案・予算反映案

①改革の方向性、方法改善等の概要

前年度どおり

②改革、改善の障害要因と克服のための具体的手段

③改革後の事務事業の概要

・新たに設定し直した目的（対象、意図）

・具体的なやり方、手段、工夫点、改善内容等

活動指標

成果指標

④改革による期待効果（市民にとっての期待効果等）

課長所見

各館一律ではなく、合同講座・ブロック講座・各館講座として体系化した中で進めているが、さらに利用者の意見を採り入れながら充実していきたい。

① 調布市　東部公民館管理運営事務（平成14年度）

No. 9 — 705	事務事業名	東部公民館管理運営事務	事務事業開始時期 昭和50年6月
所管部課	教育部東部公民館	連絡・問い合わせ／　03－3309－4505	

【事務事業の目的】
○青少年,成人,高齢者が快適な環境で学習・文化活動が出来るように公民館の管理・運営を行なう。

【調布市基本計画】
第1章 いきいきと元気なひとづくり
第1節 生涯学習によるまちづくり
(3) 生涯にわたる学習の推進

【根拠法令等】
○社会教育法

【事務事業の種類】
□ 法定受託事務　□ 自治事務(都補助)
□ 自治事務(国庫補助)　■ 自治事務(市単独)
□ 実施計画事業(コード)　□ 主要事務事業
■ その他の事務事業

【事務事業の概要】(実施内容, 実施方法など)
○施設維持管理運営業務及び管理委託業務により公民館施設の管理運営を行なっている。

【国・都・他市・民間等における類似事業】
○他市等においても, 社会教育事業を展開するにあたって同様の施設が設置され運営が行なわれている。

【評価視点と評点】　合計 15 点　（20 点満点）

(1)活動量　3 点　（4 点満点）
○事務事業規模(活動量)の推移を検証

活動指標	目標	実績	次年度目標
使用件数	2,772	1,467	2,350
使用人数	43,982	25,131	38,500

・使用件数　5室×3回×308日(年間稼働日)×60%＝2,772件
・使用人数　136人(定員)×3回×308日(年間稼働日)×35%＝43,982人
・なお, 6月から9月までバリアフリー化工事のため休館していたので, 使用件数・人数は減少している。

(2)達成度　2 点　（4 点満点）
○事務事業目的の達成度を検証

成果指標	目標	実績	次年度目標
施設使用率	100%	53%	85%

・公民館が地域の社会教育施設として定着しているが, 使用件数,使用人数は横ばい状況である。
・なお, 4ヶ月間休館のため, 目標(3館共通率)のほぼ半分の達成度であった。(ただ, 目標率を東部の実情に下げれば, ほぼ達成できていると思う。)

(3)効率性　2 点　（2 点満点）
○目的達成のための手法や費用対効果を検証

決算等の推移	目標	実績	次年度目標
事業費(単位：千円)	18,235	15,690	17,933
特定財源	726	330	360
一般財源	17,509	15,360	17,573
従事職員数(常勤)	0.8人	0.8人	0.9人

・開館日数, 開館時間等を考慮すると現在の手法が最も効果的である。また, 必要最小限の経費で効率的に運営している。

(4)市民満足度　2 点　（3 点満点）
○活動, 成果に対する市民の満足度を検証

満足度調査	満足・概ね満足	どちらともいえない	不満・やや不満
未実施(聞き取り)	○		

・今回のバリアフリー化工事により, 高齢者・身障者・車椅子での利用がしやすくなったが, 今後は冷暖房機器の整備が必要である。

(5)代替性　3 点　（4 点満点）
○事務事業の役割分担(実施主体)を検証
・管理については, 民間委託も可能であるが, 公民館は地域の学習力や文化活動を向上させるための事業も実施しているので, 両立できる体制が必要である。

(6)公平性　3 点　（3 点満点）
○費用負担や受益機会の公平性を検証
・現況の施設では費用負担も適切であると考えられる。また, 公的社会施設として位置付けてあり, 公平性は保たれている。

【総合評価】(所管部等の意見)
□ A　拡充して実施していくことが適当
■ B　現行水準を維持して実施していくことが適当
□ C　事務事業規模, 内容, 手法の見直しが必要
□ D　事務事業の実施主体等, 抜本的見直しが必要
□ E　廃止又は休止が必要

地域の生涯学習や文化活動を支援していくとともに, 地域の課題を解決したり, 連帯意識を育むことは, 市民生活を送るうえで必要である。

②　調布市　東部公民館活動事業（平成14年度）

No.　9　—　710	事務事業名	東部公民館活動事業	事務事業開始時期 昭和50年6月
所　管　部　課	教育部東部公民館		連絡・問い合わせ／　03－3309－4505

【事務事業の目的】
○集い・学び・結びを基本とし，市民を対象に生涯各期(乳幼児期・少年期・青年期・成人期・高齢期)の学習課題を達成するために社会教育事業を実施し，市民の学習課題の実現を図る。

【調布市基本計画】
第1章　いきいきと元気なひとづくり
　第1節　生涯学習によるまちづくり
　　(3)　生涯にわたる学習の推進

【根拠法令等】
○社会教育法

【事務事業の種類】
□ 法定受託事務　□ 自治事務(都補助)
□ 自治事務(国庫補助)　■ 自治事務(市単独)
□ 実施計画事業(コード)　□ 主要事務事業
■ その他の事務事業

【事務事業の概要】（実施内容，実施方法など）
○主に青少年教育事業，成人教育事業，高齢者教育事業に区分し，生涯各期における必要な学習課題及び話題性に富んだ事柄を題材に，講演会，講座等の社会教育事業，また，文化祭・フェスティバル等の文化事業を実施している。

【国・都・他市・民間等における類似事業】
○他市等においても同様の事業が展開され市民の生涯学習や文化活動の支援を行っている。

【評価視点と評点】　合計 16 点　（ 20 点満点）

(1)活動量　3 点　（ 4 点満点）
○事務事業規模（活動量）の推移を検証

活動指標	目標	実績	次年度目標
事業回数	250回	253回	250回
事業参加者	11,061人	7,665人	8,300人

・目標回数　250回＝308日(年間稼働日)×81％
・事業参加者　11,061人＝44.24人×250回
・なお，6月から9月までの4ヶ月間は，バリアフリー化工事のため休館していたので，この間は他の施設を借りて事業を若干実施した。

(2)達成度　3 点　（ 4 点満点）
○事務事業目的の達成度を検証

成果指標	目標	実績	次年度目標
事業参加率	100%	69%	75%

・青少年教育事業の参加率　参加人数836人÷2,195人（5歳～29歳の人口×10%×1/3館）
・成人教育事業の参加率　参加人数7,475人÷8,147人（20歳～59歳人口×20%×1/3館）
・高齢者人口の参加率　参加人数263人÷719人（60歳～69歳人口×10%×1/3館）

(3)効率性　2 点　（ 2 点満点）
○目的達成のための手法や費用対効果を検証

決算等の推移	目標	実績	次年度目標
事業費（単位：千円）	5,439	4,743	4,827
特定財源			
一般財源	5,439	4,743	4,827
従事職員数（常勤）	0.9人	0.9人	1.1人

・豊かな社会生活を送るためには，生涯各期の学習課題の解決と学習機会の場を設けることが必要である。このため，必要最小限の経費で効率的に事業を展開している。

(4)市民満足度　2 点　（ 3 点満点）
○活動，成果に対する市民の満足度を検証

満足度調査	満足・概ね満足	どちらともいえない	不満・やや不満
アンケートによる調査	○		

・各事業が終了したときに，参加者からアンケートによる調査を実施している。

(5)代替性　3 点　（ 4 点満点）
○事務事業の役割分担（実施主体）を検証
・事業の企画や市民参加等々については，中立性・公平性が保たれなければならない。また，地域の課題等についてもきめ細かな対応が必要であり，市で実施していくのが望ましい。

(6)公平性　3 点　（ 3 点満点）
○費用負担や受益機会の公平性を検証
・講座・講演会・各種教室等に伴う費用も適切であると考えられる。また，事業に対する周知方法も同じ方法で行っているので，公平性は保たれている。

【総合評価】（所管部等の意見）
□ A　拡充して実施していくことが適当
■ B　現行水準を維持して実施していくことが適当
□ C　事務事業規模，内容，手法の見直しが必要
□ D　事務事業の実施主体等，抜本的見直しが必要
□ E　廃止又は休止が必要

生涯各期の様々な課題を解決していくためには，学習課題を掘り起こすとともに，学習機会の場を設けて継続していくことが肝要である。

③ 調布市　東部公民館整備（平成14年度）

No. 9 — 715	事務事業名	東部公民館整備	事務事業開始時期 平成13年度
所管部課	教育部東部公民館		連絡・問い合わせ／ 03－3309－4505

【事務事業の目的】	【調布市基本計画】
○「がんばろう！東京福祉」事業として創設された，区市町村の地域の実状に応じた地域福祉の基盤整備事業を活用して，館のバリアフリー化を図る。	第1章　いきいきと元気なひとづくり 第1節　生涯学習によるまちづくり (3)　生涯にわたる学習の推進

【根拠法令等】	【事務事業の種類】	
○東京都福祉改革推進事業実施要綱	□ 法定受託事務	■ 自治事務(都補助)
	□ 自治事務(国庫補助)	□ 自治事務(市単独)
	□ 実施計画事業(コード)	□ 主要事務事業
		■ その他の事務事業

【事務事業の概要】(実施内容，実施方法など)	【国・都・他市・民間等における類似事業】
○「東部公民館バリアフリー化施設整備事業」として，段差の解消や高齢者・身障者用のトイレの改修，また，車椅子利用者を可能にする階段昇降車を購入した。	○他市でも施設のバリアフリー化は進めている。

【評価視点と評点】　合計 17 点　（20 点満点）

(1)活動量　4 点　（4 点満点）

○事務事業規模(活動量)の推移を検証

活動指標	目標	実績	次年度目標
段差解消・自動扉設置	4ヶ所	4ヶ所	
トイレの改修	2ヶ所	2ヶ所	
階段昇降車の購入	1台	1台	

・建物が古いので，全てバリアフリー化することは難しいが，基本的部分は完了した。残りのバリアフリー化は，建替時にゆだねる。

(2)達成度　3 点　（4 点満点）

○事務事業目的の達成度を検証

成果指標	目標	実績	次年度目標
バリアフリー化率	100%	80%	

・財政難の折，一気に解消することは不可能なので，できる所から改善した。残りは，和室と調理室等である。

(3)効率性　2 点　（2 点満点）

○目的達成のための手法や費用対効果を検証

決算等の推移	目標	実績	次年度目標
事業費(単位：千円)	25,591	24,738	
特定財源	12,795	12,369	
一般財源	12,796	12,369	
従事職員数(常勤)	0.3人	0.3人	

・東京都の補助制度を活用し，完全参加型の利用しやすい施設となるよう，バリアフリー化を行った。

(4)市民満足度　3 点　（3 点満点）

○活動，成果に対する市民の満足度を検証

満足度調査	満足・概ね満足	どちらともいえない	不満・やや不満
未実施(聞き取り)	○		

・利用者懇談会等で，高齢者・身障者たちからも好感を持たれている。また，階段昇降車もここにきて毎月利用されている。

(5)代替性　2 点　（4 点満点）

○事務事業の役割分担(実施主体)を検証

・高齢社会が進む中，弱者が一般市民と融合して学習していくことの必要性から，行政が環境を整える必要がある。

(6)公平性　3 点　（3 点満点）

○費用負担や受益機会の公平性を検証

・いつでも誰もが，平等に安全で快適な施設で学習できる。

【総合評価】(所管部等の意見)

■ A　拡充して実施していくことが適当
□ B　現行水準を維持して実施していくことが適当
□ C　事務事業規模，内容，手法の見直しが必要
□ D　事務事業の実施主体等，抜本的見直しが必要
□ E　廃止又は休止が必要

誰もが地域で学習し，文化活動をする拠点施設のバリアフリー化は必要である。

２－２　図書館の評価

２－２－(1)　東京都調布市図書館
(http://www.city.chofu.tokyo.jp/contents/7d339df10ef/other/7d339df10ef262.pdf)

① 図書館管理運営事務

② 図書館資料提供事務

⑧ 図書館事業事務

２－２－(2)　大阪府立中央図書館
(http://www.pref.osaka.jp/gyokaku/hyoka/H13_hyouka/oyake/kaikakupro/kp22.pdf)

① 公の施設改革プログラム（案）

② 公の施設評価調書（平成15年度）

２－２－(3)　北九州市中央図書館曽根分館
(http://www.city.kitakyusho.jp/~k0501050/ad.evaluation/assessment/h14/pdf/098_0.pdf)

① 平成14年度　事務事業評価

② 平成14年度　事務事業評価（公共施設管理運営別表）

① 調布市図書館　図書館管理運営事務

No. 9 ― 805	事務事業名	図書館管理運営事務	事務事業開始時期 昭和41年度
所管部課	教育部図書館	連絡・問い合わせ／ 0424－41－6181	

【事務事業の目的】
○中央図書館および分館の施設管理並びに運営を適正に行うことにより，利用者に快適な図書館サービスを提供する。

【調布市基本計画】
第1章　いきいきと元気なひとづくり
第1節　生涯学習によるまちづくり
(3)　生涯にわたる学習の推進

【根拠法令等】
○図書館法
○調布市立図書館条例
○布市立図書館施行規則

【事務事業の種類】
□ 法定受託事務　■ 自治事務(都補助)
□ 自治事務(国庫補助)　■ 自治事務(市単独)
□ 実施計画事業(コード)　□ 主要事務事業
■ その他の事務事業

【事務事業の概要】(実施内容，実施方法など)
○中央図書館：通年開館かつ午後8時30分まで夜間開館実施
○各分館：午前9時開館，日曜日・祝日も開館。夏期間(4月～9月)の水・金曜日(週2回)は午後6時まで開館時間延長
○図書館協議会，利用者懇談会，「ご意見箱」などにより利用者の要望，意見を聞く
○分館の施設修繕

【国・都・他市・民間等における類似事業】
○東京都においては，一部島嶼を除きすべての区市町村で公共図書館を設置している。

【評価視点と評点】　合計 19 点　（ 20 点満点）

(1)活動量　3 点　（ 3 点満点）
○事務事業規模(活動量)の推移を検証

活動指標	目標	実績	次年度目標
利用登録者数	100,000人	109,513人	115,000人
入館者数(中央館)	950,000人	976,353人	990,000人

・利用登録者数は13,000人の増加があり，新規登録者の拡大が図られた。また，中央図書館の入館者数も目標を大きく更新し，市民の期待度をうかがうことが出来る。

(2)達成度　4 点　（ 4 点満点）
○事務事業目的の達成度を検証

成果指標	目標	実績	次年度目標
市民登録率	50.0%	45.6%	50.0%

・登録率は45%を超え，市民のほぼ2人に1人が登録していることになった。
・IT時代に則した整備の充実を図り，利用の増大がすすんでいる。
・市民登録率＝市民登録者数÷人口×100

(3)効率性　3 点　（ 3 点満点）
○目的達成のための手法や費用対効果を検証

決算等の推移	目標	実績	次年度目標
事業費(単位：千円)	382,383	363,257	489,261
特定財源	4,690	616	60,690
一般財源	377,693	362,641	428,571
従事職員数(常勤)	3人	3人	3人

・現在の分館の施設規模では，必ずしも管理運営方法が充分に活きているとは言えない側面もあるが，分館網の見直し検討に着手したばかりの過渡期の状況としては，やむを得ない。図書館施設の整備や分館網の見直しについて着手し，市民ニーズに対応した施設等の充実を図る。

(4)市民満足度　4 点　（ 4 点満点）
○活動，成果に対する市民の満足度を検証

満足度調査	満足・概ね満足	どちらともいえない	不満・やや不満

・中央図書館における通年開館，夜間8時30分までの開館は都内随一である。分館においても夏期間(4月～9月)の水・金曜日に開館時間を1時間延長し，利便性を図っている。
・調査はしていないが，以上のことからも概ね満足いただいていると思われる。

(5)代替性　3 点　（ 3 点満点）
○事務事業の役割分担(実施主体)を検証
・公立図書館は社会教育の実施機関であり，教育委員会が直接管理運営するため，代替性は認められない。ただし，管理運営上，今日の社会環境を十分考慮していく必要がある。なお，自習室の管理は第三者に委ねている。

(6)公平性　2 点　（ 3 点満点）
○費用負担や受益機会の公平性を検証
・図書館の基本方針はいつでも，どこでも，誰でも利用できることを目指している。分館においても，バリアフリー化を促進し，誰でもが利用できるよう努めているが，館によってはスペース等の問題で困難な場合も生じている。

【総合評価】(所管部等の意見)
□ A　拡充して実施していくことが適当
■ B　現行水準を維持して実施していくことが適当
□ C　事務事業規模，内容，手法の見直しが必要
□ D　事務事業の実施主体等，抜本的見直しが必要
□ E　廃止又は休止が必要

分館の配置および規模等施設的な制約の多い現状の打開は，当市の財政状況もあり，当分困難な面もあるが，老朽化した施設の補修を行い，より快適な図書館運営を図る。

②　調布市図書館　図書館資料提供事務

No. 9 — 810	事務事業名	図書館資料提供事務	事務事業開始時期 昭和41年度
所管部課	教育部図書館		連絡・問い合わせ／ 0424－41－6181

【事務事業の目的】

○中央図書館および分館において各館の規模や地域の要望等をふまえ，適切な資料を選択収集し，利用者への確実な資料提供を図る。

【調布市基本計画】

第1章　いきいきと元気なひとづくり
　第1節　生涯学習によるまちづくり
　　(3)　生涯にわたる学習の推進

【根拠法令等】

○図書館法
○調布市立図書館条例
○調布市立図書館施行規則

【事務事業の種類】

□ 法定受託事務　□ 自治事務(都補助)
□ 自治事務(国庫補助)　■ 自治事務(市単独)
□ 実施計画事業(コード)　□ 主要事務事業
■ その他の事務事業

【事務事業の概要】(実施内容，実施方法など)

○資料の迅速な提供を目指した週単位での一般向資料の選定
○内容を把握,評価したうえでの児童向資料の選定
○読書相談やレファレンスサービスの充実
○貸出限度冊数20冊(貸出期間2週間)
○コンピュータ入替による検索機能の向上と端末機の整備
○図書館全館にインターネット検索パソコンの設置
○インターネットによる蔵書の検索・予約サービス

【国・都・他市・民間等における類似事業】

○東京都においては，一部島嶼を除きすべての区市町村で公共図書館を設置している。

【評価視点と評点】　合計 19 点　(20 点満点)

(1)活動量　3 点　(3 点満点)

○事務事業規模(活動量)の推移を検証

活動指標	目標	実績	次年度目標
個人貸出冊数	2,200,000冊	2,425,137冊	2,550,000冊
蔵書冊数	1,003,000冊	1,021,652冊	1,050,000冊

・新刊書を中心に利用者のニーズに適応した図書および参考図書，専門的資料，地域資料，新聞，雑誌などの収集を行い，利用者にとって生活や仕事などに役立つ書斎としての図書館蔵書の構築とその提供を図る。

(2)達成度　4 点　(4 点満点)

○事務事業目的の達成度を検証

成果指標	目標	実績	次年度目標
一人あたり蔵書冊数	4.90冊	4.95冊	5.1冊

・利用者のニーズは，質・量ともに増大し，多様化，高度化しているため，各分野における選書を幅広く行い，同じに，開架書架の図書資料の鮮度保持を図っていく。
・一人あたり蔵書冊数＝蔵書冊数÷人口

(3)効率性　2 点　(3 点満点)

○目的達成のための手法や費用対効果を検証

決算等の推移	目標	実績	次年度目標
事業費(単位：千円)	222,450	220,106	219,410
特定財源			
一般財源	222,450	220,106	219,410
従事職員数(常勤)	48.5人	48.5人	49.5人
一人あたり図書資料費(円)	594	587	565

・増加する現在の貸出状況では，図書資料の充実が最も重要であり，利用者のニーズを適確に把握し，要望に応える必要がある。そのためには幅広い選書と複本購入をすすめていかなければならない。

(4)市民満足度　4 点　(4 点満点)

○活動，成果に対する市民の満足度を検証

満足度調査	満足・概ね満足	どちらともいえない	不満・やや不満

・蔵書の充実，提供の迅速性などにより，利用者の信頼性が高まり，予約件数に結びついていること，蔵書冊数，貸出冊数とも前年を上回り利用度が高まっていること，インターネットによる検索・予約などの利用も大きく伸びていることから概ね満足いただいていると思われる。

(5)代替性　3 点　(3 点満点)

○事務事業の役割分担(実施主体)を検証

・資料提供の一連の業務のうち個別的に切り離すことが可能な部分については，外部業者に委ねているが，資料提供の基本的な業務については管理運営事務と同様に代替性は認められない。

(6)公平性　3 点　(3 点満点)

○費用負担や受益機会の公平性を検証

・誰でもが図書館を利用できなければならないが，図書の宅配サービスや，自宅や勤務先などからでも蔵書の検索・予約ができ来館できない方々へのサービスも充実させている。

【総合評価】(所管部等の意見)

□ A　拡充して実施していくことが適当
■ B　現行水準を維持して実施していくことが適当
□ C　事務事業規模，内容，手法の見直しが必要
□ D　事務事業の実施主体等，抜本的見直しが必要
□ E　廃止又は休止が必要

図書館の情報化の必要性とその推進方策として，今後はこれまでの図書資料の提供だけではなく，電子的な情報の提供サービス体制を早急に整備していく必要がある。

③ 調布市図書館　図書館事業事務

No. 9 — 815	事務事業名	図書館事業事務	事務事業開始時期 昭和41年度
所管部課	教育部図書館		連絡・問い合わせ／ 0424－41－6181

【事務事業の目的】

○成人を対象とした読書会・講演会や子どもの本に関心のある方々等を対象にした事業を実施し，読書活動の普及を図る。
○ハンディキャップのサービス対象者および業務支援を志す方々等を対象にした各種講座を実施し，サービスの拡充を図る。

【調布市基本計画】

第1章　いきいきと元気なひとづくり
第1節　生涯学習によるまちづくり
(3)　生涯にわたる学習の推進

【根拠法令等】

○図書館法
○調布市立図書館条例
○調布市立図書館施行規則

【事務事業の種類】

□ 法定受託事務　□ 自治事務（都補助）
□ 自治事務（国庫補助）　■ 自治事務（市単独）
□ 実施計画事業（コード）　□ 主要事務事業
■ その他の事務事業

【事務事業の概要】（実施内容，実施方法など）

○おはなし会・人形劇公演など子どもの読書啓発事業
○ブックスタートとして，1歳半検診時に推薦図書リスト「このほんよんで」を配布
○成人対象の読書会・講演会等の実施
○点訳・音訳および対面朗読の実施
○点訳者・朗読者養成講座の実施
○宅配サービス協力者交流会の開催

【国・都・他市・民間等における類似事業】

○東京都においては，一部島嶼を除きすべての区市町村で公共図書館を設置している。

【評価視点と評点】　合計 18 点　（ 20 点満点）

(1)活動量　2 点　（ 3 点満点）

○事務事業規模（活動量）の推移を検証

活動指標	目標	実績	次年度目標
子ども対象事業参加数	7,500人	7,259人	7,500人
点訳・朗読者養成講座参加数	20人	19人	20人
成人対象事業参加数	5,000人	5,347人	6,000人

・子どもたちが本への興味や関心を持ち，読書の楽しみを味わい感性豊かに成長する機会を充実する。また，利用にハンディがある市民が，容易に利用できる環境を整備し，成人対象事業を開催し，読書啓発を図る。

(2)達成度　4 点　（ 4 点満点）

○事務事業目的の達成度を検証

成果指標	目標	実績	次年度目標
一人あたり貸出冊数	22.0冊	22.1冊	22.2冊

・読書啓発事業などにより，図書資料貸出しの増加が図られる。
一人あたり貸出冊数＝年間個人貸出冊数÷利用登録者数

(3)効率性　2 点　（ 3 点満点）

○目的達成のための手法や費用対効果を検証

決算等の推移	目標	実績	次年度目標
事業費（単位：千円）	11,082	10,600	11,087
特定財源			
一般財源	11,082	10,600	11,087
従事職員数（常勤）	4.5人	4.5人	4.5人

・一般成人対象事業や子どもの本に関わる事業についての講座・講演会・読書会等を開催しているが，参加者は毎年増加傾向にあり事業への期待感がうかがえる。
・ハンディキャップ関連については，視覚障がい者以外に庁内各部署からの点訳依頼も増加している。
・生涯学習時代における読書環境の整備が要請されている。

(4)市民満足度　4 点　（ 4 点満点）

○活動，成果に対する市民の満足度を検証

満足度調査	満足・概ね満足	どちらともいえない	不満・やや不満

・推薦図書リストの内容について，関連他機関からも高い評価を受けていること，ハンディキャップサービス利用者懇談会を実施し，参加者からサービス水準の高さの評価を受け，同時に感謝の言葉をいただいたことなどからも概ね満足いただいていると思われる。

(5)代替性　3 点　（ 3 点満点）

○事務事業の役割分担（実施主体）を検証

・ハンディキャップサービス部門については市民ボランティアの活用等を積極的に図って業務をすすめているが，サービスの基本的業務についての代替性については管理運営業務と同様である。

(6)公平性　3 点　（ 3 点満点）

○費用負担や受益機会の公平性を検証

・誰もが図書館を利用できなければならない。そのため，ボランティアの方々に協力いただき，点訳・音訳・対面朗読・宅配等を実施している。

【総合評価】（所管部等の意見）

□ A　拡充して実施していくことが適当
■ B　現行水準を維持して実施していくことが適当
□ C　事務事業規模，内容，手法の見直しが必要
□ D　事務事業の実施主体等，抜本的見直しが必要
□ E　廃止又は休止が必要

開館以来，子どもの読書推進活動を重点事業として位置付け子どもの読書環境整備をすすめてきている。国においても「子どもの読書活動の推進に関する法律」（平成13年法律第154号）が制定された。今後子どもの読書活動についてはさらに拡充をすすめていく。
図書館利用にハンディのある利用者の読書生活を含め，生活上必要な情報の点訳・音訳・宅配等について，今後さらに充実を図っていく。

①　大阪府立中央図書館　公の施設改革プログラム（案）

施設名(愛称)	大阪府立中央図書館

1. 施設の概要

設置目的	図書、記録その他必要な資料を収集し、整理し、保存して、一般公衆の利用に供し、その教養、調査研究、レクレーション等に資する。(図書館法第2条)		
所在地	〒577-0011東大阪市荒本北57-3	開設年月日	平成8年5月10日
敷地面積、延床面積(所有者)	敷地面積　18, 500㎡(大阪府)、　延床面積　30,770㎡(大阪府)		
建物規模(施設構造)	地上4階、地下2階(鉄骨鉄筋コンクリート造)		
主な施設内容 種類(定員・面積・部屋数)	閲覧室　(7, 305㎡)、書庫　(6, 524㎡)、ホール(380席・1)、 会議室　(72人・1、30人・1)、駐車場　(120台)、事務室等　(10, 064㎡)		
管理運営形態	府直営		

2. 施設運営に係る収支

大阪府の収支　（千円）

区分	平成10年度決算	平成11年度決算	平成12年度決算	平成13年度予算	平成14年度予算案
府収入　計	39,212	40,649	38,875	40,573	37,494
府支出　計	1,524,330	1,406,955	1,397,144	1,393,512	1,383,452

運営コスト比率(%)	97.4	97.1	97.2	97.1

利用者数(入館者数)(人)	714,093	741,134	718,845	

3. 「前プログラム」における改善目標値の実績

改善目標値	入　館　者　764,000人(達成時期:平成13年度末)　(10年度値:714,093人) レファレンス　183,000件(達成時期:平成13年度末)　(10年度値:136,000件) 市町村への協力貸出　45,300冊(達成時期:平成13年度末)(10年度値:42,808冊)
実績(11～12年度)・13年度見込み	11年度　入館者　741,134人、レファレンス 161,633件、市町村への協力貸出　44,882冊
	12年度　入館者　718,845人　レファレンス 160,510件　市町村への協力貸出　45,826冊
	13年度(見込) 入館者 712,496人、レファレンス　169,900件、市町村への協力貸出　46,286冊
評価	市町村への貸出冊数はH12に目標を達成した。入館者及びレファレンス数はH12に減少に転じ、目標を達成できなかった。レファレンスはインターネット利用分等が増加しているが、入館者数の減は新刊図書の減少や市町村への貸出増に伴う反動等によると考えられる。

4. 今後の施設の方向

今後の施設のあり方	・管理体制の見直し等、効率的な運営体制を図るとともに、利用者サービスの向上に努め、利用促進を図る。
今後3年間の数値目標	・入　館　者　744,000人 (H12実績　718,845人) ・レファレンス　1,402,000件 (H12実績　160,510件) ＊(電話、文書等168,000件、両館共通インターネット蔵書検索1,234,000件) ・市町村への協力貸出　48,000冊 (H12実績　45,826冊)
具体的取組み	・蔵書検索システムの向上 ・来館者のインターネット利用促進

② 大阪府立中央図書館　公の施設評価調書（平成15年度）

1. タイトル

施設名（愛称）	大阪府立中央図書館
根拠条例名	大阪府立図書館条例
条例に規定された設置目的	図書、記録その他必要な資料を収集し、整理し、保存して、一般公衆の利用に供し、その教養、調査研究、レクリエーション等に資する。（図書館法第2条）一条例には規定なし
担当部・課・グループ	教育委員会事務局　教育振興室　地域教育振興課　社会教育グループ

2. 施設の概要

開設年月日 （改築・移転等年月日）	平成8年5月10日
所在地等	〒577-0011 東大阪市荒本北57-3 TEL06-6745-0170
敷地面積（敷地所有者）	18，500㎡（大阪府）
建物規模（施設構造）	地上4階、地下2階（鉄骨鉄筋コンクリート造）
延床面積（建物所有者）	30,770㎡（大阪府）
主な施設内容 種類（定員・面積・部屋数）	閲覧室（6，834）㎡ 書庫　（6，524）㎡ ホール　（380席・1） 会議室　（72人・1、30人・1） 駐車場　（120台） 事務室等（10，064㎡）
建設費（又は賃借料）	19，136百万円 財源内訳（起債19，136）
管理運営形態	府直営

3. 料金体系

料金区分	目的による利用者の区分　なし 利用料無料（図書館法第17条） ただし、ホール、会議室、駐車場は有料
料金水準の考え方 （無償の場合も含む）	府の他施設及び周辺の同種施設の料金との整合性
主な料金	ホール（午前 22，000円　午後29，800円　夜間31，400円　全日76，700円：土・日・祝） ホール（午前 18，300円　午後24，900円　夜間26，200円　全日63，900円：平日） 会議室（午前 7，600円　午後 7，600円　夜間 7，100円　全日 21，700円） 駐車場（150円/30分）
利用料金制	府直営施設のため対象外

4. 民間委託の状況

委託業務名	清掃業務、施設総合管理業務（警備・受付・電話交換・中央監視業務）、空調機器保守点検等

5. 施設で実施している事業

区分		事業名	金額	内訳
府委託事業		なし		
法人自主事業	府補助あり	なし		
	府補助なし	なし		

6. 「大阪21世紀の総合計画」取り組み体系上の位置付け

将来像	人が元気、人が集い文化が花開く大阪
基本方向	文化を活かし文化を創る
取り組み体系	文化・芸術を創造・発展させるための基盤づくり
	府民の文化活動に対する支援
施策名	府立図書館等の運営

7. 府内における類似施設の整備状況

区分	整備状況		府施設との相違点
	施設数	主な施設名	
市町村立施設	143 (分館、公民館を含む)	大阪市立中央図書館他	市町村図書館は地域に密着し、貸出等のサービスを中心に活動。 府立図書館は貸出等のサービスを行いつつ、専門的な資料を収集・保存することにより、市町村図書館の活動を支援する。
民間施設	2	(財)阪急学園池田文庫　他	収集資料が特定分野に特化され専門的である。 入館料等も徴収することができる。(図書館法第28条)
国立施設	なし		

8. 利用者の満足度調査

調査実施	あり	実施時期	平成14年11月5日～11月10日	対象者数	回答:4, 341／14, 395(対象)
調査手法	アンケート				
調査結果	H14実施の利用者アンケートでは、図書館利用について回答者の77%が満足と回答。例えばIT講習では回答者の84%が満足と回答し、 府民講座でも資料等に満足との回答が極めて多い。				

9. 社会的ニーズ

社会的ニーズ	増加	根拠(データ)　「生涯学習に関する世論調査」(総理府1999年12月調査)回答者の40.1%が公立の生涯学習関係施設の充実を求めている。(1992年調査では38. 5%)

10. 指標の設定

区分		指標名	具体的内容
成果指標		府民の自主的学習活動の支援度	
代替指標		入館者数	図書館資料利用のため入館した人数。
活動指標	利用者数	入館者数	図書館資料利用のため入館した人数。
		レファレンス数	口頭・電話・文書等で図書館が調査・相談(レファレンス)を受けた件数
		HPアクセス件数	ホームページにアクセスされた件数
	稼働率		
	その他	総貸出冊数	個人・団体利用者が図書館資料の借り出しを受けた冊数
		資料複写枚数	
参考指標		蔵書冊数	
		ホール、会議室の利用回数	

11．指標の推移

			平成11年度	平成12年度	平成13年度	平成14年度
成果指標：（代替指標）			741,134	708,021	695620	678,169
	変化率（対前年度比・%）		103.8	95.5	95.5	97,4
活動指標	利用者数 単位：人	入館者数	741,134	708,021	695620	678,169
		レファレンス件数	161,633	160,510	170057	163,190
		HPアクセス件数				1,334,361
	稼働率 単位：%					
	その他	総貸出冊数	1,093,590	1,042,298	1053118	1,016,903
		資料複写枚数	558,338	533,022	532790	470,333
参考指標		蔵書冊数	1,315,985	1,370,751	1429395	1,481,703
		ホール・会議室の利用回数	389	393	471	452

12．指標値の動向と評価

成果指標（代替指標）入館者数		減少	評価　新刊図書の減少や市町村への貸出増などの影響により入館者数は平成12年度に減少している。
活動指標	利用者数	減少	評価　新刊図書の減少や景気低迷に伴う交通費負担の増大（大阪市内から往復交通費として約1000円が必要）などの影響により、レファレンス件数や総貸出冊数、資料複写枚数等は減少し、市町村を通じた協力貸出冊数は増加している。 また、ホール・会議室については地元での知名度上昇等により利用回数が増加している。 また、IT講習会の影響も大きい。
	稼働率		
	その他	横ばい	

13．施設運営に係る収支（直営施設）

（千円）

区分		平成12年度決算	平成13年度決算	平成14年度決算	平成15年度予算	平成16年度予算案
府収入	施設使用料	26,590	25258	28,,043	26,050	29,390
	行政財産目的外使用料	7,056	5,026	4,318	5,089	4,073
	雑入	5,229	4510	4,544	5,234	4,925
	合計	38,875	34,794	36,905	36,373	38,388
府支出	施設管理費	654,775	645,209	632,541	660,531	684,942
	人件費	742,369	735,710	713,899	720,443	626,225
	事業費	0	0	0	0	0
	その他	0	0	8,617	30,000	44,890
	合計	1,397,144	1,380,919	1,355,057	1,410,974	1,356,057

府支出	補修費	1,281	2,592	0	0	0

運営コスト比率（%）	97.2	97.5	97.3	97.4	97.2

14．施設職員数

（人）

区分	平成12年度		平成13年度		平成14年度		平成15年度	
	常勤	非常勤	常勤	非常勤	常勤	非常勤	常勤	非常勤
施設管理職員	2	1	2	2	2	1	2	1
その他業務職員	94	5	93	7	89	7	82	15
合計	96	6	95	9	91	8	84	16

15. これまでの管理運営の改善

		平成11年度	平成12年度	平成13年度	平成14年度	平成15年度
改善内容	収入確保・利用促進		○使用料の改定 ○府民講座資料の実費徴収	○府民講座資料の実費徴収	○府民講座資料の実費徴収	○府民講座資料の実費徴収 ○IT講習会の実費徴収
	支出削減・人員削減	定数1名減(司書)				定員3名減
	民間活力の導入・アウトソーシング					AV室外部委託
	サービス向上	○少子化対策臨時特別交付金事業 ○緊急地域雇用特例交付金事業(寄贈図書整備事業)	○TAOマルチメディアモデル図書館展開事業 ○IT講習会実施 ○緊急地域雇用特例交付金事業(寄贈図書整備事業)	○ホームページ創設 ○IT講習会実施 ○所蔵情報提供の改善(インターネットによる蔵書検索) ○府域図書館総合目録(インターネットによる横断検索)	○府民講座申込受付の改善(インターネットによる申込受付とグループでの申込受付開始) ○IT講習会実施	○府民講座申込受付の改善(インターネットによる申込受付とグループでの申込受付開始) ○IT講習会実施 ○TAOﾏﾙﾁﾃﾞｲｱﾓﾃﾞﾙ図書館展 ○録音図書ネットワークの配信(視覚障害者対象)
	NPOなど府民との協働				○卑弥呼展、人権展にかかわる紙芝居、絵本の読み聞かせ会でのボランティアとの協働	○IT講習会でのNPOとの協働

16. 運営状況の評価

運営状況 (収支、職員数、運営改善)	評価：○　平成13年度は平成10年度に比べ収入は1，361千円増加し、支出は130，818千円(施設管理費で99，919千円、人件費で30，899千円)削減するなど、効率的な運営を行った。 また、緊急雇用、TAOマルチメディア等の国費を導入し、各種のサービス向上を行った。

17.「前公の施設改革プログラム」における改善目標値の実績

改善目標値 (達成時期・10年度値)	入　館　者　764，000人(714，093人) レファレンス　183，000件(136，000件) 市町村への協力貸出　45，300冊(42，808冊)	(達成時期：平成13年度末) (　　)は平成10年度値
実績(11～13年度)	11年度	入館者　741，134人 レファレンス　161，633件 市町村への協力貸出 44，882冊
	12年度	入館者　718，845人 レファレンス　160，510件 市町村への協力貸出　45，826冊
	13年度	入館者　695，620人 レファレンス　1，638，599件(ファックス、インターネット利用を含む。) 170，057件(ファックス、インターネット利用を除く。) 市町村への協力貸出　48，306冊
評価	市町村への貸出冊数はH12に目標を達成した。入館者及びレファレンス数はH12に減少に転じ、目標を達成できなかった。レファレンスはインターネット利用分等が増加しているが、入館者数の減は新刊図書の減少や市町村への貸出増に伴う反動等によると考えられる。	

18. 今後の施設の方向(「公の施設改革プログラム(案)」(平成14年2月)上)

今後の施設のあり方	・管理体制の見直し等、効率的な運営体制を図るとともに、利用者サービスの向上に努め、利用促進を図る。

19.「公の施設改革プログラム(案)」(平成14年2月)における数値目標の実績

今後3年間の数値目標	・入館者数　744，000人 ・レファレンス　1，402，000件(電話・文書等168,000件、両館共通インターネット1,234,000件) 市町村への協力貸出　48，000冊	
実績	14年度 (実績)	・入館者数　678，169人 ・レファレンス　1，103，826件 (電話・文書等　163，190件、両館共通インターネット　940、636件) ・市町村への協力貸出　55，669冊
	15年度 (上半期実績)	・入館者数　348，416人 ・レファレンス　573，703件 (電話・文書等　84，101件、両館共通インターネット　489，602件) ・市町村への協力貸出　32，075冊
	16年度	
具体的取組みの実績状況	・蔵書検索システムの向上 ・来館者のインターネット利用促進	

① 北九州市立中央図書館曽根分館　平成14年度　事務事業評価

１．事務事業名

基準日　平成１４年8月1日現在

事務事業名	中央図書館　曽根分館（そねっと）	評価時点	事後評価（年度毎に完結する事業）	事業分野	教育・文化	事業性質	施設管理・運営
担当部局	教育委員会　中央図書館　奉仕課	ルネッサンス構想第3次実施計画	■ 有（ 104 ページ）　□ 無				

２．必要性の確認と指標の設定

根拠法令等	図書館法等、北九州市教育施設の設置及び管理に関する条例、北九州市立図書館規則等	事業の性格	■ 自治事務　□ 法定受託事務
事業期間	１０年度～	事業の種類	□ 義務的事業　■ 任意的事業

地域や市民の問題・課題

・現代は、生涯学習の時代といわれており、生涯学習の機会の創出・拡充という市民のニーズは高い。
・生涯学習振興を図る上で、市民の身近にあって学習活動を支援する施設として図書館が必要。
・全市民を対象とした中央図書館とは別に、近隣の市民に図書を提供する地区図書館及び分館が必要。
・市の周辺部で中央図書館、地区図書館から離れており、図書館利用が不便な地区で、かつ人口が集中している場所に分館が必要。
・小倉南区曽根地区は、人口集積地でありながら図書館利用上不便な地域であった。

行政が事業実施する必要性

□ 民間の活動で問題・課題の解決が可能である
■ 一定の条件があれば民間で問題・課題の解決が可能であるが、現在はそのような状況ではない
□ 民間の活動では問題・課題の解決が不可能である

理由：図書館法上、「私立図書館」や民間による「図書館と同種の施設」を設置することが認められているが、現実の設置例は殆どなく、内容・量ともに市民のニーズに応えられる状況にないので、行政が事業実施する必要性がある。

事業目的

図書、記録その他必要な資料を収集し、整理し、保存して、一般公衆の利用に供し、その教養、調査研究、レクリエーション等に資する。特に、小倉南区曽根地区周辺の住民の生涯学習ニーズに応える。

事業内容・手段

・図書館資料の収集、分類、配列及び目録の整備
・図書館資料を市民の利用に供し、その利用のための相談に応じる。
・広報誌の発行及び各種読書に関する行事の実施

成果【事業目的の達成状況】

	成果指標	設定理由	年度	実績値
A	貸出者数	図書館の利用状況を端的に示すもの	12	42,004 人
			13	41,676 人
B	貸出冊数	図書館の利用状況を端的に示すもの	12	195,540 冊
			13	193,517 冊
C			12	%
			13	%

	目標・基準値		目標値設定の考え方・根拠
A	14 年度	42,000 人	平成１２年度に比べ平成１３年度は減少しており、平成１２年度の水準を回復する。
B	14 年度	195,000 冊	平成１２年度に比べ平成１３年度は減少しており、平成１２年度の水準を回復する。
C	14 年度	%	

活動結果【事業内容の実施状況】

	結果指標	設定理由	年度	実績値
a	蔵書数	質・量ともに充実した蔵書が図書館の利用増に繋がる	12	36,996 冊
			13	39,404 冊
b	参考調査業務件数	市民の図書館に対する関心度を把握する	12	5,176 件
			13	5,404 件
c			12	件
			13	件

	目標・基準値		目標値設定の考え方・根拠
a	14 年度	42,000 冊	継続的に新規図書を受け入れ、蔵書の充実を図るため、相当数の増加を目標とする。
b	14 年度	5,500 件	平成１３年度実績を上回ることを目標とする。
c	14 年度	件	

３．経済性・効率性・有効性の検証

運営方法	■ 直営　□ 民間委託　□ 出資団体委託　□ 民間等への助成　□ その他				
			H１２決算	H１３決算	H１４予算
コスト	事業費　①		19,148 千円	19,506 千円	19,000 千円
	投入人員		0.00 人	0.00 人	0.00 人
	人件費　②		0 千円	0 千円	0 千円
	総経費　①＋②		19,148 千円	19,506 千円	19,000 千円
	総経費財源内訳	一般財源	19,148 千円	19,506 千円	19,000 千円
		国庫支出金	0 千円	0 千円	0 千円
		県支出金	0 千円	0 千円	0 千円
		地方債	0 千円	0 千円	0 千円
		その他	0 千円	0 千円	0 千円
結果指標値	a 蔵書数	実　績	36,996 冊	39,404 冊	冊
		目　標	42,000 冊	42,000 冊	42,000 冊
		達成度	88%	94%	%
	b 参考調査業務件数	実　績	5,176 件	5,404 件	件
		目　標	5,500 件	5,500 件	5,500 件
		達成度	94%	98%	%
	c	実　績	件	件	件
		目　標	件	件	件
		達成度			%
成果指標値	A 貸出者数	実　績	42,004 人	41,676 人	人
		目　標	42,000 人	42,000 人	42,000 人
		達成度	100%	99%	%
	B 貸出冊数	実　績	195,540 冊	193,517 冊	冊
		目　標	195,000 冊	195,000 冊	195,000 冊
		達成度	100%	99%	%
	C	実　績	%	%	%
		目　標	%	%	%
		達成度			%

４．評価(担当局、室の評価・２次評価)

評価の時点：この評価は、事後評価（年度毎に完結する事業）です

		担当局、室の評価・評価理由説明		２次評価・評価理由説明
必要性	4	・中央図書館曽根分館（そねっと）は、図書館の設置を希望する地元の強い要望に応え、小倉南区で２番目の図書館として開館した。 ・苅田町の図書館から、小倉南区の住民の利用が多すぎて困っているという苦情が寄せられたほどであり、図書館の必要性は高い。	4	担当局の評価のとおり
経済性・効率性	3	・市立図書館の分館の職員は全て非常勤嘱託職員であり、曽根分館（そねっと）の職員も他の分館同様３名の非常勤嘱託職員で運営している。	3	蔵書数の増加に伴い、１冊あたりコスト（事業費／蔵書数）は、H12が517円、H13が495円と減少している。 平成13年度事務事業評価票（試行）によると、他館の１冊あたりコスト（H12事業費／蔵書数）は、折尾分館337円、八幡図書館129円となっている。
有効性	4	・曽根分館（そねっと）開館により、開館前と比較して、小倉南区民の市立図書館利用者は著しく増加した。 ※　小倉南区の図書館カード登録率 [平成9年度10.5％→平成13年度16.0％]	3	利用者数及び貸出冊数は減っており、１冊あたり貸出回数（貸出冊数／蔵書数）についても、H12が5.29回、H13が4.91回と減少している。
総合評価	A	・従来、図書館の分館は,「こどもと母のとしょかん」という愛称を使っていたが、曽根分館は、市民が誰でも気軽に利用できる身近な図書館として親しまれるよう愛称を一般公募し、集まった４９５点の候補の中から「そねっと」と命名したものである。 ・小倉南区民待望の図書館であり、図書館の分館１０館中、貸出者数・貸出冊数とも一番多い。	B	担当局の評価のとおり、図書館分館としては貸出者数・貸出冊数とも高い有効性を示しているが、南区には地区図書館がなく、そねっとは地区図書館としての役割も期待されているところである。 南区の図書館への高いニーズを踏まえたうえで、利用者数が減っている原因を把握し、運営改善を図ることが必要である。

【必要性・経済性・効率性・有効性の評価】　4 適切・十分　3 概ね適切・概ね十分　2 やや不適切・やや不十分　1 不適切・不十分

【総合評価《事中・事後ー毎年度完結する事業》】
A 計画どおり取り組む事業　B 若干の改善や工夫が必要な事業　C 大幅な見直しが必要な事業　D 廃止・中止する事業

５．改善すべき課題と対応策

・曽根分館開館後も、小倉南区に地区図書館を設置してほしいという住民要望は依然として強く、図書館に対する市民のニーズが高いので、この８月から一般貸出を開始した北九州市立大学付属図書館の市民開放の一層の充実等市民の図書館ニーズへの対応が必要である。
・市民の図書館ニーズに応えるため、より一層の蔵書の充実（ジャンルの多様化、冊数増）を図る必要がある。

② 北九州市立中央図書館曽根分館　平成14年度　事務事業評価（公共施設管理運営別表）

1．施設概要

基準日　平成１４年8 月1 日

施設名称	北九州市立中央図書館曽根分館（そねっと）	耐用年数	65 年
敷地面積	— ㎡	建物延床面積	519.00 ㎡
施設構造	鉄筋コンクリート造2 階建（２階部分）	利用時間(休館日)	９：３０～１８：００ （月曜、祝日、年末年始、館内整理日）
施設内容 （使用料等）	小倉南区役所　曽根出張所2 階 座席数　２０７席 蔵書数　３９，４０４冊		

2．建設費

① 建設費	不明 千円
② ①のうち起債額	千円

3．運営費

	平成9 年度	平成10年度	平成11年度	平成12年度	平成13年度
①維持管理費	— 千円	11,966 千円	14,278 千円	14,741 千円	14,569 千円
②人件費	— 千円	0 千円	0 千円	0 千円	0 千円
③その他経費	— 千円	55,537 千円	7,851 千円	4,407 千円	4,937 千円
④事業費合計(①+②+③)	— 千円	67,503 千円	22,129 千円	19,148 千円	19,506 千円
⑤償還額	— 千円	0 千円	0 千円	0 千円	0 千円
⑥支出総計(④+⑤)	— 千円	67,503 千円	22,129 千円	19,148 千円	19,506 千円

4．利用状況

	平成9 年度	平成10年度	平成11年度	平成12年度	平成13年度
①利用者A	- 人	- 人	- 人	- 人	- 人
②減免者数	- 人	- 人	- 人	- 人	- 人
③利用者B	- 人	28,229 人	43,454 人	42,004 人	41,676 人
④稼働率	- %	- %	- %	- %	- %
⑤年間収入	- 千円	- 千円	- 千円	- 千円	- 千円
⑥ ⑤のうち主な収入源	-	-	-	-	-

※利用者Aとは、施設の利用に係る使用料・入館料等を直接負担した人数
　利用者Bとは、直接には使用料・入館料等を負担せず、施設でのイベント参加やサービスを利用した人数

5．収支状況

	平成9 年度	平成10年度	平成11年度	平成12年度	平成13年度
収支差額(「4.利用状況⑤年間収入」-「3.運営費⑥支出総計」)	- 千円	- 千円	- 千円	- 千円	- 千円

２－３　博物館の評価

２－３－(1)　東京都調布市郷土博物館
(http://www.city.chofu.tokyo.jp/contents/7d339df10ef/other/7d339df10ef265.pdf)

① 郷土博物館管理運営事務

② 郷土博物館事業

２－３－(2)　三重県立博物館
(http://www.museum.pref.mie.jp/miehaku/h14nenpou.pdf)

① 2002（平成14）年度　実績　継続事務事業目的評価表（管理運営事業：博物館）

② 2002（平成14）年度　実績　継続事務事業目的評価表（[三重を知る事業]）

③ 行政経営品質向上活動と博物館アンケート（アセスメント報告書）

２－３－(3)　大阪府立近つ飛鳥博物館
(http://www.pref.osaka.jp/gyokaku/hyoka/H13_hyouka/oyake/kaikakupro/kp30.pdf)

① 公の施設改革プログラム（案）

② 公の施設評価調書（平成15年度）

① 調布市　郷土博物館管理運営事務

No. 9 — 905	事務事業名	郷土博物館管理運営事務	事務事業開始時期 昭和49年度
所管部課	教育部郷土博物館	連絡・問い合わせ／ 0424－81－7656	

【事務事業の目的】

○郷土博物館の施設・設備環境を良好な常態に保ち，市民の郷土に関する教養，学術及び文化の発展に寄与する。

【調布市基本計画】

第1章　いきいきと元気なひとづくり
第1節　生涯学習によるまちづくり
(3)　生涯にわたる学習の推進

【根拠法令等】

○博物館法
○調布市博物館条例
○調布市博物館条例施行規則
○調布市郷土博物館顧問設置規則
○調布市郷土博物館専門員設置規則

【事務事業の種類】

☐ 法定受託事務　☐ 自治事務(都補助)
☐ 自治事務(国庫補助)　■ 自治事務(市単独)
■ 実施計画事業(コード) A208　☐ 主要事務事業
☐ その他の事務事業

【事務事業の概要】(実施内容，実施方法など)

○博物館施設・設備の日常的整備及び予算の作成・執行。○民間への業務委託(冷暖房修理，樹木管理，空調・消防設備保守点検，施設警備)の管理。○車両管理(燃料費，修繕費，自動車保険，自動車重量税，車検代行手数料，6ヶ月点検手数料等)。○各種負担金(日本博物館協会，東京都博物館協議会，三多摩博物館協議会)。○その他消耗品費，光熱水費，通信運搬費，維持管理諸経費等。○博物館顧問を活用する。

【国・都・他市・民間等における類似事業】

○多摩地域では歴史の古い「東村山郷土博物館」(昭和40年開館)が「東村山ふるさと歴史館」(平成8年)として，また，府中市では「郷土館」が「郷土の森」として新しくオープンするなど，昭和40年代に開館した多摩の第一世代博物館のほとんどが新館，大規模なリニューアルを実施している。

【評価視点と評点】　合計 18 点　(20 点満点)

(1)活動量　3 点　(3 点満点)

○事務事業規模(活動量)の推移を検証

活動指標	目標	実績	次年度目標
来館者の合計	11,200人	16,831人	18,000人

・博物館のPRをかねて，巡回展示や出張授業等の館外活動を強化し利用者の増大を図っている。

(2)達成度　4 点　(5 点満点)

○事務事業目的の達成度を検証

成果指標	目標	実績	次年度目標

・施設・設備の良好な状態を示す指標化は不可能であるが，施設・設備を維持するため予算化及び執行を行っている。

(3)効率性　2 点　(2 点満点)

○目的達成のための手法や費用対効果を検証

決算等の推移	目標	実績	次年度目標
事業費(単位:千円)	9,436	8,464	7,918
特定財源	0	0	0
一般財源	9,436	8,464	7,918
従事職員数(常勤)	6人	2.8人	3人

・施設の日常的な維持管理は，毎朝の清掃を始めとして職員が手分けして行っており，光熱水費等の経費についても必要最低限でまかなっているので，費用対効果からみて効率的な運用といえる。

(4)市民満足度　3 点　(4 点満点)

○活動，成果に対する市民の満足度を検証

満足度調査	満足・概ね満足	どちらともいえない	不満・やや不満
感想・意見	80%	10%	10%

・市民の欲求は，自由な時間の増大や高齢化の進展とあいまって高度化，多様化しており，そのすべてに応えることは難しい。そうした中で市民相談担当に寄せられた市民からの意見では，限られた予算の範囲内であるとは言え要望に応える姿勢が見られるとの評価もされている。

(5)代替性　4 点　(4 点満点)

○事務事業の役割分担(実施主体)を検証

・施設・設備の維持管理は，博物館事業と一体のものであり，他の機関などに委託することは困難である。

(6)公平性　2 点　(2 点満点)

○費用負担や受益機会の公平性を検証

・博物館事業の必要性や拡充のため，より多くの市民が博物館を利用する機会を提供するため，さらに事業内容の充実及びPR活動を展開して行く。

【総合評価】(所管部等の意見)

■ A　拡充して実施していくことが適当
☐ B　現行水準を維持して実施していくことが適当
☐ C　事務事業規模，内容，手法の見直しが必要
☐ D　事務事業の実施主体等，抜本的見直しが必要
☐ E　廃止又は休止が必要

②　調布市　郷土博物館事業

No. 9 — 910	事務事業名	郷土博物館事業	事務事業開始時期 昭和49年度
所管部課	教育部郷土博物館		連絡・問い合わせ／0424−81−7656

【事務事業の目的】

○子どもから大人までを対象として，展示活動や教育普及活動を行うことにより，学校教育や生涯学習の場におけるさまざまな学習活動・文化活動を支援し，市民の郷土に関する教養・学術及び文化の発展に寄与する。

【調布市基本計画】

第1章　いきいきと元気なひとづくり
　第1節　生涯学習によるまちづくり
　　(3)　生涯にわたる学習の推進

【根拠法令等】

○ 博物館法
○ 調布市郷土博物館条例

【事務事業の種類】

□ 法定受託事務　□ 自治事務(都補助)
□ 自治事務(国庫補助)　■ 自治事務(市単独)
□ 実施計画事業(コード)　□ 主要事務事業
■ その他の事務事業

【事務事業の概要】(実施内容，実施方法など)

○展示活動として，常設展「調布の歴史」のほか，企画展「村の暮らしと講」1回，収蔵品展を3回，ギャラリー展を5回，移動展を2回，巡回美術展を1回実施した。
○教育普及活動として，子どもを対象とする子どもはくぶつかんと一般市民を対象とする文化財講演会や古文書講座，わらぞうり・しめ縄作り・縄文土器作りなどの体験学習会，歴史散歩などの見学会を実施した。

【国・都・他市・民間等における類似事業】

○他市の状況は，多摩地域では23市町村に34館の公立博物館・資料館・美術館があり，それぞれが地域に根ざした事業を展開している。

【評価視点と評点】　合計 18 点　(20 点満点)

(1)活動量　4 点　(4 点満点)

○事務事業規模(活動量)の推移を検証

活動指標	目標	実績	次年度目標
常設展以外の展示日数	200日	251日	240日
教育普及活動事業数	70件	79件	80件

①常設展示以外に実施した展示の開催日数
②教育普及活動事業数

(2)達成度　4 点　(4 点満点)

○事務事業目的の達成度を検証

成果指標	目標	実績	次年度目標

・郷土博物館事業の目的である市民の郷土に関する教養・学術及び文化の発展は，その目的達成度の数値化が難しいが，昭和49年の開館以来，さまざまな企画展・特別展を開催し，多様な教育普及活動を行うことにより，市民の学習活動・文化活動に寄与してきたので，成果は上がっているといえる。

(3)効率性　2 点　(2 点満点)

○目的達成のための手法や費用対効果を検証

決算等の推移	目標	実績	次年度目標
事業費(単位：千円)	11,862	10,380	6,236
特定財源			
一般財源	11,862	10,380	6,236
従事職員数(常勤)	6人	1.65人	3人

・展示は，職員が企画立案から，展示作業，パンフレットの原稿作成・編集，ポスターデザインなどに到るまですべて行っている。外部発注は印刷と文字パネルの製作，写真引き伸ばし程度なので，最小限のコストで実施している。

(4)市民満足度　4 点　(5 点満点)

○活動，成果に対する市民の満足度を検証

満足度調査	満足・概ね満足	どちらともいえない	不満・やや不満
見学者の感想・意見	80%	15%	5%

・郷土博物館事業を実施することにより，市民に対して郷土に関するさまざまな情報や学習の機会を提供しているという点において評価される。
・博物館入館票に書かれた，来館者の感想や意見を展示会ごとにまとめるという形で集計しているが，概ね好評である。

(5)代替性　3 点　(3 点満点)

○事務事業の役割分担(実施主体)を検証

・調布市文化・コミュニティ振興財団や民間のカルチャーセンターでも，趣味・娯楽・一般教養などの講座を行ってはいるが，郷土調布に関する内容の事業はほとんどない。

(6)公平性　1 点　(2 点満点)

○費用負担や受益機会の公平性を検証

・費用負担については，事業の参加費は，ほとんどが無料である。
・市民が公平に受益機会を得られるようにするには，広報活動をさらに拡充し，また募集人員を増やすなど，改善の余地はある。

【総合評価】(所管部等の意見)

■ A　拡充して実施していくことが適当
□ B　現行水準を維持して実施していくことが適当
□ C　事務事業規模，内容，手法の見直しが必要
□ D　事務事業の実施主体等，抜本的見直しが必要
□ E　廃止又は休止が必要

長寿社会の到来や余暇時間の増大に伴って，学習情報や学習の機会に対する市民のニーズはますます多様化している。郷土博物館事業は，多様な市民ニーズに充分応えることができる。
学校の総合的な学習の時間の指導に協力し，学校からの要請に応える形で，講師として博物館職員を学校に派遣している。この講師について，今後は博物館職員以外の人材の活用も考えられるので，学校の要望にふさわしい講師を紹介できるような人材情報を持つことも必要である。

①　三重県立博物館　2002(平成14)年度 実績 継続事務目的評価表（管理運営事業）

事務事業名	管理運営事業（博物館）			
対応する予算細事業目	管理運営費			
評価者	所属	博物館		
	職氏名	館長　　　　　　　　主事		
	電話番号	059－229－8309	メール	haku@pref.mie.jp
評価年月日	2003年5月30日			

政策・事業体系上の位置づけ		
	政策：	人づくりの推進
	施策：	121　生涯学習の推進
	基本事業：	12103　生涯学習施設機能の整備と機会の拡充
	基本事業の数値目標：	県民一人あたりの図書館利用回数（年間）

事務事業の目的	
	【誰、何が（対象）】
	三重の自然・歴史・文化に興味・関心がある人
	【抱えている課題やニーズ】
	三重の自然・歴史・文化を学びたいと思い、県立博物館に来館したいというニーズ、または県立博物館の収蔵資料に関する情報を利用したいというニーズがある
	という状態を
	【どのような状態になることを狙っているのか（意図）】
	いつでも不具合なく利用できるように、安全かつ快適な施設の維持管理及び収蔵資料の適正な環境での保管を行う
	という状態にします。
	【その結果、どのような成果を実現したいのか（結果＝基本事業の目的）】
	博物館等の利用者に対して幅広く偏りのない多様で充実した学習機会が提供されます。

公共関与の根拠	2 外部（不）経済
県の関与の根拠	4 大規模な公共施設の設置・管理
税金投入の妥当性	博物館は県民の学習ニーズに対してサービスを提供する施設であり、「社会の学校」としての役割を担っています。また、「未来の県民の学習ニーズ」に応えるため、適正に県民の財産である資料を保管する役割を担っています。このように、本事業は県民全体（未来を含む）を対象としたものであり、民間では困難な事業です。よって、県が適正なサービス提供できるように税金を投入するのが妥当だと考えます。

事務事業に関する各種データ

事業目標指標の実績値、コスト

		2001	2002	2003	2004	2005
施設・収蔵資料管理度（（なし））[目標指標]	目標	2	2	2		
	実績	2	2			
県民が活用できる県立博物館スペースの割合(%) [目標指標]	目標	8	8	8		
	実績	8	8			

[目標指標]						
スキルアップ研修会参加者数(人) [目標指標]	目標		45	50		
	実績	33	45			
[目標指標]						
[目標指標]						
必要概算コスト（千円）		30,408	30,938	31,394	0	0
予算額等（千円）		21,062	21,521	21,977		
概算人件費（千円）		9,346	9,417	9,417	0	0
所要時間（時間）		2,220	2,190	2,190		
人件費単価（千円／時間）		4.21	4.30	4.30	4.21	4.21
必要概算コスト対前年度（千円）			530	456	-31,394	0

2002年度　事業目標指標の達成状況		指標名	困難度	達成度／５点
	指標Ａ	施設・収蔵資料管理度	十分達成可能な目標	2
	指標Ｂ	県民が活用できる県立博物館スペースの割合	十分達成可能な目標	2
	指標Ｃ			

目標値の設定理由（前年度記載内容）		
	指標Ａ	施設の維持管理、収蔵資料の保管が適正に行われる見込みがあることから２としました（＝1－（改修等による休館日数／開館予定日数）＋1－（事故や盗難による資料の損傷数／資料総数））。
	指標Ｂ	全体の延べ床面積（3.176ｍ２）のうち、展示室面積（264ｍ２）が不具合なく活用できる見込みがあることから８％としました（＝展示室面積／延べ床面積）。
	指標Ｃ	行政経営品質の視点から、スキルアップのために各職員の自主研修が１回づつ（延べ５人）、全員研修（業務補助職員含む10人）を４回（延べ40人）の参加を目標としていることから、延べ人数54人とします。

事務事業の評価	
目的達成（対象が抱える課題解決）のために行った具体的な取組内容（手段）と結果	・施設及び収蔵資料の維持管理については各種パートナーへの業務委託（警備、清掃など）を実施し適切な維持管理が行われました。また、不具合による休館や事故・盗難などによる損傷資料は1つもなかったほか、改修や修理により現在の県民が利用できるスペースが縮小されることもありませんでした。 ・入館者数については、ミニ企画展の開催による定期的な展示リニューアルや、開催中の企画展を看板等で掲示するなどの改善に努めた結果、目標の15000人を上回ることができました。 ・県民への情報発信、ニーズ把握及び博物館マネジメント向上のために、平成１３年度年報を博物館ホームページに公開しました。また館内では学芸員を主としたスキルアップのための各研修会参加や館内での「人権研修」、「接遇研修」、「展示解説研修」などを実施しました。

関連する地域機関の評価コメント集約結果

事務事業の実績自己チェック

評価項目	評価結果
1　顧客ニーズの理解と対応	
1-1　事務事業の対象が抱える課題や事務事業に対して要求すること・期待すること（クレームを含める）を十分に把握・分析できましたか？	3 できた
2　人材開発と学習環境	
2-1　事務事業を実施する際に求められる担当としての能力開発に向けた取組は十分行えましたか？	3 できた
3　プロセス・マネジメント	
3-1　事業計画に対して事務事業の内容や量は妥当でしたか？	3 ほぼ妥当であった
3-2　実施プロセス（着手時期、業務の運び方、進捗管理など）は妥当でしたか？	2 あまり妥当でなかった
3-3　事業実施にあたって、パートナー（市町村、関係者等）との協働やパートナーへの対応は十分行えましたか？	3 できた
3-4　庁内関係部門との連携や、さまざまな視点から事業を実施するなど、総合行政の取組は十分行えましたか？	0 この事務事業の内容では該当しない
4　情報の共有化と活用	
4-1　事務事業の目的達成に必要な情報について、対象者、市町村、関係者、庁内関係部門などとの共有は十分でしたか？	3 できた
4-2　事務事業の実施や評価、企画立案に必要となる情報・データ（ベンチマーキング情報を含む）は適切かつ十分に把握し、活用できましたか？	2 あまりできなかった
5　行政活動（事務事業）の成果	
5-1　費用対効果の観点も踏まえ、この事務事業の目的は十分達成できましたか？	3 できた
5-2　費用対効果の観点も踏まえ、この事務事業の上位にある基本事業の成果に十分貢献できましたか？	3 できた

自己チェック評点の平均点	必要概算コスト対前年度
2.8	増加

総合的見地からの評価コメント（成果の有無、成果の内容と判断根拠・理由）	・適正な維持管理に対して、業務委託のトータルコスト削減、職員の自助努力によるランニングコストの節減が進められ、費用対効果の点からも十分な成果が得られました。 ・入館者数については十分な成果を得ることができました。年度当初の事業プロセス（専門学芸員の人事異動後の事業の対応、事業計画段階の問題）を見直し、年度中盤からは行政経営品質などの手法によりプロセスを見直し、顧客ニーズに沿った、展示リニューアルを行うなどして入館者数は増加しました。 ・行政経営品質などの視点から、顧客ニーズの把握や情報の共有化を進めたほか、博物館活動の県民への情報提供などにより様々な県民からの声が寄せられ、十分な成果が得られました。
残された課題とその要因	・平成16年度には築51年目を迎える現在の博物館は、老朽化が激しく突発的な改修箇所が目立っています。そのため不具合箇所の早期発見、早期改修が今後も必要となります。 ・現在の博物館に対して、駐車場の拡大や展示室の空調の改善をはじめとした施設の改善を求める声が顧客から多く寄せられています。こうした顧客ニーズに対応するには抜本的な改善が必要と考えています。 ・博物館利用者の増加を目指して、館内の業務プロセス、人材計画等の仕組みを行政経営品質の点から改善していく必要があります。 ・顧客ニーズなどについては、13年度に実施した県民へのアンケート、引き続き実施している入館者アンケートにより一定の声を集めることができました。今後はその声を現在の博物館活動（また、今後の新博物館整備計画など）においてどのように事業に生かし、顧客満足を高めていくかが引き続き大きな課題となっています。

<table>
<tr><td colspan="5">事務事業の展開</td></tr>
<tr><td rowspan="2">2003年度　基本事業から見たこの事務事業の取組方向</td><td>注力</td><td colspan="2">マネージャーの方針・指示</td><td>改革方向</td></tr>
<tr><td>→</td><td colspan="2">収蔵資料が適正に保管できる維持管理をします。</td><td>現状維持</td></tr>
<tr><td colspan="5">＜参考＞注力：取組への思い入れや経営資源投入など基本事業の中での力の入れ具合
↑＝相対的に力を入れて取り組んでいく
→＝従来どおりの力の入れ具合で取り組んでいく
↓＝相対的に力の入れ具合を抑えていく</td></tr>
<tr><td>評価結果を踏まえた今後の取組や改善点（事務事業のあるべき中長期的な姿も含めて）</td><td colspan="4">・引き続き適正な施設や収蔵品の維持管理に努め、県民が博物館を利用するにあたり不都合がない環境づくりを行います。
・行政経営品質の視点から博物館活動を見直し、（1）顧客ニーズの集約と結果の事業への反映、（2）事業立案などの業務プロセス見直しと情報の共有化、（3）職員研修の充実、（4）職員満足度の向上、（5）年報などを通じての博物館活動成果の情報公開。以上５点の改善を進めます。</td></tr>
<tr><td rowspan="4">2003年度　事業目標指標の目標値</td><td></td><td>指標名</td><td>目標値</td><td>困難度</td></tr>
<tr><td>指標１</td><td>施設・収蔵資料管理度</td><td>2（なし）</td><td>十分達成可能な目標</td></tr>
<tr><td>指標２</td><td>県民が活用できる県立博物館スペースの割合</td><td>８％</td><td>十分達成可能な目標</td></tr>
<tr><td>指標３</td><td colspan="3"></td></tr>
<tr><td rowspan="3">2003年度 目標値の設定理由</td><td>指標１</td><td colspan="3">施設の維持管理、収蔵資料の保管が適正に行われる見込みがあることから2としました（＝1－（改修等による休館日数／開館予定日数）＋1－（事故や盗難による資料の損傷数／資料総数））。</td></tr>
<tr><td>指標２</td><td colspan="3">全体の延べ床面積（3,176m^2）のうち、展示室面積（264m^2）が不具合なく活用できる見込みがあることから８％としました（＝展示室面積／延べ床面積）。</td></tr>
<tr><td>指標３</td><td colspan="3">行政経営品質の視点から、スキルアップのために各職員の自主研修が1回づつ（延べ６人）、全員研修（業務補助職員含む11人）を４回（延べ44人）の参加を目標としていることから、延べ人数50人とします。</td></tr>
</table>

② 三重県立博物館 2002(平成14)年度 実績 継続事務目的評価表（「三重を知る」事業）

事務事業名	「三重を知る」事業			
対応する予算細事業目	「三重を知る」事業費			
評価者	所属	博物館		
	職氏名			
	電話番号	059－229－8309	メール	haku@pref.mie.jp
評価年月日	2003年5月30日			

政策・事業体系上の位置づけ		
	政策：	人づくりの推進
	施策：	121　生涯学習の推進
	基本事業：	12103　生涯学習施設機能の整備と機会の拡充
	基本事業の数値目標：	県民一人あたりの図書館利用回数（年間）

事務事業の目的	
	【誰、何が（対象）】
	三重の自然・歴史・文化に興味・関心がある人
	【抱えている課題やニーズ】
	三重の自然・歴史・文化について知りたい、学びたいというニーズがある
	という状態を
	【どのような状態になることを狙っているのか（意図）】
	資料の展示などによって、三重の自然・歴史・文化の概要について知ってもらったり、学ぶきっかけとなる材料を提供する
	という状態にします。
	【その結果、どのような成果を実現したいのか（結果＝基本事業の目的）】
	博物館等の利用者に対して幅広く偏りのない多様で充実した学習機会が提供されます。

公共関与の根拠	2 外部（不）経済
県の関与の根拠	4 大規模な公共施設の設置・管理
税金投入の妥当性	博物館は県民の学習ニーズに対してサービスを提供する施設であり、「社会の学校」としての役割を担っています。また、「未来の県民の学習ニーズ」に応えるため、適正に県民の財産である資料を保管する役割を担っています。このように、本事業は県民全体（未来を含む）を対象としたものであり、民間では困難な事業です。よって、県が適正なサービス提供できるように税金を投入するのが妥当だと考えます。

事務事業に関する各種データ

事業目標指標の実績値、コスト

		2001	2002	2003	2004	2005
入館者数(人) [目標指標]	目標	14000	15000	16500		
	実績	14123	16356			
子どもの利用者数(人) [目標指標]	目標		7000	8000		
	実績	6000	7670			
入館者満足度 [目標指標]	目標		4.0	4.0		
	実績	3.7	3.7			
[目標指標]						
[目標指標]						
[目標指標]						
必要概算コスト（千円）		13,834	12,228	12,095	0	0
予算額等（千円）		4,930	2,811	2,678		
概算人件費（千円）		8,904	9,417	9,417	0	0
所要時間（時間）		2,115	2,190	2,190		
人件費単価（千円／時間）		4.21	4.30	4.30	4.21	4.21
必要概算コスト対前年度（千円）			−1,606	−133	−12,095	0

2002年度　事業目標指標の達成状況

	指標名	困難度	達成度／５点
指標Ａ	入館者数	挑戦的な目標	4
指標Ｂ	子どもの利用者数	挑戦的な目標	4
指標Ｃ	入館者満足度	かなり挑戦的な目標	3

<table>
<tr><td rowspan="3">目標値の設定理由（前年度記載内容）</td><td>指標Ａ</td><td>「三重を知る」展示により、昨年度並みかそれ以上の入館者が予想されるほか、出前ミュージアムにおいて県立博物館には来館が困難な県民も博物館資料の展示を見ることができると思われます。よって15000人と設定しました。</td></tr>
<tr><td>指標Ｂ</td><td>「完全学校週5日制」、「総合的な学習の時間」で、昨年度以上の子ども（中学生以下）の入館が予想されます。そのため、例年以上の入館者数の約半数を占める、7000人と設定しました。</td></tr>
<tr><td>指標Ｃ</td><td>4～3月まで継続して回答をいただいている博物館の入館者アンケートの満足度が、行政経営品質の視点からの改善や、子どもに興味を持ってもらえる事業を進めることから5点満点のうち、4点となることを目標としました。</td></tr>
<tr><td colspan="3">事務事業の評価</td></tr>
<tr><td>目的達成（対象が抱える課題解決）のために行った具体的な取組内容（手段）と結果</td><td colspan="2">・入館者数については春から夏にかけて前年より大きく増加し、途中で少し停滞しましたが、展示リニューアルを実施するなどの改善に努めた結果、目標の15000人を大幅に上回ることができました。
・「完全学校週５日制」「総合的な学習の時間」での利用などで、子どもの入館者が増加し、目標値の7000人を越える利用がありました。
・継続して実施している博物館の入館者アンケートの満足度が、行政経営品質の観点からの改善や、子どもに興味を持ってもらえる事業をすすめた結果、5点満点で平均3.7点という結果となりました。</td></tr>
<tr><td>関連する地域機関の評価コメント集約結果</td><td colspan="2"></td></tr>
<tr><td colspan="3">事務事業の実績自己チェック</td></tr>
</table>

評価項目	評価結果
1　顧客ニーズの理解と対応	
1-1　事務事業の対象が抱える課題や事務事業に対して要求すること・期待すること（クレームを含める）を十分に把握・分析できましたか？	3 できた
2　人材開発と学習環境	
2-1　事務事業を実施する際に求められる担当としての能力開発に向けた取組は十分行えましたか？	2 あまりできなかった
3　プロセス・マネジメント	
3-1　事業計画に対して事務事業の内容や量は妥当でしたか？	3 ほぼ妥当であった
3-2　実施プロセス（着手時期、業務の運び方、進捗管理など）は妥当でしたか？	2 あまり妥当でなかった
3-3　事業実施にあたって、パートナー（市町村、関係者等）との協働やパートナーへの対応は十分行えましたか？	3 できた
3-4　庁内関係部門との連携や、さまざまな視点から事業を実施するなど、総合行政の取組は十分行えましたか？	2 あまりできなかった
4　情報の共有化と活用	
4-1　事務事業の目的達成に必要な情報について、対象者、市町村、関係者、庁内関係部門などとの共有は十分でしたか？	3 できた
4-2　事務事業の実施や評価、企画立案に必要となる情報・データ（ベンチマーキング情報を含む）は適切かつ十分に把握し、活用できましたか？	3 できた
5　行政活動（事務事業）の成果	
5-1　費用対効果の観点も踏まえ、この事務事業の目的は十分達成できましたか？	3 できた
5-2　費用対効果の観点も踏まえ、この事務事業の上位にある基本事業の成果に十分貢献できましたか？	3 できた

③　三重県立博物館　行政経営品質向上活動と博物館アンケート（アセスメント報告書）

1　行政経営品質向上活動

昨年度に引き続き今年度も経営品質向上活動に取り組みました。13年度のアセスメントの結果をもとに組織の強みや弱みや改善策を館内で検討するとともに、外部の専門家の指導を受けながら報告書を作成し９月に提出しました。１月には外部評価の結果を得、今後この結果をもとに15 年度の事業を展開していく予定です。

アセスメント報告書

	アセスメント項目	自己評価	外部評価	内容（外部から見た強み、改善領域）	
経営ビジョンとリーダーシップ	1.1 リーダーシップ発揮の仕組み	B－	B－	強み	◇県立博物館は「三重の学校」「三重の百科事典」をあるべき姿、経営ビジョンとして定め、館内会議で共有するとともに、館長が率先して、思いを担当と個別に話し合い、施策の展開を図っている。顧客には博物館年報を作成しホームページなどで公開している。
				改善領域	◆県民の意識・意向調査によると博物館の認知率が残念ながら低いといわざるを得ない。また、経営ビジョンが館長以下全職員の努力にもかかわらず、専門家や有識者には理解されているが一般県民には伝わっておらず、今後は館外の有力者を含め経営ビジョンの浸透に全力を挙げて取り組むことが有効と思われる。
	1.2 社会責任と倫理	C－	C＋	強み	◇社会的責任に関する取り組みの方針を透明性、情報公開などそれぞれの項目ごとに取り組みの方向性を明示している。また、その主要な取り組みに対する評価指標も設定している。
				改善領域	◆社会的責任と社会貢献に区分して取組方針や目標の設定を行うことが今後の活動を実践する上で有効と思われる。また、仕組みも重要だが職員一人一人の気持ちの中に社会的責任を果たす重要性を宿すことが最も重要であり、やらされてやるのではないことを認識することが望ましい。
顧客ニーズの理解と対応	2.1 顧客ニーズの理解	C＋	B－	強み	◇平成１３年度「県立博物館に対する意向・意識調査」実施し博物館に顧客がどんな要望があり期待しているかを把握している。全県を対象にし、一般県民と専門家・有識者調査を区分してニーズを把握している。
				改善領域	◆顧客区分ごとにニーズを把握することが有効と思われる。また、潜在ニーズを握することも県立博物館の新博物館構想の早期実現を促進する要素としてきわめ把て重要であろうと思われる。引き続き顧客ニーズの把握について体系的な取り組みを継続して行うことが有効と思われる。
	2.2 顧客への対応	C＋	B－	強み	◇顧客との双方向のコミュニケーションを通じて信頼関係を構築する仕組みづくりの認識ができている。具体的には研修時やメールマガジンは双方向のコミュニケーションを行うことが心がけられている。
				改善領域	◆顧客が来館時に気軽に意見や苦情を言える雰囲気作りが大切であろうと思われる。また、顧客から見て博物館とパイプが双方向でつながっているという気持ちを持ってもらうこともまた、重要であろうと思われる。
	2.3 満足度の明確化	C＋	C＋	強み	◇職員がアンケート調査でなく、口頭で要望をもらした顧客の満足・不満足を把握し集約する仕組みやオピニオンリーダーの満足・不満足をヒヤリングして把握する仕組みなどを構築することの重要性を認識し取り組む姿勢をしめしている。
				改善領域	◆顧客満足・不満足を要素要因で把握する仕組みの構築の必要性が認められる。計画に役立つ情報として意向・意識調査を実施しているので実施の満足・不満足を把握することにより改善がさらに進むと思われる。
戦略の策定と展開	3.1 戦略の策定	C＋	C＋	強み	◇ビジョンや館長の考え方を受けて、個別に管理運営、展示、調査研究などについて館内会議で議論として戦略策定をしている。重点施策は「学校・子どもが楽しめる博物館作り」と設定している。
				改善領域	◆意向・意識調査にも示されていたが、協力者を組織して協働・参画といった三重県庁が得意とする領域を強化することにより、戦略策定もこの考え方で愛好者や専門家・有識者を巻き込み進めることが有効と思われる。
	3.2 の展開	C＋	C＋	強み	◇戦略や重点施策は事業計画として館内会議の討議を経て決定している。かなり具体的なアクションレベルまでの落としこみを行っている。財源の確保は重要課題だが、補助金の有効活用や予算のやりくりをして事業費を捻出する努力をしている。

				改善領域	◆パートナーへの展開は昨年度も改善領域として取り上げられていたが今年もまだ改善ができていないので早急に改善の計画を策定して取り組まれることが望ましい。とりわけ学校関係への浸透と本庁教育委員会への取り組み姿勢をアピールすることが有効と思われる。
人材開発と学習環境	4.1 人材計画の立案	C−	C＋	強み	◇県立博物館のビジョンを達成するために必要とする人材は明確にしている。人材育成を重要方針として位置づけ研修計画に基づき外部に研修参加している。
				改善領域	◆小規模組織ながら人材の重要性を認識して熱心な取り組みを行っているが、戦略と連動した取り組みが肝要であり、今後の博物館の存在を関係者や顧客に認知してもらうためにも人材関係でナンバーワンになる要素や仕組みを作り上げることが有効と思われる。
	4.2 学習環境	B−	B＋	強み	◇小人数組織でありながら、馴れ合うことなく危機意識を持って改善に取り組んでいる。現状を変えようとする積極的な職場風土は館内施設の老朽化とは関係なく活性化されている。
				改善領域	◆職員が誇りの持てる職場風土の醸成に取り組む必要性が認められる。外から見た博物館は意識調査の顧客の自由発言にあったように三重県の文化への取り組みが不熱心であることのようで人には言えないとする意見もある中で逆境を跳ね除けるような意識付けが必要と思われる。
	4.3 職員の教育訓練、自己啓発	C−	C−	強み	◇職員の教育では博物館として計画実施していないが、パートナーである政策開発研修センターや各博物館で実施している研修に積極的に参加している。小規模組織では自らの組織が企画することは難しく、全庁の仕組みをいかに活用するかが重要である。
				改善領域	◆博物館に勤務することにより、教育機会が激減したり、不利な条件におかれることになれば大きく改善することが必要と思われるが、全庁的に充実している仕組みをいかに活用するかの視点で教育・訓練・自己啓発の取り組みが展開されることが有効と思われる。
	4.4 職員満足	B−	B＋	強み	◇昨年から、１０人の小組織ではあるが職員満足不満足の調査を行い、他の教育地域機関に少なからず影響を与えた。この真摯な取り組みが重要であり、地域機関も取り組み始めた意義はまことに大きいものがある。
				改善領域	◆満足不満足度の要素・要因を把握し、満足度の向上に結びつける仕組みを構築することが有効と思われる。、また、調査の実施、集計、分析のシステム開発ができれば地域機関の全体で共有できる仕組みとなる。
プロセスマネジメント	5.1 基幹プロセスのマネジメント	B−	B−	強み	◇全体プロセスがフローとして概略が把握されている。立案プロセスでは必要に応じてアンケート調査の結果を反映させるとともにパートナーとの協議を重ね、実施プロセスは事業計画として策定してホームページなどで公表する仕組みができている。
				改善領域	◆サイクルタイムの短縮に取り組むには、全体プロセスで描かれているフローチャートをより詳細に描くことが必要となる。システムデザインをする際のフローチャートのレベルで把握するとムダ・ムラ・ムリが見えてくると思われる。チャレンジを期待したい。
	5.2 支援プロセスのマネジメント	C−	B−	強み	◇小規模組織であり、明確に区分しにくい業務もあろうかと思われるが、事業実施機関として県庁内外のパートナーを有効に活用し規模のデメリットをよく克服していると思われる。
				改善領域	◆博物館は事業実施機関として県民満足と直結した業務を行っているのだという意識を支援プロセスの担当部門に意識付けする必要があると思われる。ともすれば小規模組織の力不足から顧客に迷惑がかからないよう、常にバックに顧客である県民が控えていることを忘れないようにして業務に取り組むことが必要と認められる。
	5.3 パートナーとの協力関係	C−	B−	強み	◇博物館はパートナーの協力関係なくして生きていけない環境にある。この点でパートナーの重要性とともに何を明確に要求すべきかを明確に把握できている。
				改善領域	◆パートナーへの要求要件をなんの遠慮もなく伝えられ実現できるかが博物館の業績を大きく左右すると思われる。とりわけ川上筋に当たる教育委員会、知事部局に対して、県民の声を代弁しながら協力関係を強固にして業務目標達成に向けた取り組みが必要と認められる。
情報共有化と対応	6.1 情報の選択と共有化	C＋	C＋	強み	◇基本方針・重点施策の推進のための情報収集を行うとともに、情報を展覧会情報、普及公開事業、収蔵資料など館内で活用するとともにホームページなどでも公開している。
				改善領域	◆ここのアセスメント項目は意思決定と戦略立案に向けた情報の選択を求めていて、この目的のためにどのような基準で情報を取捨選択しているかを明らかにすることの必要性が認められる。情報はデジタル情報だけでなくアナログ情報も含まれる。事務所内の書架、机の中の情報は役に立つ情報で埋まっているのか紙くずなのかを整理することも有効と思われる。

情報共有化と対応	6.2 他団体比較と ベンチマーキング	B－	B－	強み	◇問題意識を鮮明にしたベンチマーキングの課題を有効に設定して取り組んでいる。大掛かりなプロセスベンチマーキングではないが小回りをきかしたきわめて現実の改善に有効な取り組みを行っている。
				改善領域	◆ベンチマーキングはベストプラクティスを如何に発見してベンチマーキング先を探索するかにかかっているといわれている。ベンチマーキングの情報を効率的に維持冠する仕組みを検討することが有効と思われる。
	6.3 情報の分析と活用	C－	C－	強み	◇今後の統合・分析の分野を顧客満足度、意見・苦情の改善度、職員研修の費用対効果、職場環境と職員満足、情報共有化の費用対効果、他団体との費用対効果などにおいているが、関心領域としては妥当であると思われる。
				改善領域	◆情報の統合する目的や問題意識を鮮明にすることが統合する際の出発点になろう。博物館が何で優位性を確保しようとしているのかが明確でないのに統合する必要性が見えてこないと思われる。意向・意識調査の結果と入館者の数字を統合することも有効と思われる。
行政活動の成果	7.1 社会的責任と 倫理の成果	C－	C＋	強み	◇社会的責任の評価は各項目とも数値化して評価する指標が設定できている。雇用問題、エネルギーなどの取り組みに成果が見られる。
				改善領域	◆設定された指標は最低限の比較資料として目標対比、経年推移、他団体比較の諸数値の測定が必要と思われる。
	7.2 材開発と 学習環境の成果	C＋	B－	強み	◇知識の共有化率、知識の共有化による業務時間の短縮、自己啓発研修参加率、仕事への活用率、欠勤件数、職員満足度など数値化して把握するよう指標化に取り組んでいる。この中に測定されているものもある。
				改善領域	◆正確性、的確性、網羅性の原則により、方法／展開で取り組まれたものは測定されなければならないので、極力継続的に測定しやすい指標を設定して改善を重ねる中でよりハイレベルの数値把握に取り組まれることが望ましい。
	7.3 リティ活動の 成果	C＋	B－	強み	◇クォリティに関する測定指標は整いつつある。主要な数値も測定され改善傾向も見られる。
				改善領域	◆正確性、的確性、網羅性の原則により、方法／展開で取り組まれたものは測定されなければならないので、極力継続的に測定しやすい指標を設定して改善を重ねる中でよりハイレベルの数値把握に取り組まれることが望ましい。
	7.4 施策の展開、 事務事業の成果	C＋	B－	強み	◇昨年度と同じく、来館者一人当たりの決算額により費用対効果で業績を評価しており、改善傾向にある。また、職員アンケートによる業務改革の度合いも測定されている。
				改善領域	◆業績の評価に関しては、評価指標を増やして、多面的な評価を行うことが有効と思われる。
顧客満足	8.1 満足と 政サービス 水準の評価	C－	C－	強み	◇アンケート調査による顧客満足度が測定されている。顧客不満足度も測定されている。
				改善領域	◆満足度は県立博物館意向・意識調査と同じレベルで重要な指標であり体系的に把握する仕組みを構築することの必要性が認められる。これまでの結果系の指標設定の試みは行政経営品質の取り組みに有効な資料となると思われる。継続した挑戦を期待したい。
総括	■アセスメント総括報告	C－	C＋	強み	◇県立博物館の現状を改革する意気込みは目を見張るべきものがあり、その取り組みは真剣で、危機感を持って現状を何とかしなければならないと館長以下全職員の懸命の努力が伝わってくるようである。この真摯な取り組みは賞賛に値すると思われる。とりわけ結果の測定のための指標の設定は評価できる。今年度の判定はC＋昨年からも改善の取り組みに進歩の跡がうかがえこれから大いに期待できる。
				改善領域	◆県立博物館の意向・意識調査は博物館の将来にとって示唆にとんだ内容が得られている。これらの情報を如何に県民にフィードバックして、博物館の存在をアーピルするとともに、新たな時代の要請にこたえる新博物館のコンセプトを創造できるかである。この点で更なる積極的な革新的な取り組みの必要性が認められる。

① 大阪府立近つ博物館　公の施設改革プログラム（案）

施設名（愛称）	大阪府立近つ飛鳥博物館

1. 施設の概要

設置目的	歴史、民俗等に関する資料を収集し、保管し、及び展示して府民の利用に供し、もって府民の文化的向上に資する。		
所在地	南河内郡河南町大字東山299番地	開設年月日	平成6年3月25日
敷地面積、延床面積（所有者）	敷地面積14，352㎡（大阪府）、延床面積5，925㎡（大阪府）		
建物規模（施設構造）	地上2階、地下1階（鉄骨鉄筋コンクリート造）		
主な施設内容 種類（定員・面積・部屋数）	常設展示室1F（410㎡）、常設展示室BF（907㎡）、特別展示室（270㎡）、ホール（170名、230㎡）、普及ゾーン（362㎡）、ロビー（256㎡）、ハイビジョンコーナー（282㎡）、一般収蔵庫（531㎡）、特別収蔵庫1･2（159㎡）、資料図書室（36㎡）、写真室（62㎡）、学芸室（112㎡）、会議室（16名、52㎡）		
管理運営形態	委託　（委託先：（財）大阪府博物館協会）		

2. 施設運営に係る収支

大阪府の収支

（千円）

区分	平成10年度決算	平成11年度決算	平成12年度決算	平成13年度予算	平成14年度予算案
府収入　計	11,639	9,728	8,370	8,973	6,673
府支出　計	264,542	220,301	217,959	219,250	213,259

運営コスト比率（%）	95.6	95.6	96.2	95.9

利用者数（人）	120,251	106,179	102,137	／

3.「前プログラム」における改善目標値の実績

改善目標値	・入館者数を53，000人とする。 ・ホームページアクセス件数を21，000件とする。 （達成時期：13年度末、10年度値：入館者数52，753人、アクセス件数19，836件）
実績（11～12年度）・13年度見込み	11年度　入館者数：46，486人、ホームページアクセス件数：26，286件
	12年度　入館者数：43，500人、ホームページアクセス件数：54，253件
	13年度（見込み）　入館者数：38，000人、ホームページアクセス件数：80，000件
評価	交通の便が悪いこと、風土記の丘来場者の取り込みが十分にできなかったこともあり、入館者数は目標を達成できなかった。今後、風土記の丘来場者の取り込みが課題である。ホームページアクセス件数は、目標の4倍に達する見込みであり、当博物館に対する関心度やニーズは高く、今後これらの人々を直接の来館に結びつけることが課題である。

4. 今後の施設の方向

今後の施設のあり方	・集中取組期間内に、人員体制・学芸事業の見直し等により一層の運営改善を図る。 ・ボランティアとの協働等により一層の利用向上を図る。
今後3年間の数値目標	・入館者数　44，000人（H12実績：43，500人） ・ホームページアクセス件数　55，000件（H12実績：54，253件） ・年間入館券発行数　160枚（新規）
具体的取組み	・料金体系の見直し（H14） （高齢者有料化：高大生料金と同額） （年間入館券の発行：一般／1,500円、高大生・高齢者／1,000円） ・施設管理体制の見直し

②　大阪府立近つ博物館　公の施設評価調書（平成15年度）

1．タイトル

施設名（愛称）	大阪府立近つ飛鳥博物館
根拠条例名	大阪府立博物館条例
条例に規定された設置目的	歴史、民俗等に関する資料を収集し、保管し、及び展示して府民の利用に供し、もって府民の文化的向上に資する。
担当部・課・グループ	教育委員会事務局　文化財保護課　保存管理グループ

2．施設の概要

開設年月日 （改築・移転等年月日）	平成6年　3月25日
所在地等	〒585−0001 南河内郡河南町大字東山299番地 ℡0721（93）8321
敷地面積（敷地所有者）	14，352㎡　（大阪府）
建物規模（施設構造）	地上2階・地下1階（鉄骨鉄筋コンクリート造）
延床面積（建物所有者）	5，925㎡　（大阪府）
主な施設内容 種類（定員・面積・部屋数）	常設展示室1F　（410㎡）　一般収蔵庫　（531㎡）　会議室　（16名・52㎡） 常設展示室BF　（907㎡）　特別収蔵庫1・2　（159㎡） 特別展示室　（270㎡）　資料図書室　（36㎡）　駐車場 ホール　（170名・230㎡）　写真室　（62㎡）　（大型バス:5台、普通車80台） 普及ゾーン　（362㎡）　学芸室　（112㎡） ロビー　（256㎡）　事務室　（71㎡） ハイビジョンコーナー　（282㎡）　館長室　（36㎡）
建設費（又は賃借料）	総建設費：7,703百万円　（博物館建設：6,680百万円、アクセス道路：663百万円、風土記の丘整備：360百万円） 財源内訳　一般財源2,996百万円　起債4,707百万円
管理運営形態	委　託（委託先：（財）大阪府文化財センター） 委託の場合　理由と効果： 府立博物館に民間活力を導入し、効率的かつ柔軟な管理運営を行うため法人委託している。

3．料金体系

料金区分	目的による利用者の区分　　なし
料金水準の考え方 （無償の場合も含む）	・近隣府県の同種施設の料金と同水準としている。 ・博物館法第23条で、公立博物館の利用は原則として無料と定められている。
主な料金	（下表参照）
利用料金制	導入しておらず、導入予定もない 導入しない理由： 博物館法により、原則として無料の施設とされるため。

	［常設展］	［海外展］	［特別展］	［企画展］	*20名以上の団体は2割引
一　般	300円	800円	600円	400円	*特別の企画による展示は「千円以内でその都度定める」
高大生	200円	600円	400円	300円	
65才以上	200円	600円	400円	300円	*H14.10月から高齢者を有料化

4．民間委託の状況

委託業務名	清掃業務、警備業務、設備保守点検業務、案内業務

5. 施設で実施している事業

区分		事業名	金額	内訳
府委託事業		特別展等開催事業　等	25,475 千円	府費　　25,475 千円
法人自主事業	府補助あり	なし		
	府補助なし	考古学セミナー、博物館フォーラム、ミュージアムコンサート、体験学習　等	1,142 千円	財団　　1,142 千円

6.「大阪21世紀の総合計画」取り組み体系上の位置付け

将来像	人が元気　　人が集い文化が花開く大阪
基本方向	文化を活かし、文化を創る
取り組み体系	文化的都市環境の形成による都市魅力の向上
	文化財の保存・活用など、本物を取り入れた文化拠点づくりの推進
施策名	文化財等に親しむ機会の充実

7. 府内における類似施設の整備状況

区分	整備状況		府施設との相違点
	施設数	主な施設名	
市町村立施設	45施設	大阪歴史博物館 堺市博物館 八尾市立歴史民俗資料館	・市町村立施設はほとんどが地域密着型の歴史や文化の収蔵展示施設。 ・近つ飛鳥博物館は、大阪を代表する国史跡「一須賀古墳群」に隣接し、この出土品をはじめ古墳時代に関する資料を全国レベルで収集展示する。
民間施設	25施設	大阪商大商業史博物館 松下電器歴史館 高島屋史料館	・民間施設は企業の社史・コレクションといったものが多く、限られた分野が対象。 ・府立博物館は、府が有する考古学資料を中心に収蔵展示し、広く府民の財産として後世に伝える共に、府民の歴史・文化に関する生涯学習施設。
国立施設	1施設	国立民族学博物館	・国立民族学博物館は、わが国唯一の民族学に関する大学共同研究施設。

8. 利用者の満足度調査

調査実施	あり	実施時期	平成13年4月～6月	対象者数	265人
調査手法	アンケート				
調査結果	展示内容　満足52%　まあ満足36%　やや不満9%　不満3%				

9. 社会的ニーズ

社会的ニーズ	横ばい	根拠(データ): *内閣府広報室「社会に対する意識調査」・日本の誇りは何かの問いに対して、「長い歴史と伝統」との回答は第1位で、H9:37.2%H10:36.3% H12:37.4% と推移。 ＊内閣府広報室「余暇の活用と旅行に関する世論調査」(H11.8)国内旅行の主目的は?複数回答)→1位:美しい自然風景を見る(61.9%) 2位:史跡・文化財・博物館などを巡り鑑賞する(33.5%)

10. 指標の設定

区分		指標名	具体的内容
成果指標		文化財保護精神の理解度	
代替指標		博物館入館者数	
活動指標	利用者数	入館者数	
	稼働率		
	その他	インターネットホームページアクセス件数	
		博物館相互の資料貸借点数	
		展示会・講演会等催事実施件数	
参考指標		同規模府県立歴史系博物館平均入館者数	
		博物館の収蔵保管資料数	

11. 指標の推移

			平成11年度	平成12年度	平成13年度	平成14年度
成果指標: (代替指標)			46,484	43,500	37,202	38,439
	変化率(対前年度比・%)		88.1	93.6	85.5	103.3
活動指標	利用者数 単位:人	博物館入館者数	46,484	43,500	37,202	38,439
		博物館総利用者数	106,179	102,137	96,903	95,886
	稼働率 単位:%					
	その他	インターネットホームページアクセス件数	26,286	54,243	99,173	183,287
		博物館相互の資料貸借点数	2,222	40,677	47,301	52,314
		展示会・講演会等催事実施件数	76	91	76	124
参考指標		同規模府県立歴史系博物館平均入館者数	50,690	49,568	58,499	
		博物館の収蔵保管資料数	37,708	40,677	47,301	52,314

12. 指標値の動向と評価

成果指標(代替指標)		減少	評価 代替指標は減少傾向であるが、ホームページアクセス件数は倍増しており、また、積極的に体験学習事業を推進するなど、文化財の普及啓発に努めている。
活動指標	利用者数	減少	評価 ・交通の便が悪いことに加え、風土記の丘来場者の取り込みが十分にできなかったことから、入館者数は減少傾向である。 ・ホームページアクセス件数は毎年倍増しており、当博物館に対する潜在的ニーズは非常に高い。 ・展示会等における他博物館等との資料の貸借も積極的に行っており、文化財の啓発に努めている。 ・各種行事の開催や出前授業等を積極的に行い、利用者の確保と文化財の普及啓発に努めている。 ・他府県類似施設の平均入館者数の比較においては、やや利用者数が少ない。 ・さらに、古墳～飛鳥文化に関する各種資料の調査、収集に努めており、大阪の誇る古墳時代の専門館として資料の保存と継承にも努力している。
	稼働率		
	その他	増加	

13. 施設運営に係る収支(委託施設)

大阪府の収支　　(千円)

区分				平成12年度決算	平成13年度決算	平成14年度決算	平成15年度予算	平成16年度予算案
府収入	施設使用料			7,980	7,246	7,402	7,211	7,321
	行政財産目的外使用料			185	185	185	185	185
	雑入			205	225	210	248	188
	合計			8,370	7,656	7,797	7,644	7,694
府支出	法人	管理運営委託料	施設管理費	112,093	111,745	109,224	111,370	110,113
			人件費	105,626	101,351	102,094	91,369	86,585
		補助金・委託料		0	0	0	0	0
		小計		217,719	213,096	211,318	202,739	196,698
	直接	その他		160	160	160	160	160
		合計		217,879	213,256	211,478	202,899	196,858

府支出	補修費	80	0	4,400	4,400	5,262

↑(展示等緊急補修費)↑

施設の管理運営を受託している法人の収支

区分		平成12年度決算	平成13年度決算	平成14年度決算	平成15年度予算	平成16年度予算案
法人収入	施設使用料	0	0	0	0	
	管理運営委託料	217,799	213,096	215,718	207,139	
	補助金・委託料	0	0	0	0	
	その他	546	960	6,752	1,142	
	合計	218,345	214,056	222,470	208,281	
法人支出	施設管理費	85,135	84,525	88,065	91,008	
	人件費	105,626	101,351	102,094	91,369	
	事業費	27,038	27,220	25,559	24,762	
	その他	546	960	6,752	1,142	
	合計	218,345	214,056	222,470	208,281	

運営コスト比率(%)	96.2	96.4	96.5	96.3	

14. 施設職員数

(人)

区分	平成12年度		平成13年度		平成14年度		平成15年度	
	常勤	非常勤	常勤	非常勤	常勤	非常勤	常勤	非常勤
施設管理職員		0	3	0	3	0	2	
その他業務職員	7	2	7	2	7	2	6	3
合計	10	2	10	2	10	2	8	3

15. これまでの管理運営の改善

		平成11年度	平成12年度	平成13年度	平成14年度	平成15年度
改善内容	収入確保・利用促進	団体との協力協定による割引料金制度親しむ博物館づくり事業による体験学習会の増大	年間10回連続の考古学大学開設 電車の車内ポスター実施	高校生のための考古学教室の開催	高校生のための考古学教室の開催	地元自治体との共催による展示会の開催
	支出削減・人員削減	管理費、事業費削減(光熱水費等10%,事業費等30%等) 常勤職員1名減	入館料収入減による予算補正縮減	入館料収入減による予算補正縮減	入館料収入減による予算補正縮減	学芸員1名減 主事1名を特嘱に振替
	民間活力の導入・アウトソーシング					
	サービス向上	体験型見学キットの開発と貸出	公民館等への出前授業開始	学校教育との連携 ・インターンシップの受け入れ ・小中学生へのワークショップの開催	学校教育との連携 ・インターンシップの受け入れ ・出前授業の本格化	空調機器補修 出前授業の増加
	NPOなど府民との協働	地元小学校との共催による展示会の開催 体験学習ボランティアの実施				ボランティア活動の定例化

16. 運営状況の評価

運営状況 (収支、職員数、運営改善)	評価: ・平成11年度に常勤職員を1名減員するなど、予算縮減に努めてきた。 ・平成11年度の予算縮減(特定財源の大幅減少)に伴い、秋季特別展を企画展に縮小した。 ・入館料の減少が、平成14年度後半から横ばい傾向に変わったが、いつまで続くかは不明で、再度減少すれば秋季展をさらにグレードダウンしていかざるを得ない。

17.「前公の施設改革プログラム」における改善目標値の実績

改善目標値 (達成時期・10年度値)	・入館者数を44,000人とする。 ・ホームページアクセス件数を55,000件とする。 (達成時期:16年度末、12年度値:入館者数43,500人、アクセス件数54,243件)
実績(11～13年度)	11年度 ・入館者数:46, 484人 ・ホームページアクセス件数:26, 286件
	12年度 ・入館者数:43, 500人 ・ホームページアクセス件数:54, 243件
	13年度 ・入館者数:37, 202人 ・ホームページアクセス件数:99, 173件
評価	・交通の便が悪いこと、風土記の丘来場者の取り込みが十分にできなかったこともあり、入館者数は目標を達成できなかった。今後、風土記の丘来場者の取り込みが課題である。 ・ホームページアクセス件数は、目標を大きく上回っている。当博物館に対する関心度やニーズは高く、今後これらの人々を直接の来館に結びつけることが課題である。

18. 今後の施設の方向(「公の施設改革プログラム(案)」(平成14年2月)上)

今後の施設のあり方	・集中取組期間内に、人員体制・学芸事業の見直し等により一層の運営改善を図る。 ・ボランティアとの協働等により一層の利用向上を図る。

19.「公の施設改革プログラム(案)」(平成14年2月)における数値目標の実績

今後3年間の数値目標	・入館者数 44, 000人(H12実績:43, 500人) ・ホームページアクセス件数 55, 000件(H12実績:54, 253件) ・年間入館券発行数 160枚(新規)
実績	14年度(実績) 入館者 38,439人 ホームページアクセス件数 183,287件 年間入館券発行数 67枚(下半期だけ)
	15年度(上半期実績) 入館者 21,419人 年間入館券発行 40枚
	16年度
具体的取組みの実績状況	・料金体系の見直し(H14) (高齢者有料化:高大生料金と同額) (年間入館券の発行:一般/1,500円、高大生・高齢者/1,000円)

２．独立行政法人の評価

2－(1)　独立行政法人国立科学博物館

2－(2)　独立行政法人国立少年自然の家

2－(3)　独立行政法人国立青年の家

2－(4)　独立行政法人国立オリンピック記念青少年総合センター

2－(5)　独立行政法人国立女性教育会館

２－(1)　独立行政法人国立科学博物館
(http://www.mext.go.jp/a_menu/hyouka/d_kekka/03082902/005.pdf)

①　独立行政法人国立科学博物館に係る業務の実績に関する評価（平成14年度）（全体評価）

②　独立行政法人国立科学博物館に係る業務の実績に関する評価（平成14年度）（項目別評価）

２－(2)　独立行政法人国立少年自然の家
(http://www.mext.go.jp/a_menu/hyouka/d_kekka/03082902/008.pdf)

①　独立行政法人国立少年自然の家の平成14事業年度に係る業務の実績に関する評価（全体評価）

②　独立行政法人国立少年自然の家の平成14事業年度に係る業務の実績に関する評価（項目別評価）

２－(3)　独立行政法人国立青年の家
(http://www.mext.go.jp/a_menu/hyouka/d_kekka/03082902/007.pdf)

①　独立行政法人国立青年の家の平成14事業年度に係る業務の実績に関する評価（全体評価）

②　独立行政法人国立青年の家の平成14事業年度に係る業務の実績に関する評価（項目別評価）

２－(4)　独立行政法人国立オリンピック記念青少年総合センター
(http://www.mext.go.jp/a_menu/hyouka/d_kekka/03082902/006.pdf)

①　独立行政法人国立オリンピック記念青少年総合センターの平成14事業年度に係る業務の実績に関する評価（全体評価）

②　独立行政法人国立オリンピック記念青少年総合センターの平成14事業年度に係る業務の実績に関する評価（項目別評価）

２－(5)　独立行政法人国立女性教育会館
(http://www.mext.go.jp/a_menu/hyouka/d_kekka/03082902/004.pdf)

①　独立行政法人国立女性教育会館に係る業務の実績に関する評価（平成14年度）（全体評価）

②　独立行政法人国立女性教育会館に係る業務の実績に関する評価（平成14年度）（項目別評価）

① 独立行政法人国立科学博物館に係る業務の実績に関する評価（平成14年度）（全体評価）

評価項目	評価の結果
事業活動	国立科学博物館が果たすべき役割・機能のうち，社会教育施設としての展示活動，教育普及活動，及び研究施設としての研究活動等，国民に対するサービスの提供を精力的に行っているとともに，ナショナルセンターとしても活動を展開しており，中期目標の達成に向けて着実に成果を上げている。また，新館Ⅱ期展示の整備についても，16年度の公開に向けた準備作業が計画的かつ順調に進められている。
展示活動	**【観点例】** **・研究成果を生かして，多くの人に親しまれる展示が展開されているか** 特別展等では，企画の段階からその企画意図や学術的な意義，期待される成果などを明確にするとともに，展示する資料の選択や解説方法に工夫を凝らすなどして，来場者にとってより魅力的な展覧会となるよう努力したと認められる。 研究成果の発表という意味では，企画展「バヌアツの植物と自然」や共催展示「世界最大の恐竜博 2002」などのように，同館の研究成果をもとにした展覧会を企画・監修するとともに，14 年度から始まった「上野の山発　旬の情報発信シリーズ」や企画展「おもしろ高分子展」などのように，広く国内の学術研究の成果を紹介する展覧会を企画している。さらに，従来の科学の枠にとらわれず，特別展「神秘の王朝－マヤ文明展」や特別企画展「光を楽しむ」など，様々な角度からのアプローチを試みていることは，来館者の層を広げ，より多くの人々に科学に親しみ関心を深める機会を与えるという観点からも高く評価できる。また，常設展示ならびに企画展等においては，より多くの人に親しんでもらうために展示手法や解説方法に工夫を凝らしている。見学者に対しては適宜アンケート調査を実施するほか，入館者のセグメンテーションというマーケティング的手法を導入し，試験的にインタビュー調査を行うなどして，満足度の把握と分析を行い，ニーズを反映した展示の実施に努めている。今後も，このような活動が継続され，多くの来館者を惹きつけるような展示・展覧会が行われるよう期待する。 常設の展示に関しては，新館Ⅱ期の建物が竣工し，16 年度のグランドオープンに向けて展示の基本設計及び実施設計を行っている。地球と生命と人類の相互の深い関係性をテーマに，最新の情報技術や展示手法を活用したメッセージ性の高い展示が制作されるものと期待される。また，本館の展示に関しては，「日本列島の自然史科学的総合研究」の 35 年間に及ぶ研究成果をいかにして展示に反映させるのか，その方策の検討を開始したようであり，今後の展開が待たれる。 入館者数は，常設展示に関しては増加しているが，大規模な特別展を外部の施設で共催実施したこともあって，特別展・特別企画展の開催回数や日数が少なく，入館者数が伸び悩み，結果として総入館者数が減少している。次年度以降は，展覧会の実施時期などを慎重に決定し，展覧会用のスペースを有効に活用するなど，改善に向けた努力が求められる。
教育普及活動（研修を含む）	**【観点例】** **・生涯学習推進のモデル機関として，青少年をはじめとした国民各層の知的欲求に応える教育普及活動，研修活動及び学習資源に関する情報提供活動の充実が図られているか** 教育普及活動については，子どもから高齢者まで幅広い層に応じた学習機会を，延べ 860 日間にわたって提供し，延べ 50,581 人が参加している。このなかには，「海外野外観察会」や「高校生のための研究体験講座」，「博物館の達人」の認定と「野依科学奨励賞」の表彰といった新規事業が含まれており，より幅広い層への学習機会の提供が図られたといえる。また，学校教育との関係では，より効果的な博物館利用の促進のために「理科・総合的な学習の時間のためのティーチャーズガイド」を作成し配布するなど，連携・協力を深めるための努力を行ったことは高く評価できる。 研修活動については，13 年度に引き続き，博物館職員や学校教員，青少年教育指導者を対象とした講座を多く開催し，全国規模で専門的職員の資質向上等に貢献している。特に，ミュージアム・マネージメント研修は同館が 10 年前から先駆的に実施してきたものであり，貴重な研修機会として多くの受講者を集めている。また，文部科学省が推進する教育情報衛星通信ネットワーク（エル・ネット）を活用して，展覧会に付随して開催された各種の講演会や，講座型の教育普及活動（「科学史学校」等），ミュージアム・マネージメント研修や学芸員専門研修など，同館独自の番組を数多く提供し，間接的な参加・受講の機会の拡大に努めている。

	なお，教育普及活動や研修活動では，参加者・受講者に対するアンケート調査を適宜実施し，満足度や要望の把握とフィードバックに努めている。これまで築いてきた活動の質と量を維持するとともに，特に質を高める努力を続けて欲しい。 学習資源に関する情報提供活動については，まず学校教育に関して，団体見学の下見のために来館する教員等に対してはこれまでもティーチャーズセンターを通して的確な情報提供を行ってきたが，加えて「理科・総合的な学習の時間のためのティーチャーズガイド」を新規に作成するなどして，より効果的な博物館利用に向けて積極的に情報提供を行っている。日頃実物標本に接する機会の少ない児童・生徒等への教育活動を支援するための教材実習セットの館外貸出しも着実に実施されている。14 年度も新しく２つのセットが開発され，貸出件数も順調に伸びており，高く評価できる。 標本資料の研究利用に関しては，我が国を代表する貴重なタイプ標本などに関する標本データベースの構築を継続し，所蔵する標本資料を電子情報化して提供する作業を進めている。また，直接博物館を訪れなくても展示や館内の施設を楽しむことができるよう，学習資源コンテンツを充実し，かつ，ホームページ上でも専用のページを新設するなど，積極的な対応を行っている。 教育ボランティアは，国立科学博物館の顔として，個々人の専門性・創造性を発揮して来館者一人一人に対応した形での学習支援や情報提供を行うなど，来館者に対するきめ細かなサービスには定評がある。14 年度はさらに，筑波実験植物園でも植物園ボランティアを導入し，上野地区でのノウハウを活かして，活動の定着を図っている。今後の展開が期待される。
研究活動（資料収集及び保管を含む）	**【観点例】** **・自然史に関する科学その他の自然科学及びその応用（以下，「自然科学等」という。）の研究における世界の中核拠点となることを目指した活動が行われているか** **・国民共有の財産である標本資料を未来の人々に継承していくための標本資料の収集及び保管は，ナショナルコレクションとしてふさわしいか** 自然科学等の研究を総合的に推進し，向上を図るため，総合研究として研究部全体で横断的な研究体制を組織して研究を進めているほか，研究部ごとに重点テーマを設定して効率的に研究を行っている。とりわけ，13 年度をもって終了した「日本列島の自然史科学的総合研究」をさらに発展させるものとして，14 年度から新たに「西太平洋における島弧の自然史科学的総合研究」が始まっている。前者は 35 年という長期にわたって継続されたことによって大きな成果を挙げたと考えられるが，今後も長期的な研究の継続によって西太平洋各域の自然史的特性の解明が進むと同時に西太平洋という地域の中での我が国の特性が解明されるよう，期待したい。 経常研究については，館長裁量経費を活用しつつ，順調に研究を進めている。科学研究費補助金をはじめとする各種競争的研究資金の確保についても努力の跡が認められる。外部機関との連携を進めるにあたっては，広報用パンフレットを作成するなど，積極的な姿勢が見られる。これらを基にして行われる個々の研究活動が，結果として国内外での評価につながるものと期待される。 標本資料の収集・保管については，研究活動を通して国内外のフィールドから貴重な実物資料が収集され，同館のコレクションとして登録されている。所蔵資料については，資料の特性に合わせて保存・保管の作業を行い最適な保存状態の維持に努めるとともに，国内外の研究者等の利用に供されている。他方で，産業技術史関係の大型資料等については，資料に関する所在情報等を収集し，資料そのものは現地で保存するという新しい考え方に立った「産業技術史資料情報センター」を新設し，情報の収集・提供と，研究ネットワークの構築を行っている。 国立科学博物館が所蔵する資料・情報については，データベース化の作業が着実に進められており，インターネットによる活用が促進されている。 収集・保管に関する目標・計画については，実態に即した在り方を具体的に検討する必要があるとともに，ナショナルコレクションの名にふさわしい資料の保存・保管の方針や方法，登録・活用の在り方についても検証が行われるべきである。
ナショナルセンター機能	**【観点例】** **・科学系博物館のネットワーク活動の中心機関として，全国の科学系博物館の活動の発展に寄与しているか** **・国内の科学系博物館を代表して，諸外国の博物館等との国際交流が積極的に行われているか** 国内においては，教育・研究活動等に関連する専門的な助言，標本資料の貸出し，「数学と遊ぼう」，「すばる望遠鏡」，「スポーツの科学」等の巡回展，学芸員専門研修等の各種研修，国内の科学系博物館を繋ぐネットワークの構築，博物館に関連する研究集会，シンポジウム，学会等の開催への協力など，全国の科学系博物館の中心的役割を果たした。 国際的な博物館関係の会議等では，国際博物館会議（International Council of Museums（略称 ICOM））の国内委員会委員長に館長が就任し，新たに「国際博物館の日」の活動を開始するなど，国内活動の取りまとめを通じて協力を行ったほか，アメリカを中心とする科学技術系博物館のネットワーク（ASTC）やアジア太平洋地域科学館協会（ASPAC）の会合に職員を派遣して，情報交換と交流に努めている。 また，国際深海掘削計画の国際共同利用センターである微古生物標本資料センターでは，資料の収集・保管を行うとともに，世界各国の研究者に標本資料とデータを提供する役割を担っている。さらに，アジア及び環太平洋地域における自然史系博物館との研究協力を積極的に進め，研究職員を派遣するとともに，アジア各国から博物館職員

項目	評価
	及び研究者を招聘し，研究交流を行うなど活発な活動を進めていることは評価できる。 以上の活動は，ナショナルセンターとしての機能を果たしていると評価できるが，今後，新しい時代のナショナルセンターとして，全国の科学系博物館との情報ネットワークの構築等，国内外での事業展開を行っていくため，「独立行政法人国立科学博物館の在り方に関する懇話会」の議論を踏まえつつ，総合的・体系的に整理し，グランドデザインを確立していく必要がある。
業務運営	業務運営については概ね中期計画に基づく年度計画を達成したが，業務の効率化，組織の見直し，人事の在り方など，さらに改善可能な点があると思われる。今後，より自律的・効率的な運営を実施するためには，組織運営の改善を検討し，企画立案機能の充実を図り，経営戦略を立てる必要がある。
館長等のマネジメント	**【観点例】** **・館長は，業務全般に関し，リーダーシップを発揮しているか** 国立科学博物館の目的及び中期目標達成に向け，同館の有する機能を今後とも十二分に発揮していく視点から，現在及び将来の課題を確実に把握し，かつ経営戦略を構築することを目的に，13年度にとりまとめた自己点検・評価について外部評価委員会による検証を行うとともに，その結果を受けて外部の学識経験者等と館内職員による「独立行政法人国立科学博物館の在り方に関する懇話会」を設置し，外部評価委員会による提言の整理と，中長期的な視点に立った同館のグランドデザインの策定等を行っている。法人の長として，各方面からの意見・要望を聴取しつつ，同館にとって最もふさわしい方向性を見極めようとする努力は高く評価できる。また，展示活動，教育普及活動，研究活動のそれぞれにおいて主導性を発揮している。展示・教育活動においては，同館の活動の意義を積極的に社会に訴えかけるとともに，研究者の展示・教育活動への積極的な参画を図り，様々な活動が総合的に展開するよう，活動の充実に努めている。また，研究活動においては，館長裁量経費を重点的に配分して，成果を挙げている。 **・各役員間で意思疎通は十分に行われているか** 定期的な役員会の他に，館長と理事は常時，館の運営について意見交換をおこなっている。理事は研究部門（新宿・筑波・目黒地区）と管理部門（上野地区）の調整に努めている。さらに，必要に応じて監事に助言を求めており，役員間の意思疎通は十分に行われていると考えられる。 **・役員が明確な経営理念を有しているか** 館長は利用者満足を第一としつつ，時代の流れに対応した新しい取組を効率的に行うことを館の方向性の指針とするとともに，民間等外部機関・団体との連携協力をすすめ，例えば外部資金の導入に努めている。このことについては各種の機会を利用して全職員に周知するようにしている。博物館のミッションを中心として経営理念をさらに明確化することにより，職員一人一人の理解を十分に図ろうとしている。 **・監事は，中立的な立場で，適正にチェック機能を果たしているかどうか** 業務の合理的かつ効率的な運営，及び会計経理の適正さの確保を目的として定期的に監査を実施している。
効率性	**【観点例】** **・業務運営の効率化に向けて努力しているか** 費用の効率化という点では，多面的に検討し，年度計画の各項目（光熱水量の節減，消耗品等の調達方法の見直し）に従って削減・効率化の努力をしている。消耗品等の調達については効果が見られるが，光熱水料の節減については努力は認められるものの，自主企画展を前年度に比して多く開催したこと等により，結果的には経費の削減には至らなかった。使用実態を検討し，より計画的な削減目標を検討する必要があるのではないか。また，業務運営の効率化という組織運営全体に関わる点に関しては，外部評価委員会の報告を受けて組織の見直し・改善に向けた検討がなされている。実質的な効率化のための動きが期待されるとともに，適切に評価を行うための観点や指標を開発する必要がある。
収益の増加	**【観点例】** **・外部資金，施設使用料等自己収入の増加に努めているか** 外部資金に関しては，寄付金約 2,800 万円，受託研究等約 6,700 万円を獲得するなど，自己収入増加の努力の成果が見られる。自己収入の大半を占める入場料収入は，収

		入目標額に比較し約 5,800 万円（27.8 %）の減，その他収入は，収入目標額に比較し約 530 万円（48.1 %）の増加となっている。科学研究費補助金，地球環境研究総合推進費などの競争的研究資金等や各種研究奨励金を獲得するため積極的に応募し，その結果，前年度と同じく多くの資金を獲得することができたことは，高く評価される。 入場料収入は，特別展等の企画内容に影響されるため，積極的な広報に努めたが，予定収入に達しなかった。予定収入額の見直しを含め，詳細な分析を実施し，今後の展開に役立てる必要がある。また，収入は不足したものの，事務の効率化，及び外部資金の獲得に努めた結果，事業の推進に支障はなかった。なお，共催展示として開催した「世界最大の恐竜博 2002」（会場は幕張メッセ）においては，全体的な展示監修を行うなど，自己収入の獲得に努めた。
	人事の適正	**【観点例】** **・計画的な人事交流の推進が図られているか** **・人材育成が図られているか** 事務系の職員については，文部科学省，国立大学等と人事交流を計画的に実施するとともに，直接採用職員とのバランスを考慮しつつ，適材適所の人員確保に努めている。 また，各種の研修等（新規採用者・転任職員研修，英会話研修，教養研修）の機会を設けるとともに，館内の様々な部署で経験を積むために人事異動を行い，博物館業務の中核となるような人材の育成を図った。 今後は，例えば研究部門と事務部門の双方についてある程度の知識を持ち，効果的に連携をとることのできる人材や，特別企画展等の展示についてある程度専門的な知識を持つ人材の育成を図るなど，中長期的な視野に立った人材の育成について検討が必要である。 研究職員は，公募によって優秀な研究者の確保に努めている。後継者養成については，東大・茨城大との連携大学院の大学院生，日本学術振興会特別研究員，科博独自の制度による特別研究生を可能な限り受け入れ，研究指導を行い，自然史科学に関係する分野の後継者養成を行っている。自然史科学に関する研究及び教育が多くの大学から消失する傾向がある中で，この分野における国立科学博物館の研究者養成はますます重要となってきており，このような取組は高く評価できる。
その他		**【観点例】** **○評価結果の役職員の給与，人事等への反映状況等** **・高い業績を上げた役職員に適切な処遇を行うような枠組みが設けられているか** 役員については，役員給与規程において，期末特別手当について，評価委員会が行う業績評価の結果を勘案して，100 分の 10 の範囲内で増減することができるとされている。職員については，職員給与規程において，職員の勤務成績に応じて昇給，特別昇給及び勤勉手当の額を決定するとされている。 **・著しく業績が低い役員についてどのような措置を行ったか** 該当なし。 **・業績が低いにも関わらず，給与・退職金の水準の適切な見直しが行われているか** 該当なし。 **・人事管理について業績を加味したものとなっているか** 人事異動や昇任・昇格等，人事管理については能力主義の観点から勤務実績に基づいて選考を行い実施している。 **【観点例】** **○監事及び会計監査人の監査報告書・意見の活用等** 財務諸表及び決算報告書，業務監査に関する監事の意見（「会計監査結果報告書」）並びに会計監査人の意見（「監査報告書」）を参照したところ，指摘事項はなく，健全な経営が行われているものと思われる。 **○前記項目以外の評価委員会による指摘事項のほか，中期計画Ⅲ（予算（人件費の見積もりを含む。），収支計画及び資金計画），Ⅳ（短期借入金の限度額），Ⅴ（重要な財産の処分等に関する計画），Ⅵ（剰余金の使途），Ⅶ（その他主務省令で定める業務運営に関する事項）についても，業務運営WGにおける検討結果等を踏まえつつ，適宜記載**

	特になし。
総　評	**【観点例】** **・我が国唯一の国立の総合科学博物館として，自然科学等及び社会教育の振興を図る施設として先導的及び中核的役割を果たしているか** 14 年度の国立科学博物館は，①業務経費の節減，②博物館の整備と公開の推進，③研究の推進，④教育・普及の充実，の全体的にわたり年度計画を順調に遂行し，バランスのとれた発展に努めたといえる。 経年的にみると，まず公開の推進で，完全学校週５日制や福祉への対応ということから力を入れた「無料入館者の拡大」は，独法化直前の 12 年度を 100（64,211 人）とすれば，14 年度指数は 267（171,431 人）と著しい伸びを示した。また，社会の情報化への対応で増大を目指した「ホームページへのアクセス数」も，12 年度を 100（346,613 人）とすれば，14 年度は 207（718,124 人）と順調な伸びを示している。 研究における「外部資金の導入」は，独法化してから行われるようになったので，13 年度指数を 100（12 件）とすると，14 年度指数は 175（21 件）と伸びている。教育・普及関係でも，「教育普及活動延べ参加者」の 12 年度指数 100（39,806 人）に対する 14 年度指数は 127（50,581 人），「教育用貸出標本の利用」の 12 年度指数 100（36 件）に対する 14 年度指数は 153（55 件）と順調に伸びている。14 年度には，以上のような特徴があった。 各項目の個別評価を総合すると，我が国唯一の国立の総合科学博物館として，我が国の自然科学等の研究及び社会教育の振興を図る施設として役割を果たしていると評価できる。独立行政法人となって２年目の年度であるが，中期目標・中期計画の達成に向けて着実に前進している。ナショナルセンターとして，14年度は産業技術史資料情報センターを設置し，系統的な調査・研究を行うなど，その役割を果たしており，国際的にもアジア太平洋地域の中核的センターとしての役割を果たしている。業務運営の効率化を実施しつつ，所与の予算や人員の中で展示・教育・研究活動の充実によく努めている。14年度の展示活動は，科学を多面的に捉えた新しい取組も見られ，国民の自然科学への興味や関心を高揚するために重要な機能を担っている。今後は，新館Ⅱ期展示を早期に完成させるとともに本館整備をすすめ，さらに社会とのコミュニケーションを図り，生涯学習社会における学習機会の提供に努め、親しまれ愛される博物館を目指すべきである。 研究活動は長期的な視野で捉え評価する必要があるが，14年度も計画的に実施されている。我が国の自然史科学の研究拠点として研究活動を行っており，自然史科学に関する研究者の後継者養成についても努力が認められる。

②　独立行政法人国立科学博物館に係る業務の実績に関する評価（平成14年度）（項目別評価〈抜粋〉）

（参考） 中期目標の各項目	中期計画の各項目	指標又は評価項目	指標又は評価項目に係る実績	評定	留意事項等
6　科学系博物館のナショナルセンター機能の充実 （1）シンポジウムや共同研究を積極的に行い，国内外における自然史研究者・学会との連携を深め我が国の自然史研究を強化すること。	6　科学系博物館のナショナルセンター機能の充実 1－1 シンポジウムや共同研究を積極的に行い，国内外における自然史研究者との交流を図るなど連携を深め，自然史系博物館等，研究機関のネットワークを通じて我が国の自然史研究を強化する。	シンポジウムや共同研究の実施状況	＜前出の「共同研究等の状況」として評価＞ ＜全体評価の「ナショナルセンター機能」として評価＞ ○　「アジア及び環太平洋地域における自然史系博物館との研究協力」は，9年度から積極的に進めており，14年度は韓国，台湾に4人の研究者を派遣し，調査研究を行った。また，派遣した2カ国及びフィリピン，インドネシアから研究者を招聘し，共同研究を行うとともに，自然史研究の現状や自然史標本資料の管理・保管・利用に関するワークショップなど研究交流を実施した。		
	1－2 自然史関連学会と協力し，自然史研究の発展・充実に寄与する。	関連学会への協力の状況	＜前出の「共同研究等の状況」として評価＞ ○　科博研究者が，学術団体・学会の役員や委員として活動したほか，各種の自然史関連学会と共催・協力し，科博を会場として「日本分類学連合」，「自然史学会連合」，「国際食虫植物会議」などを行い，国内外の研究者の研究交流を図った。また，「国際人類学民族学会議」の一環として，「科学博物館の夕べ」を開催し，外国人研究者との交流を図った。		
（2）大学院学生，特別研究員等の受入の増を図ることにより，自然史研究者等の若手研究者の人材育成，後継者育成を進めていくこと。	2－1 連携大学院制度による学生の受け入れ拡充を図るとともに，特別研究生・日本学術振興会特別研究員，技術研修生の受入促進を図る。また，連携大学院以外の自然史系の学部・研究科を持つ大学と協力し，後継者養成の推進を図る。	後継者養成の取組状況	定性的に記載（受入学生数及び前年度実績を併記） **〈評価の観点例〉** **・後継者養成の取組はどのような状況か** 分類学など自然史科学を担う次世代の研究者を専門に教育できる大学が少なくなり，専門研究者の後継者養成が強く求められている。このため，東京大学，茨城大学との連携大学院による院生を受入れているが，分野に片寄りがあるため，日本学術振興会特別研究員や，独自の特別研究生制度を設け，科博の人的・物的資源を最大限に活用して，可能な限り受入れている。受入れた者に対しては，次世代の自然史科学を担う研究者の育成を図るため，専門的見地から研究指導・論文指導に当たっている。就職先の確保や，研究室のスペース不足など課題も多いが，後継者養成のための努力を継続する予定である。 ○　連携大学院 ・　東京大学大学院理学系研究科生物科学専攻の修士課程3名，博士課程9名，計12名を受入れた。（前年度13名） ・　新たに茨城大学大学院農学研究科との連携を開始し，修士課程3名を受入れた。	A	

			○　日本学術振興会特別研究員 6名を受入れた。（前年度7名） ○　特別研究生 14名を受入れた。（前年度9名）		
（3）資料の収集・保管・展示及び教育普及事業等の博物館活動に関し，他の科学系博物館への支援を行うとともに，科学系博物館におけるネットワーク活動を推進することにより，全国の科学系博物館の活性化に寄与すること。	3－1 他の科学系博物館に対して専門的な助言や標本の貸出しなどによる援助を行うとともに，科学系博物館ネットワークの中核的な役割を担い，巡回展の実施などを通じ，全国の科学系博物館の活性化に貢献する。	全国の科学系博物館との協力状況	定性的に記載（標本の貸出件数及び前年度実績を併記） **〈評価の観点例〉** **・他の博物館に対する支援は図られているか** 自然科学研究に関することだけでなく博物館の管理運営や展示、教育普及活動に関する各種の問い合わせや相談に対応しているほか、所蔵する標本については可能な限り貸出しを行っている。また、各館が設置している各種委員会（博物館協議会、評議員会、資料審査委員会、展示検討委員会等）に対して、本務に支障のない範囲で職員を派遣している。 ○　標本の貸出し：岩手県立博物館にモシリュウ上腕骨を貸し出すなど36件393点（前年度19件104点）の貸出しを行った。 **・全国科学博物館協議会の理事長館としてどのような役割を果たしたか** 全国科学博物館協議会の理事長館として，加盟館の博物館活動が充実するよう，以下の共催事業を実施し，全国の科学系博物館の活性化に貢献した。なお，総会や研究発表大会をはじめ各事業の企画・運営については，科博の職員が全面的に参画し，教育効果を高め，加盟館より高い評価を得た。 ・巡回展 「数学と遊ぼう」：14年度に開催を希望した博物館等は，8館であったが，実施時期等の調整を行い，姫路科学館など5館（前年度10館）で開催した。 「すばる望遠鏡」：14年度に開催を希望した博物館等は，5館であったが，実施時期等の調整を行い，鳥取県立博物館など4館（前年度8館）で開催した。 「スポーツの科学」：14年度に開催を希望した博物館等は，11館であったが，実施時期等の調整を行い，さいたま市青少年宇宙科学館など9館（前年度5館）で開催した。 ・博物館職員の資質向上を目指した研修活動 「学芸員専門研修アドバンスト・コース」（再掲） 参加館園等24，参加者26人 「ミュージアム・マネージメント研修」（再掲） 参加館園等68，参加者68人 「海外科学系博物館視察研修」 参加館園等12，参加人数19人	A	

（4）新たな学問分野としての産業技術史学の確立を視野に入れ，産業技術史資料のナショナルセンターとして，同資料の登録システムを確立すること。	4－1 産業技術の歴史を示す実物資料の調査を継続して行うとともに，その歩みを研究し，その成果を将来に伝える産業技術史資料に関するナショナルセンターとしての機能の充実を図る。	産業技術史資料に関するナショナルセンターに向けた取組状況	定性的に記載（産業技術史資料の調査・登録件数（新規・累積）を併記） **〈評価の観点例〉** **・産業技術史資料に関するナショナルセンターへの取組はどのような状況か** 14年6月に「産業技術史資料情報センター」を設置した。同センターでは，9年度より実施してきた「産業技術史資料の評価・保存・公開等に関する調査研究」の成果を基盤として，我が国の産業技術の歴史に関する資料の収集，評価，保存，公開，及び重要資料の登録，公開並びにこれらに係る情報の提供を行った。また，産業技術の歴史についての情報拠点として，全国の産業系博物館のネットワークを形成するための取組を行った。	A		
（5）海外の博物館との協力協定の締結等に積極的に取り組むなど，自然史研究等の国際交流・国際協力の充実強化を図ること。 特に，アジア及び環太平洋地域における中核的拠点として，自然史博物館等への研究協力を実施して，この地域における自然史系博物館活動の発展のうえで先導的な役割を果たすこと。	5－1 国際深海掘削計画におけるアジアを代表する微古生物標本資料センターとして，アジア太平洋地域における博物館等との国際交流・協力の充実・強化に努める。 5－2 諸外国の博物館等の求めに応じたインターンシップの受入などの国際交流を促進し，相互の運営，研究活動，展示，教育普及活動等の発展・充実に資する。 5－3 アジア及び環太平洋地域の自然史系博物館等との研究者交流を通じ，標本収集のための協力体制を発展させ，当該国の標本保管・管理システムの確立を援助するとともに，これらの協力活動を通じてアジア及び環太平洋地域における中核的拠点として，この地域における自然史系博物館活動の発展に，先導的な役割を果たす。	自然史研究等の国際交流・国際協力の充実・強化に向けた活動状況	定性的に記載 **〈評価の観点例〉** **・アジア太平洋地域の中核的センターとしての機能を果たす取組はどのような状況か** ○　国際的な博物館関係の会議等の活動では，特に次の会議等において，意見交換，情報交換，協議等幅広い活動を行った。 ・　国際博物館会議（ICOM：International Council of Museums）の日本委員会委員長に館長が就任し，国内活動の取りまとめ（国際博物館の日など）を通じて，ICOMへの協力活動を実施した。 ・　アメリカを中心とした科学系博物館ネットワーク（ASTC：Association of Science-Technology Centers）の年次総会に職員を派遣した。 ・　アジア太平洋地域科学館協会（ASPAC：Asia Pacific Network of Science and Technology Centres）の会合に職員を派遣した。 **・研究活動，展示，教育普及活動等における国際交流はどのような状況か** ○　研究活動における国際交流 ・　国際深海掘削計画で採取された微化石標本の国際的共同利用センターとして機能を果たした。同センターは科博を含め世界16カ所の博物館，大学，民間研究機関に設置されている。14年度は，当館では，深海底ボーリングコアから珪藻化石プレパラート264点（4,224枚）を作成して国外センターに配布するとともに，国外センターから送られてきた894点の有孔虫，石灰質ナノプランクトン，放散虫の各化石標本を受け入れた。また，科博所蔵の標本（合計19,627点）を利用するために来館した研究者の研究活動を支援した。	A		

			・ アパトサウルスに関するケンブリッジ大学及び大英自然史博物館との共同研究やインドネシア地質研究開発センターとの共同研究などを実施した。 ・ 従来から「アジア及び環太平洋地域における自然史系博物館との研究協力」を積極的に進めており，14 年度は，韓国，台湾に 4 人の研究者を派遣し，調査研究を行った。また，派遣した 2 カ国及びフィリピン，インドネシアから研究者を招聘し，共同研究を行うとともに，自然史研究の現状や自然史標本資料の管理や保管，利用に関するワークショップを開催した。 ○ 海外の博物館等からの視察等 海外の博物館等から 206 人の視察・表敬訪問等を受入れた。（前年度 69 人）		
（6）全国の博物館等社会教育施設におけるボランティア活動の支援を図ること。	5－4 全国の博物館等社会教育施設におけるボランティア活動を支援するため，全国博物館ボランティア研究協議会を隔年で実施する。	全国博物館ボランティア研究協議会の実施状況	定性的に記載 **〈評価の観点例〉** **・全国博物館ボランティア研究協議会の取組状況はどうか** ○ 13 年度に開催した第 4 回全国博物館ボランティア研究協議会の記録をとりまとめ，報告書「第 4 回全国博物館ボランティア研究協議会概要」を発行するとともに，第 5 回全国博物館ボランティア研究協議会の開催（15 年度）に向けて，情報収集等の準備を行った。	A	

① 独立行政法人国立少年自然の家の平成14事業年度に係る業務の実績に関する評価（全体評価）

評価項目	評価の結果
○ 事業活動	・主催事業について 各施設の立地条件を生かした事業や少年の現代的課題等に対応した事業に着実に取り組むとともに、指導者研修の体系的な実施に向けて成果がみられました。今後も少年教育の中心的な役割を担っていくため、少年を対象とした事業内容の一層の充実と体系化に基づく専門性の高い指導者研修事業の充実、事業成果の普及に努めることを期待します。 ・受入事業について 利用促進のための学校・青少年団体等への直接訪問や報道機関、地域情報誌等を活用した広報活動に積極的に取り組み、新規利用団体を４６％増加させ、年間の目標稼働数１３０万人を大きく上回る１３９万人を受け入れたことは、幅広い広報活動の結果であると評価できます。また、利用者の満足度において全ての項目で９０％以上の高い満足度を得ていることは評価できます。更に、利用者サービスの向上を目指し、利用申込み手続きの簡略化や引率者用休憩室の整備など、利用者の視点に立った改善に成果がみられますが、今後は一層、各施設のホームページの充実を図るとともに、利用者の活動を支援するボランティアや専門的指導員の計画的な養成と確保に一層努めていくことを期待します。
○ 業務運営	・施設の連携体制について 法人本部に「企画・評価課」を新たに設置し、法人としての体系的な事業運営や内部評価を強化するとともに、法人本部と各施設の連携による業務改善に向けた体系的な取組みを通して、施設の連携体制、事務の効率化が進んでいることは評価できます。今後は、引続き、法人全体としての情報の共有化に努め、事務の簡素化･効率化を図りながら、連携体制を強化していくことが期待されます。
1 財務	・業務の効率化について ・職員の省エネルギーに向けての意識改革や利用者に対する協力依頼などを通して、光熱水料､特に電気料を前年度に比べて、６．９％の節減に努力したことは評価できます。今後は、特に電気や水道等の使用量にも留意した取組みが望まれます。 ・外部委託については、委託に伴う効果やその必要性を明確にしながら、各施設の実情を踏まえた委託を推進することにより、効果的な業務運営や業務の質的向上を図ることができるよう、引き続き努めていくことを期待します。 ・外部資金については、今後も一層、積極的な受入れに努めることを期待します。
2 人事	・人事管理について 職員の専門性や資質向上を目指した法人内外での研修と次年度からの「長期海外実践研修」、新たなプロパー職員（準専門職員）の採用に向けた交流人事の見直しなどの取組みは評価できます。 今後の職員の採用に当たっては、公募等の取り入れと法人内における専門性の高い職員の計画的な養成、各施設における適正な人員配置について、積極的に取り組むことを期待します。
3 その他	・施設・設備等の整備について 利用者の快適な食・住環境の確保と身障者や利用者のニーズ等を反映した施設・設備の整備に努めていますが、今後も引続き、特に身障者に配慮した施設･設備の充実と受動喫煙防止対策に努めるとともに、環境に配慮した施設運営を期待します。

評価項目	評価の結果
◎ 総評	近年の少年を取り巻く自然環境や社会環境の変化に伴い、少年は至便な生活環境下で日常生活をおくっています。この結果、少年の直接体験の機会が減少し、これらと歩調を合わせて、少年の社会規範やモラル、対人関係能力、体力などの低下が指摘されています。 国立少年自然の家は、豊かな自然環境の中、少年の集団での自然体験・生活体験などを通して、感動や他者への思いやり、生命を大切にする心や物事を着実にやり抜く意思など、少年の豊かな人間性や社会性を育むことを使命としています。 国立少年自然の家は､理事長のリーダーシップのもと「少年自然の家の使命」や「経営方針」を明らかにしながら、法人本部に新たに企画・評価課を設置して法人としての体系的な事業運営や内部評価体制を強化するとともに、法人自らが外部の有識者等を構成員とする「自己点検・評価検討委員会」を設置して自己点検・評価に取り組むとともに、改善事項や今後の課題、方向性などを十分把握しながら業務運営を行っていることは高く評価できます。 また、国立少年自然の家は、少年の健全な発達に、体験活動や奉仕活動などの重要性が指摘される中、少年に学校や家庭では得ることが難しい体験学習の機会を提供し、少年の主体性や学ぶ意欲を高めるなど、次代を担う少年の「生きる力」の育成に大きな貢献をしています。 わが国における少年教育の中心的な施設として全国に設置されている国立少年自然の家は、中期目標の達成に向け、法人化２年目の業務運営を着実に進めており、今後もわが国における少年教育の先導的役割を果たしていくことが大いに期待されます。

② 独立行政法人国立少年自然の家の平成14事業年度に係る業務の実績に関する評価（項目別評価<抜粋>）

中期計画の各項目	評価項目 指標	評価基準 A　B　C	評価に係る実績	評定 ABC評定	評定 留意事項
Ｉ　業務運営の効率化に関する目標を達成するためにとるべき措置					
１　全国に分散した施設を機能的に統合して連携体制を整備し、事務の集中管理による簡素化・効率化を図る。	施設の連携体制の状況 ①事務の集中管理による簡素化・効率化状況	・法人による内部評価の結果を踏まえつつ、各委員の協議により、評定を決定する。	(1) 法人本部と各施設の連携協力による効率化の推進 　前年度の実績を踏まえ、法人本部と各施設が一体となって、連携体制を更に推進し、事務の効率化を図る取組みを行った。 ア　少年自然の家の人事関連の諸課題を検討するプロジェクトの設置 　少年自然の家の人事や組織管理等の諸課題に対応するため、検討プロジェクトやワーキングを新たに設置し、人事組織に関する諸課題の整理と今後の方向性についての具体的な検討を行った。 　また、これらの検討結果を踏まえ、国立少年自然の家として平成１５年度を目指した新たな職員の採用に向けた取組みを行うとともに、人事給与や事務組織に関連する諸規則の改正など、具体的な見直しに着手した。 ○所長プロジェクト 　主な検討事項　・専門性の高い職員の確保・養成方法 　・今後の関係機関との人事交流の在り方 　・職員の意欲や資質向上のための具体的方策など ○課長ワーキング 　主な検討事項　・事務組織規程、給与規則、就業規則等の見直しなど イ　職員研修派遣制度による連携協力 　・施設から本部への業務協力　１３施設１４人 ウ　法人本部と各施設の機能的統合のための諸規則の制定 　法人の事務運営に必要な諸規則の追加制定（６本）と平成１３年度新たに定めた諸規則等の見直しによる一部改正（１１本）並びに廃止（１本）を行った。 エ　各施設間の共催・共同による事業の実施（全施設） オ　海を活動の場とする施設間における研究会の設置（３施設） (2) 人事・会計・利用統計システムの改善 ア　人事給与システム 　法人の役職員に関する実態に則した「人事給与システム」の見直し、改善を行った。 　・給与改定、辞令作成処理、共済標準報酬改定 イ　会計事務システム 　決算処理の迅速化を図るためのシステム仕様の変更を行った。 ウ　利用統計システム 　利用団体及び主催事業参加者を対象とした利用に関するアンケートの集計業務を、法人本部と各施設が一体となって迅速に対処できるよう、現行の利用統計システムの運用の見直し及び統計処理の取扱いについて意識の統一を図り、業務の改善に努めた。	A	法人本部に「企画・評価課」を設置し、法人としての体系的な事業運営や内部評価体制を強化したことは評価できます。また、法人本部と各施設の連携による人事関連の諸課題の検討、施設間連携による事業の展開、各種システムの見直しなど、業務の改善に向けた取組みを通して、連携体制、事務の効率化に成果がみられました。 　今後は、更に業務内容の点検・見直しと法人全体としての情報の共有化を図り、事務の簡素化・効率化が引続き図られることを期待します。

Ａ：中期計画を十分に履行し、中期目標に向かって着実に成果を上げている。
Ｂ：中期計画をほぼ履行し、中期目標に向かって概ね成果を上げている。
Ｃ：中期計画を十分には履行しておらず、中期目標達成のためには業務の改善が必要。

<table>
<tr><th rowspan="2">中期計画の各項目</th><th>評価項目</th><th colspan="3">評価基準</th><th rowspan="2">評価に係る実績</th><th colspan="2">評定</th></tr>
<tr><th>指標</th><th>A</th><th>B</th><th>C</th><th>ABC評定</th><th>留意事項</th></tr>
<tr><td>I　業務運営の効率化に関する目標を達成するためにとるべき措置</td><td></td><td></td><td></td><td></td><td></td><td></td><td></td></tr>
<tr><td rowspan="5">2　光熱水料の節減、外部委託、情報化、調達方法、支払窓口の一本化等の見直しを進める。</td><td>業務の効率化状況</td><td colspan="3">・法人による内部評価の結果を踏まえつつ、各委員の協議により、評定を決定する。</td><td></td><td rowspan="5">A</td><td rowspan="5">職員の省エネルギーに向けての意識改革や利用者への協力依頼などを通して、光熱水料、特に電気料の節減に成果がみられました。今後は、電気や水道等の使用量にも留意した努力が望まれます。
外部委託に当たっては、各施設の実情を踏まえ、委託の必要性、効果などを明らかにしつつ、引き続き、効率的な業務運営や業務の質的向上を図ることができるよう努めていくことが望まれます。</td></tr>
<tr><td>①光熱水料の節減状況</td><td></td><td></td><td></td><td>各施設では、少年教育施設としての役割や利用者へのサービス低下を招くことがないように十分配慮しながら、設備等の改善、職員の意識改革に努め、光熱水料の削減を図った。
主な取組みは次のとおりである。「節電の表示（１３施設）」「巡回による不要照明の消灯（１１施設）」「休憩時間等の事務室の節電（９施設）」「節水の表示（９施設）」「シャワーの水量の調節（６施設）」など
〔光熱水料の支出実績額〕
<table>
<tr><th>区分</th><th>13年度実績額：A</th><th>14年度実績額：B</th><th>差引(A－B)：C</th><th>節減率 C/A</th></tr>
<tr><td>電気</td><td>148,017,573 円</td><td>137,778,351 円</td><td>10,239,222 円</td><td>6.9 %</td></tr>
<tr><td>水道</td><td>39,579,583 円</td><td>45,171,534 円</td><td>△ 5,591,951 円</td><td>△ 14.1 %</td></tr>
<tr><td>ガス</td><td>2,443,954 円</td><td>3,281,039 円</td><td>△ 837,085 円</td><td>△ 34.3 %</td></tr>
<tr><td>その他</td><td>59,094,867 円</td><td>59,183,964 円</td><td>△ 89,097 円</td><td>△ 0.2 %</td></tr>
<tr><td>合計</td><td>249,135,977 円</td><td>245,414,888 円</td><td>3,721,089 円</td><td>1.5 %</td></tr>
</table></td></tr>
<tr><td>光熱水料の節減率
★目標：１%
（前年度光熱水料－当該年度光熱水料）／前年度光熱水料
注）利用者数の増減を勘案する</td><td>1.5%以上</td><td>1.0%以上1.5%未満</td><td>1.0%未満</td><td>平成１３年度　249,135,977円（稼働数　1,346,962人）
平成１４年度　245,414,888円（　〃　1,392,864人）
45,902人増

節減率・・・１．５%：節減目標：１%

$\frac{\text{(13年度光熱水料実績額－14年度光熱水料実績額)}}{\text{13年度光熱水料実績額}} \times 100$

$\frac{(249,135,977円 - 245,414,888円)}{249,135,977円} \times 100 \fallingdotseq 1.5\%$</td></tr>
<tr><td>②外部委託の見直し状況</td><td></td><td></td><td></td><td>外部委託については、各施設の実情に即し、継続して行う外部委託を効率性・経済性の視点から見直しを行うとともに、新規に行う外部委託についてもコスト比較を行い、その必要性や効果等を十分検討して実施した。
(1)既存の外部委託の見直し・検討
１１施設がボイラー運転管理業務、庁舎清掃業務について、委託内容の見直しやパート職員賃金とのコスト比較等を行い、給食業務では２施設が食事環境や給食サービスの見直し、２施設が競争による業者の選定を行った。
更に、施設の維持管理上、必要な特殊業務並びに専門的な資格が必要な外部委託や法律に基づく外部委託について業務の内容に応じた積算を行い、外部委託を実施した。
なお、委託の必要性を検討した業務としては、警備委託業務、活動コース整備などであり、外部委託先の変更は、ボイラー運転管理業務、給食業務など５施設、６業務である。
(2)新規に実施した外部委託
１１施設で３２業務について、費用対効果の検討、利用者サービスの向上、維持管理業務の改善を図るための検討を行い、１６業務について新たな外部委託を実施した。</td></tr>
<tr><td>③事務の情報化の状況</td><td></td><td></td><td></td><td>法人化に合わせて整備した会計事務システム及び固定資産管理システムを継続しながら、今年度は、決算事務を見据えた仕様変更並びにシステムデータにおける事項の整理等の整備に着手し、事務処理が効率的に行えるようシステムの改善を図った。
(1)情報ネットワークを活用した取組み
各種文書ファイルの共有化については、平成１３年度に全施設が取り組んでいるが、共有する必要のある、「行事予定」「課・係毎ファイル」「電子掲示板」等の情報を更に追加し事務の情報化・効率化を推進した。
(2)ネットワーク等を活用したペーパーレス化に向けた取組み
各施設における定型文書データを可能な限りファイル化し、共有文書の拡充を図るとともに、ホームページから利用者等が予約状況の確認ができ、利用申込書等を直接印刷できるようにするなどペーパーレス化を進めた。</td></tr>
</table>

	項目	評価基準			実績		
	④物品の調達方法の改善状況 注）「国等による環境物品等の調達の推進等に関する法律」への対応に配慮する				各施設は、市街地から離れた場所に設置されているため、物品等の調達では相当の数量を確保し、事務の停滞を防止する方策がとられている。法人では会計規程を定め、調達方法の改善に努めた。事務用品のコピー用紙、印刷用紙、封筒類や生活必需品であるトイレットペーパー等は、相当数を確保し、市価よりも安価な調達を可能とする一括購入を行った。 また、日頃から市場調査に心掛け、効率的かつ経済的な調達を実現させる工夫を行い、限られた予算の執行に努めた。 なお、物品調達に際しては、「国等による環境物品等の調達の推進等に関する法律」（グリーン購入法）に基づいた調達に努め、エコマーク等の情報の活用など、できる限り環境負荷の少ない物品の調達に努めた。		
	⑤１％の業務の効率化 ★目標：１％ （運営費交付金予算額÷０．９９－運営費 交付金決算額）÷（運営費交付金予算額 ÷０．９９） 注）新規・拡充分を除く 注）目的積立金への積立分を除く	1.5%以上	1.0%以上 1.5%未満	1.0%未満 ※文部科学省独立行政法人評価委員会総会が示す統一的な考え方	光熱水料の節減等、法人一体となった事業運営の効率化を目指した結果、１４年度は2.9%の業務の効率化を図ることができた。 ○目　　標　：１％ **○14年度実績：2.9％** （運営費交付金予算額÷０．９９－運営費交付金決算額）÷（運営費交付金予算額÷０．９９） （4,250,022千円÷０．９９－4,169,591千円）÷（4,250,022千円÷０．９９）		

○国民に対して提供するサービスその他の業務の質の向上に関する事項

<table>
<tr><th rowspan="2">中期計画の各項目</th><th>評価項目</th><th colspan="3">評価基準</th><th rowspan="2">評価に係る実績</th><th colspan="2">評定</th></tr>
<tr><th>指標</th><th>A</th><th>B</th><th>C</th><th>ABC評定</th><th>留意事項</th></tr>
<tr><td>Ⅱ　国民に対して提供するサービスその他の業務の質の向上に関する目標を達成するためにとるべき措置</td><td></td><td colspan="3"></td><td></td><td></td><td></td></tr>
<tr><td rowspan="5">1　少年の団体宿泊訓練に関する事項
・主催事業
主催事業を計画するに当たり、①継続事業においては、前回の事業の成果を踏まえ、継続していく必要性や事業のねらいを明確にする、②新規事業においては、地域の実情に照らし、現代的課題とは何かについて、的確な情報を収集、調査分析を行い、その展開方法について各分野の専門家の意見を取り入れるなど、もっとも成果が上がるような計画を策定する。
また、計画策定に当たり、過去の同種の事業の参加人数や指導者の許容範囲を勘案しながら適性な事業規模とする。
事業終了後において、当初の目的が達成されたか、報告書を作成し、結果や評価等の調査研究を行う。
以上のことから中期目標期間中に、地域・課題等を考慮し、以下の主催事業を計画的に実施する。
(1)各施設の実情や立地条件等に基づいた、独自性を発揮した事業の企画、適切な目的・内容・方法・対象・時期などを踏まえた事業の実施、公立少年自然の家等に対する事業内容・運営手法などの成果の普及、事業評価に基づく課題の改善などを促す。
また、自然体験活動、ボランティア活動、環境学習 、異年齢交流など、適切な手法で事業の目的を達成するよう促す。
なお、事業の効果をより高めるために、施設周辺の自然環境の活用、関係機関等との連携、地域の課題への対応などにも留を促す。
(2)平成１４年度から実施の完全学校週５日制に対応するため、これまでの学校週５日制対応事業の成果 をまとめ、平成１４年度以降の学校週５日制対応事業について、その在り方を検討し、検討結果に沿って実施し、その成果を公立少年自然の家等に普及する。
(3)調査研究・開発体制を整え、新しい活動 プログラムの開発・実施・普及計画を立て、新規プログラムを開発し、公立少年自然の家等に普及する。
(4)主催事業参加者から高い評価が得られるよう、各施設において事業の企画、参加者への対応等が適切に行われるよう促す。</td><td>主催事業の実施状況</td><td colspan="3">・法人による内部評価の結果を踏まえつつ、各委員の協議により、評定を決定する。</td><td>〔主催事業における評価の視点〕
(1)事業の企画・立案段階に関しての評価
○継続事業：前回の事業内容の分析とその成果や課題を踏まえた改善状況○新規事業：ニーズの掌握、的確な情報の収集・分析を通した現代的課題に対応する事業の企画状況○専門家等からの意見の聴取と専門性の高い事業の実施状況
(2)事業の実施・展開段階での評価
○関係機関・団体との連携による事業展開の状況○効果的・効率的な事業運営○広報の適切性
(3)「事業の成果」に関する評価
○平成１３年度の「自己点検・評価」における課題への対応○事業のねらい・目的の達成状況
○参加者の満足度（８０％以上）○適切な定員による事業の実施○費用対効果の検討○事業成果の普及の取組み○改善すべき課題等の把握</td><td rowspan="5">A</td><td rowspan="5">「長期の自然体験」「不登校児童・生徒」「総合的な学習の時間」など、少年の「現代的課題」に対応した事業の展開とプログラム開発に成果がみられ、その努力は高く評価できます。
今後は、特に小学校低学年を対象とした事業を充実するとともに、「総合的な学習の時間」に関する取組み成果を発信し、一層、事業内容の充実を図っていくことが望まれます。</td></tr>
<tr><td>①現代的課題、今日的な少年教育に関する事業への取組状況</td><td colspan="3"></td><td>少年の現代的な課題や今日的な少年教育の課題に対応した事業では、特に「長期自然体験活動の充実と推進」「不登校児童・生徒等の適応」「総合的な学習の時間の充実」「環境学習の充実と促進」「障害児等の体験活動の充実」などをテーマとした事業を地域の連携協力を得て実施した。
<table>
<tr><th colspan="2">事業内容</th><th>事業数</th><th>参加者数</th><th>満足度</th></tr>
<tr><td colspan="2">①施設の特色･立地条件を生かした事業</td><td>１６</td><td>1,142</td><td>98.1%</td></tr>
<tr><td colspan="2">②少年の現代的な課題等に対応した事業</td><td>５３</td><td rowspan="10">4,677</td><td rowspan="10">96.5%</td></tr>
<tr><td rowspan="9">対応課題</td><td>ア.「長期自然体験活動」 ・・・・・・・・・・・(１４)</td><td></td></tr>
<tr><td>イ.「不登校児童・生徒等」対応 ・・・・・・(１０)</td><td></td></tr>
<tr><td>ウ. 学校と連携した「総合的な学習の時間」 ・・・(８)</td><td></td></tr>
<tr><td>エ.「障害児教育･ノーマライゼーション」 ・・・・(５)</td><td></td></tr>
<tr><td>オ.「環境教育」 ・・・・・・・・・・・・・・・(５)</td><td></td></tr>
<tr><td>カ.「国際理解･国際交流」 ・・・・・・・・・・(３)</td><td></td></tr>
<tr><td>キ.「科学教育」 ・・・・・・・・・・・・・・・(４)</td><td></td></tr>
<tr><td>ク.「異文化交流」 ・・・・・・・・・・・・・・(３)</td><td></td></tr>
<tr><td>ケ.「奉仕体験･奉仕活動」 ・・・・・・・・・・(１)</td><td></td></tr>
<tr><td colspan="2">③公立少年自然の家等のモデルとしての先導的事業</td><td>１５</td><td>1,001</td><td>98.3%</td></tr>
<tr><td colspan="2">④教育活動を積極的に外部に発信できる重点事業</td><td>２９</td><td>1,870</td><td>96.7%</td></tr>
<tr><td colspan="2">⑤自然体験活動の教育効果を立証する事業</td><td>２０</td><td>1,325</td><td>96.4%</td></tr>
<tr><td colspan="2">⑥その他少年の健全育成を図るための事業など</td><td>１７</td><td>3,187</td><td>95.8%</td></tr>
</table>
○これらのうち、２９事業を「重点事業」として位置付け、外部の専門家等を含む「プログラム企画・評価委員会」等の助言を得て事業を展開し、その成果を関係機関に発信することができた。
○継続事業についても同様に外部の専門家を含む検討会議を開催して参加者や地域のニーズ、少年の現代的課題、国立施設としての役割等から事業の必要性等を検討し、事業の廃止や統合を行うとともに、新規に７１事業を立上げ、実施した。※詳細は別添資料Ｐ１～１５参照</td></tr>
<tr><td>アンケート調査による参加者の満足度
★目標：８０％以上</td><td>90%以上</td><td>80%以上
90%未満</td><td>80%未満</td><td>９６．４%</td></tr>
<tr><td>②学校週５日制対応事業についての取組状況</td><td colspan="3"></td><td>学校週５日制の完全実施により、「学校週５日制対応事業」の充実を図り、子どもとその家族など、年度間を通して約２万５千人に活動の機会と場を提供した。この事業を通して､学校週５日制時における学校外活動を充実させるとともに、自然の中での家族の体験活動やコミュニケーションの機会を提供できた。※詳細は別添資料Ｐ１６～１８参照
<table>
<tr><td rowspan="2">取組状況</td><td colspan="2">・本年度から開始された「完全学校週５日制」に合わせ、シリーズ事業を含め６７事業を実施した。
・四季を通して各施設の立地条件や特色を生かした多様な体験活動（自然体験､農林漁業体験、創作活動、伝統文化活動体験など）を提供し、少年や家族等に、学校が休業となった土曜日を中心とする、学校外活動の機会を提供することができた。
・学校週５日制対応事業、施設開放事業を通して、参加者に少年自然の家の持つ教育機能の理解を深めることができた。
・ボランティアに対する自主的な活動の場と機会を提供することができた。</td></tr>
<tr><td>参加人数</td><td>25,662 人　（前年度比　12,851 人増）</td></tr>
</table></td></tr>
<tr><td>アンケート調査による参加者の満足度
★目標：８０％以上</td><td>90%以上</td><td>80%以上
90%未満</td><td>80%未満</td><td>９３．２%</td></tr>
</table>

③プログラムの開発及び普及状況

少年の体験を通した学習活動の可能性を探り、その充実を図るプログラムや少年自然の家と学校教育活動との連携・融合を推進するためのプログラムなど、少年や少年教育指導者等を対象とした主催事業を通して、新規事業８、継続開発を含め、合わせて２３のプログラム開発及び１３の調査研究を専門家等の協力を得て行った。※詳細は別添資料Ｐ１９～２１参照

	事業プログラムの開発	事業数
取組状況	①学校と連携した事業プログラム	6
	②少年の自主性･社会性を育む事業プログラム	9
	③不登校児童生徒の適応を目的とした事業プログラム	4
	④テーマを定めた実証的研究事業を通したプログラム	4
	調　査　研　究	
	･『長期の自然体験・生活体験活動の効果』『悩みを抱える中学生の自己概念・自己効力感・意思伝達能力等の変容』『障害児の自我関与による人間関係能力・生活能力等を高めるプログラム開発』など１３の調査研究を実施。	

④事業成果及び調査研究の取りまとめ状況と関係機関への普及状況

主催事業やプログラム開発を通して得た成果は、「調査研究報告書」「主催事業実施報告書」として取りまとめを行い、その成果を公立少年自然の家、県市町村の教育委員会、その他教育関係機関等に広く配付し、普及に努めた。

○事業成果・調査研究の取りまとめ状況

事業成果報告書等	刊　行　数	
主催事業実施報告書等	主催事業報告書　４０	４３
	所報　３	
調査研究報告書等		１３
合　計		５６

☆調査研究報告書の内容

施設名	報告書名	冊数
日高	シシリムカ（ボランティア登録制度、ボランティア学習、長期自然体験事業）	300
那須甲子	長期自然体験活動の効果に関する調査	1,000
	子どもの主体性をはぐくむ事業の開発	1,000
信州高遠	少年教育に必要な生活体験の理論と実践発	2,000
妙高	活動プログラムの指導集	500
	悩みを抱える青少年を対象とした体験活動推進事業　オープン・ザ・ドア	500
曽爾	ＣＤ－ＲＯＭ　国立曽爾少年自然の家	5,000
吉備	長期自然体験活動の企画と展開	1,500
	「総合的な学習の時間」を視野に入れた体験学習プログラムの開発	2,000
山口徳地	プロジェクトアドベンチャー施設の活用について	400
室戸	海の自然体験活動研究会報告書	1,000
夜須高原	夜須高原自然地域シリーズ（夜須式星座早見盤）	各200
	夜須高原自然地域シリーズ（夜須高原のシイタケさん）	
	夜須高原自然地域シリーズ（夜須のタケ取り物語）	
本部	少年自然の家利用に関する学校の意識等調査	500

2　少年の団体宿泊訓練のための利用に供するとともに、少年の団体宿泊訓練についての指導及び助言に関する事項
・受入れ事業
(1)施設を、少年の健全育成を目的として学校、団体、グループなどが実施する、少年及び少年教育に携わる指導者を対象にした団体宿泊訓練のための利用に供する。
(2)広報活動を積極的に行い、これまで青少年教育施設を利用したことのない団体を受け入れる。
(3)公立施設では受入れが困難な大規模（２００人超）利用・長期利用（５日以上）及び新規団体の利用などにも配慮しつつ、毎年度１３０万人程度の利用者を受け入れる。
(4)利用団体が利用目的を達成するために必要な指導・助言の在り方を検討し、事前の利用相談等において適切な指導・助言を行い、全利用団体の最低７０％を超える利用 団体が目的を達成するよう事業を行う。
(5)少年自然の家職員に対し、指導能力向上、企画能力向上、接遇の向上など、施設内外での研修機会を与える。
(6)利用団体の活動支援のための外部研修指導員、施設利用者に対して様々な援助を行うボランティアなどの確保及び資質・指導力向上のための研修機会を設け、利用団体のニーズに即した支援を行う。

受入れ事業の実施状況

・法人による内部評価の結果を踏まえつつ、各委員の協議により、評定を決定する。

「受入れ事業における評価の視点」
○年度内の目標稼動数の確保（１３０万人程度）○指導・助言に対する利用者の満足度（７０％以上）○利用目的の達成度（７０％以上）○新規団体の利用促進と広報活動の実施状況○利用者サービスの向上と職員研修の状況○利用団体の活動を支援する人材の確保と資質向上の研修状況○利用者の視点に立った改善状況
（中期目標期間中の全国の学校利用割合（法人としての目標値））
小学校・中学校・特殊教育諸学校：各１０％以上

①年間の稼動数
★目標：１３０万人程度

143万人以上	130万人以上143万人未満	130万人未満

★　目標：１３０万人程度
平成１４年度の稼動状況としては、目標である１３０万人程度を上回り、１３９万人であった。なお、利用団体を対象別にみると、75.3%が、「小学校」「中学校」「盲・聾・養護学校」の児童生徒、及び「青少年団体・グループ」「青少年教育施設・社会教育関係団体」「家族」など、少年及び少年教育関係者である。

☆月別稼働数・利用団体数

	稼働数	団体数		稼働数	団体数
４月	127,643	1,286	１０月	122,661	1,350
５月	179,207	1,953	１１月	62,786	974
６月	166,202	1,887	１２月	27,385	552
７月	174,604	2,052	１月	49,987	684
８月	217,441	2,819	２月	67,101	940
９月	121,687	1,460	３月	76,160	1,287
			合　計	1,392,864	17,244

※ 平成13年度稼働数1,346,962人
団体数14,231
平成14年度稼働数1,392,864人
団体数17,244
稼働数の増45,902人
（前年度比3.3%の増）

☆施設別稼働数・利用団体数

施設名	稼働数	団体数	施設名	稼働数	団体数
日　高	92,032	1,213	曽　爾	115,909	1,422
花　山	92,006	1,190	吉　備	96,494	1,025
那須甲子	160,416	1,917	山口徳地	87,185	1,681
信州高遠	103,122	1,124	室　戸	63,875	1,014
妙　高	107,047	1,105	夜須高原	129,504	1,395
立　山	83,913	1,056	諫　早	100,628	872
若狭湾	78,957	723	大　隅	81,776	1,507
			合　計	1,392,864	17,244

②新規利用団体受入れに対する取組状況

(1)新規利用団体の実績
新規利用団体は、１７，２４４団体中、７，９３７団体であり、全利用団体の46.0%である。

(2)利用促進のための資料の作成・送付
・地域の関係機関・団体へのパンフレット送付（１２施設）
・利用対象に応じた広報資料の作成（１０施設）
・新規利用が見込まれる団体へのパンフレット及び利用の手引きの送付（８施設）

(3)広報活動の展開
・小中学校を訪問し広報活動を実施（９施設）
・未利用団体へのポスター・チラシ等の配布（８施設）
・青少年団体を訪問し広報活動を実施（７施設）

③指導・助言に対する満足度
★目標：７０％以上

80%以上	70%以上80%未満	70%未満

☆事前打合せ等の指導・助言に対する満足度

事前打合せを実施された場合、今回の利用に生かされましたか。
回収数　7,645

満　足	とても生かされた 生かされた	93.9%
不　満	あまり生かされなかった 全く生かされなかった	6.1%

A

各施設とも学校等への直接訪問をはじめとする積極的な広報活動により、小・中学校や青少年団体の利用促進に努め、目標の１３０万人を大きく上回る１３９万人を受け入れるとともに、新規利用団体が４６％であることは、幅広い広報活動の結果であると評価できます。
また、利用者の満足度についてすべての項目で９０％以上の高い満足度を得ていることは評価できます。
更に、受入れ事業において、法人独自の学校利用に係る割合（目標値）を掲げた取組みは、高く評価できます。
今後は、一層、各施設のホームページの充実を図るとともに、利用団体の活動を支援するボランティアや専門的指導員の計画的な養成と確保に一層努めていくことが望まれます。

④アンケート調査による利用者の満足度 ★目標：７０%以上	80%以上	70%以上80%未満	70%未満

平成１３年度の法人化以来、各施設共に顧客満足度を高めるために、アンケート、専門家・地域住民との懇談会等の意見を踏まえた様々な業務改善を行っている。その結果、「生活面に対する満足度(91.5%)」「活動面に対する満足度(91.9%)」「職員に対する満足度(91.7%)」「「利用目的の達成度(97.1%)」と１４施設全体の平均で高い満足度が得られた。なお、各項目に対する「不満」についてはアンケートを詳細に分析し、改善に努めている。

☆生活面に対する満足度

少年自然の家の生活はいかがでしたか 回収数 8,229		
満　足	とても良い	91.5%
	良い	
不　満	どちらとも言えない	8.5%
	あまり良くない	
	悪い	

☆活動面に対する満足度

少年自然の家の活動はいかがでしたか 回収数 8,573		
満　足	とても良い	91.9%
	良い	
不　満	どちらとも言えない	8.1%
	あまり良くない	
	悪い	

☆職員に対する満足度

職員の対応や指導はいかがでしたか 回収数 8,777		
満　足	とても良い	91.7%
	良　い	
不　満	どちらとも言えない	8.3%
	あまり良くない	
	良くない	

☆利用目的の達成度

利用目的は達成されましたか 回収数 8,696		
満　足	達成された	97.1%
	ほぼ達成された	
不　満	達成できなかった	2.9%

⑤利用者サービス向上のための職員に対する研修の計画的な実施状況

法人２年目となった１４年度は、各施設とも「職員の資質向上を図るための研修」「接遇研修」「新任職員研修」等、利用者サービスの向上を目指した内部研修を積極的に実施した。

また、外部研修においては、資質向上のための研修に職員を派遣するとともに、指導者としての専門性を高める研修への参加を積極的に行った。なお、次年度からの職員の専門性・指導能力の向上を目指す「長期海外実践研修」の実施に向けての準備を進めた。

☆「内部研修」

区　分　及　び　内　容	件　数	延べ参加者数（人）
職員の資質向上を図るための実践的研修事業等の実施	42	330
接遇に関する研修	17	206
防災・救急法等の研修	31	530
活動プログラムの習得の研修	46	1,136
新任職員に対する研修	19	111
その他の研修	13	159
合　　計	168	2,472

☆「外部研修」

区分及び内容	件数	参加者数（人）
施設職員としての資質向上を図る研修	52	202
自然体験に関する研修	18	26
社会教育に関する研修	6	23
青少年指導者の国際理解に関する研修	6	19
安全管理･健康管理に関する研修	22	65
実務研修	64	94
接遇に関する研修	2	19
合計	170	448

⑥利用団体の活動支援のための人材等の確保及び資質等向上のための研修実施状況

☆人材等の確保
多分野にわたる外部の専門的指導員を確保するため、地域で各種の技能を持つ人材の登録、他機関や地域からの人材発掘、推薦、「人材バンク」の共有などを行い、専門的指導員の確保に努めた。
ボランティアの確保・研修については、９ページ参照。
平成１４年度における利用団体の活動を支援する外部の専門的指導員は、４２８名である。
また、ボランティアの登録者数は１，０６９名である。
☆資質向上のための研修

研修内容	実施施設	参加人数（人）
指導員と職員の相互研修会	4	68
指導員連絡会	3	84
能力向上のためのリーダー研修会	2	70
ボランティアの資質向上研修	6	142
指導員に対する所長等の講話	2	52
合計	１７	416

３　少年の団体宿泊訓練に関し、少年教育指導者の研修に関する事項
・主催事業
(1) 特に専門性の高い、少年教育に携わる指導者の資質向上を目的とした、次のようなブロック規模・全国規模の研修事業や地域課題に対応した研修事業を実施する。
ア　少年団体指導者、施設職員等を対象にした研修
イ　ボランティア養成研修
ウ　外部研修指導員を対象にした研修
エ　指導者の企画力や専門性等を高める研修

少年教育指導者研修の実施状況

・法人による内部評価の結果を踏まえつつ、各委員の協議により、評定を決定する。

①少年団体指導者、施設職員等を対象とした研修の実施状況

少年団体や利用団体の指導者、少年自然の家職員等を対象に、指導力や資質向上を図り、企画力や専門性を高めるため指導者研修事業を下記のとおり実施した。
また、本部主催による、少年自然の家での「総合的な学習の時間」を普及するための校長・教頭等の管理職を対象とした「体験活動研究協議会」を実施することにより、少年自然の家や体験活動に対する理解を図った。※詳細は別添資料Ｐ２２～２９参照

☆少年教育指導者等を対象とした研修

	研修内容	事業数	参加者数
取組状況	①少年団体指導者等を対象とした研修	14	933
	②公立施設職員を対象とした研修	9	265
	③ボランティアの養成･資質向上研修	21	840
	④指導者の企画力・専門性を高める研修	14	561
	⑤民間団体・専門機関との連携事業	21	1,074
合計		79	3,673

アンケート調査による参加者の満足度 ★目標：８０％以上	90%以上	80%以上 90%未満	80%未満

93.7%

A

少年教育指導者研修を法人全体として体系的に実施していくため、研修形態や法人本部と各施設の役割分担の在り方、研修プログラムの検討など、体系化に向けた取組みに成果がみられました。
今後は、この体系化に基づく専門性の高い少年教育指導者・スタッフの養成とボランティア養成プログラムの整備に努め、指導者研修事業が一層充実していくことが望まれます。

	②ボランティア養成研修の実施状況				高校生から社会人を対象としたボランティア養成事業を実施し、８４０名のボランティア希望者の参加を得ることができた。また、少年自然の家におけるボランティアの資質や技術向上を図るため、実践的な資質向上研修を実施した。 更に、ボランティアの企画による事業等を実施することにより、実践的な指導法を習得する機会を提供した。 ☆ボランティア研修事業 研修内容／事業数／参加者数 養成研修／16／698 資質向上研修／5／142 合計／21／840	
	アンケート調査による参加者の満足度 ★目標：８０％以上	90%以上	80%以上 90%未満	80%未満	96.9%	
4 前項の業務に附帯する事項 (1)施設・設備の充実 主催事業参加者や利用団体の意見やニーズを把握し、団体宿泊訓練が効果的に行われるような施設・設備の計画的充実を図る。 (2)広報活動の充実を図るための計画 刊行物等広報関係資料の配布など、事業の広報活動及び実施事業の成果の普及・啓発等を各施設の実状等を踏まえて効率的に行う。	附帯業務の実施状況	・法人による内部評価の結果を踏まえつつ、各委員の協議により、評定を決定する。				
	①施設・設備の計画的充実に関する取組状況				※「Ⅶ—１　施設・設備の整備状況」に記載	
	②広報活動の充実に関する取組状況				※「Ⅱ－１主催事業の実施事業、Ⅱ－２受入事業の実施状況」に記載	

① 独立行政法人国立青年の家の平成14事業年度に係る業務の実績に関する評価（全体評価）

評価項目	評　価　の　結　果
○ 事業活動	・主催事業について 主催事業の企画・実施に当たっては，法人の使命や目標に照らし，事業の必要性を確認し，青年の家が持つすべての教育機能を活用し，各青年の家の実情や立地条件に基づき，環境学習やひきこもりなどの今日的な青年教育の課題に対応した多様な事業を実施して成果を上げ，報告書に加えてホームページを活用して広く国民に情報提供したことは評価できます。また，１３の青年の家が統合したメリットを生かした事業展開をするために策定した法人の統一テーマ「環境」「ボランティア」について，効果的な実施に向けて検討を進めていることを評価し，その成果に期待します。 ・受入れ事業について 職員の意識改革が進み，指導・助言態勢の充実，利用者のニーズの把握と要望への迅速な対応などサービスの向上が図られ，利用者が少なかった期間の稼働数を大きく伸ばし，１５６万人を超える利用者を確保したことは高く評価できます。対象別に作成した広報資料の配布，広報重点地域を絞り込んだ直接訪問での広報活動に加えて，ホームページを活用して空室状況や活動プログラム等の情報提供など新たな広報活動に取り組んでいることも評価できますが，今後更に，ホームページを活用した広報活動の充実を望みます。
○ 業務運営	・施設の連携体制について 法人本部に企画・評価課を設置したことによる事業戦略・内部評価体制の強化，法人本部主導による情報の共有化，業務の改善に向けた取組，各種システムの改善などを通して，法人本部と各青年の家の連携体制，業務の合理化を推進したことは評価できます。全国に分散した１３の青年の家が統合したメリットを生かした業務運営を行うため，連携体制の強化と組織の一元化を更に進めることが望まれます。 ・職員の意識改革について コスト意識の浸透や利用者に対する職員のサービス・ホスピタリティの醸成をしたことは素晴らしいことと評価します。
1　財務	・業務の効率化について 職員の節減意識の向上を図り，利用者数が大幅に増加する中，利用者サービスの低下を招くことがないように配慮しながらなお，光熱水料の7.4%節減，契約方法・外部委託の見直し，物品調達方法の改善等を実施した結果，2.2%の業務の効率化を達成したことは高く評価できます。今後，光熱水料については，電気や水道等の使用量にも注目した努力も望まれます。また，外部委託については，委託の必要性，人件費とのコスト比較などの見直しを行い，効率的な業務運営や業務の質的向上を図ることができるよう引き続き努めていくことが望まれます。 収入の確保について，自己収入，外部資金ともに努力の成果が表れていますが，更に前向きに努力することが望まれます。
2　人事	・人事管理について 円滑な事業の推進と組織の活性化のため，プロパー専門職員等３人の採用と１５年度採用に向けた準備，新たな人事交流の実施など多様な人材確保の積極的な取組は高く評価できますが，公募の方法などの工夫が更に望まれます。
3　その他	・施設整備について 限られた予算の中で効率的な施設整備に努めていますが，今後，特に自然環境に配慮しながら，施設の老朽化や時代のニーズに対応するための施設整備を進めることが望まれるとともに，身障者等の利用への配慮や受動喫煙防止等利用者の健康に留意した施設運営に一層努力することを期待します。

事業活動全体，業務運営（財務，人事等）など法人の業務全体にわたる横断的な観点から，項目別評価の結果を踏まえつつ，法人の業務実績について記述式により評価する。

評価項目	評　価　の　結　果
◎ 総　評	今日，青年の価値観が多様となり，青年教育に対する課題もまた多様となっていく中で事業活動の方向性を定めることも大変難しいことではありますが，法人化したことで全国に分散した１３の青年の家が連携体制を整えつつ，青年教育の課題に積極的に取り組んでいます。 法人２年目になり理事長のリーダーシップのもとに，法人本部に企画・評価課を設置して内部評価体制を強化し，更に外部有識者による評価を行ったことにより，法人の課題を明らかにして意欲的に業務運営の改善に努めたことは評価できます。 職員の意識改革を最優先の課題として職員研修を積極的に行い，サービスの向上，事業の効果的な実施，情報の共有化に取り組み，稼働数を大幅に伸ばす中で，業務の効率化・光熱水料の節減等の実績を挙げたことは高く評価することができます。 ひきこもりや凶悪犯罪は増加傾向にあり，青少年をめぐる様々な問題が深刻な社会問題となっており，次代を担う青年の健全育成が喫緊な政策課題となり，思いやりの心や他者とかかわる能力，自主性・社会性などの豊かな人間性を育む必要性が指摘されています。 こうしたことから，現代の青少年をとりまく様々な諸課題を解決するに当たり，青年教育の中核である国立青年の家の重要性はますます高まっており，今後，国立青年の家は，次代を担う青年の健全な育成を図るという使命を果たしていくため，１３の青年の家のネットワークを生かし，青年の家が持つ教育機能を遺憾なく発揮し，「体験」と「交流」を通して青年に「発見」と「感動」を与えるというビジョンの実現に向けて，法人が一体となって努力することを強く期待します。

項目別評価及び上記の横断的な評価を総合し，法人の活動全体についての総評を記述する。

②　独立行政法人国立青年の家の平成14事業年度に係る業務の実績に関する評価（項目別評価〈抜粋〉）

<table>
<tr><th rowspan="2">中期計画の各項目</th><th>評価項目</th><th colspan="3">評価基準</th><th rowspan="2">評価に係る実績</th><th colspan="2">評定</th></tr>
<tr><th>指標</th><th>A</th><th>B</th><th>C</th><th>ABC評定</th><th>留意事項</th></tr>
<tr><td>II　国民に対して提供するサービスその他の業務の質の向上に関する目標を達成するためにとるべき措置</td><td></td><td colspan="3"></td><td></td><td></td><td></td></tr>
<tr><td rowspan="3">1　青年の団体宿泊訓練に関する事項
・主催事業
主催事業を計画するに当たり、①継続事業においては、前回の事業の成果を踏まえ、継続していく必要性や事業のねらいを明確にする、②新規事業においては、地域の実情に照らし、現代的課題とは何かについて的確な情報を収集、調査分析を行い、その展開方法について各分野の専門家の意見を取り入れるなど、もっとも成果が上がるような計画を策定する。
また、計画策定に当たり、過去の同種の事業の参加人数や指導者の許容範囲を勘案しながら適正な事業規模とする。
事業終了後において、当初の目的が達成されたか、報告書を作成し、結果や評価等の調査研究を行う。
以上のことから中期目標期間中に、以下の主催事業を計画的に実施する。
(1) 各施設の実情や立地条件等に基づいた、独自性を発揮した事業の企画、適切な目的・内容・方法・対象・時期などを踏まえた事業の実施、公立青年の家等に対する事業内容・運営手法などの成果の普及、事業評価に基づく課題の改善を促す。
また、野外活動、スポーツ活動、文化活動、伝統文化活動、ボランティア活動、国際交流活動など、適切な手法で事業の目的を達成するよう促す。
なお、事業の効果をより高めるために、施設設備、施設周辺の自然環境や社会環境、関係機関等との連携、地域の課題への対応などにも留意する。
(2) 平成１４年度から実施の完全学校週５日制に対応するため、これまでの学校週５日制対応事業の成果をまとめ、平成１４年度以降の学校週５日制対応事業について、その在り方を検討し、検討結果に沿って実施し、その成果を公立青年の家等に普及する。
(3) 調査研究・開発体制を整え、新しい活動プログラムの開発・実施・普及計画を立て、新規プログラムを開発し、公立青年の家等に普及する。
(4) 主催事業参加者から高い評価が得られるよう、各施設において事業の企画、参加者への対応等が適切に行われるよう促す。</td>
<td>主催事業の実施状況</td><td colspan="3">・法人による内部評価の結果を踏まえつつ、各委員の協議により、評定を決定する。</td>
<td>〔主催事業のねらい〕
青年の家の使命である「青年の健全育成」を図るため，青年の家が持つすべての教育機能を活用して，青年に「体験」と「交流」を通して「発見」と「感動」を与え，次代を担う青年の健全育成に寄与する。

〔主催事業の進め方〕
事業の実施に当たっては，年度計画に従って効果的な事業運営を行うため，各施設に「主催事業の企画・推進体制」を整備し，下記の要領で調査・立案，計画，実施，評価を行い，主催事業の質の向上を図った。
（１）調査・立案：①課題の洗い出し，②ニーズの把握，③ねらいの明確化，④推進体制の整備，⑤予算の確保，⑥評価方法の確立
（２）計画：①運営計画・広報計画の策定，②健康・安全対策，③実踏調査
（３）実施：①関係機関との連携，②講師との連携，③状況に応じた対応，④ボランティアの活用
（４）評価：①成果の分析・とりまとめ，②課題の洗い出し

〔主催事業の評価の視点〕
（１）企画・立案に関する評価
①企画・立案体制及び手続き，②事業の必要性・ねらい，③ニーズの把握状況，④プログラムの計画性
（２）実施に関する評価
①ねらいの周知状況，②プログラム内容の妥当性，③関係機関等との連携状況，④学習環境の妥当性，⑤健康・安全面での対応状況，⑥広報の内容・方法の効果
（３）事業実施及びねらいの達成度に関する評価
①参加者の評価・満足度，②関係機関・講師等の評価，③職員の評価（成果と課題）</td>
<td rowspan="3">A</td>
<td rowspan="3">○主催事業の企画・実施に当たっては，法人の使命や目標に照らし，事業の必要性を確認し，さらに事業の進め方や評価の視点を明らかにして，青年の家が持つすべての教育機能を活用し，各青年の家の実情や立地条件に基づき，環境学習やひきこもりなどの今日的な青年教育の課題に対応した多様な事業を実施して成果を上げています。

○全国に分散した１３の青年の家が統合したメリットを生かした事業展開をするため，法人の統一テーマを「環境」「ボランティア」として，効果的な実施に向けて検討を進めていることを評価し，その成果に期待しています。

○主催事業やプログラム開発，調査研究等の成果を報告書等にまとめ，公立青年の家等へ普及することに加えて，ホームページを活用して広く国民に情報提供したことは評価できますが，ホームページを活用した普及について，更に充実させることを望みます。</td></tr>
<tr><td>①現代的課題、今日的な青年教育に関する事業への取組状況</td><td colspan="3"></td>
<td>青年教育の中心的な拠点として，青年教育の現代的課題や今日的な青年教育の課題である環境学習・国際交流・科学離れ・自然体験などについて，各青年の家の実情や立地条件，地域の課題等を踏まえて，独自性を発揮した先導的・広域的な主催事業を次のとおり１１７事業（新規：１９事業，継続：９８事業）を実施した。募集人数６４，１０５人に対して７４，４４２人が参加した。
<table>
<tr><th>事業区分</th><th>事業数</th><th>参加者数</th><th>満足度</th></tr>
<tr><td>施設の立地条件を生かした先導的な事業</td><td>２８</td><td>２，３０１</td><td>９７．８%</td></tr>
<tr><td>広域的な事業</td><td>２３</td><td>９，１６３</td><td>９３．０%</td></tr>
<tr><td>地域の中核施設としての事業</td><td>２８</td><td>５９，２７６</td><td>９６．５%</td></tr>
<tr><td>国の施策を具現化する事業</td><td>２６</td><td>１，２６５</td><td>９４．６%</td></tr>
<tr><td>関係機関との連携する事業</td><td>１２</td><td>２，４３７</td><td>９７．０%</td></tr>
<tr><td>合　計</td><td>１１７</td><td>７４，４４２</td><td>９６．８%</td></tr>
</table>
詳細については、別添資料Ｐ１～２１参照

継続事業については，事業の必要性等を検討し，事業の廃止や統合を行い，２４事業を廃止し，１９事業を新規に立上げ，時代のニーズに対応した事業展開を行った。</td></tr>
<tr><td>アンケート調査による参加者の満足度
★目標：８０%以上</td><td>90%以上</td><td>80%以上
90%未満</td><td>80%未満</td><td>96.8%</td></tr>
</table>

②学校週５日制対応事業についての取組状況

学校週５日制の完全実施に伴ない，これまでの学校週５日制対応事業の成果をまとめ，平成１４年度以降の事業の在り方について検討し，学校外活動支援の一環として，自然体験活動や勤労奉仕体験の場を提供するため，様々な事業を展開した。

高校生や中学生，小学生，更に家族を対象に，次のような１８事業（新規：６事業，継続：１２事業）を実施し，青年が企画・運営スタッフとして参画できるような仕掛けを行い，異年齢集団での活動できる機会を設定した。募集人数２，１１０人に対して１，９６３人が参加した。

事　業　内　容	事業数	参加者数
自然体験活動	7	９７４人
ボランティア活動	3	１４５人
スポーツ活動	4	２９８人
文化活動	2	３２５人
創作活動	1	４１人
その他	1	１８０人

詳細については、別添資料Ｐ２２～２４参照

継続事業については，事業の必要性等を検討し，事業の廃止や統合を行い，２事業を廃止し，６事業を新規に立上げ，時代のニーズに対応した事業展開を行った。

アンケート調査による参加者の満足度 ★目標：８０％以上	90%以上	80%以上 90%未満	80%未満	97.0%

③プログラムの開発及び普及状況

青年の家では，時代のニーズ・利用者のニーズに応えるため，積極的にプログラムを開発していく必要があり，開発の目的を大きく３つに分けて実施した。

（１）新規プログラム開発事業

施設名	事　業　名
大雪	高等学校・施設連携研究協議会
	主催事業プログラム研究会
	ゆーすぴあ大雪ニューイベントプラン開発事業
能登	セカンドスクール高等学校
	セカンドスクール中学校
	セカンドスクール小学校
乗鞍	指導者養成セミナーのカリキュラム開発

(2) 新規主催事業として，事業全体を開発・コーディネートし，公立青年の家や関係機関等に普及する。

事　業　区　分	事業数
施設の立地条件を生かした先導的な事業	7
広域的な事業	3
地域の中核施設としての事業	5
国の施策を具現化する事業	3
関係機関との連携事業	1
学校週５日制対応事業	6
青年団体指導者，施設職員等を対象にした研修事業	17
ボランティアを対象とした研修事業	5
プログラムの開発・調査研究及び関係機関への普及	3
計	50

(3) 効果の高い受入れ活動プログラム（アクティビティ）を開発・導入し，利用者に供する。

活動内容	ﾌﾟﾛｸﾞﾗﾑ数	活動プログラム事例
野外活動	16	いかだ航海体験，沢登り，イグルー作りなど
スポーツ活動	15	車イスバスケット，ウォーターバレーなど
文化活動	7	石見銀山研究，飛騨高山の生活文化体験など
伝統文化活動	4	夢灯り，わら細工，凧つくりなど
勤労生産活動	2	酪農体験，リンゴ園作業体験
その他	1	環境教育プログラム集
計	45	

利用者への広報・周知については，「概要」や「利用のガイドブック」，「活動プログラムガイド」などの資料への掲載，利用相談時の紹介，所内掲示物での紹介など多様な方法で普及促進を図った。

④事業成果及び調査研究の取りまとめ状況と関係機関への普及状況

青年教育の振興を図るため，主催事業や調査研究で得られた成果を報告書等にまとめ，公立青年の家，教育委員会等へ広く配布し，普及に努めた。また，多様な普及方法として，事前広報や事後の結果周知で新聞・雑誌・テレビ・ラジオなどのマスメディアの有効活用，職員が直接会議等に出向いての報告，施設職員の研修会等での発表，ホームページを利用した広域な周知活動にも取り組んだ。

（１）事業成果の取りまとめと普及状況

主催事業やプログラム開発で得られた成果を次のように報告書等にまとめ，公立青年の家等への普及を行った。

報告の方法	報告数（施設数）
全主催事業を対象とした報告書	９（９施設）
主催事業ごとの報告書	１４（６施設）
全主催事業を対象にした報告書(CD-ROM)	１（１施設）
ホームページに事業報告を掲載	３５（３施設）

（２）調査研究の取りまとめと普及状況

調査研究体制を整備し，事業実施で得られた成果を調査研究，取りまとめを行うために３事業実施した。

施設名	事業名	趣旨	新規継続の別	成果の普及
磐梯	受入れ事業の評価に関する調査研究	受入れプログラムの調査・分析・評価を行い，教育効果の高い受入れプログラムを開発することを通して，青年の家の教育機能を高める。	新規	①現在，調査研究報告を作成中。②所報（1,000部発行）に掲載し，近隣各教育委員会・学校・公立施設等に送付予定。③独立行政法人国立オリンピック記念青少年総合センター研究紀要「青少年フォーラム」に論文投稿予定。
乗鞍	小・中・高校生のボランティア等の在り方に関する調査研究	岐阜県飛騨地方の風土に根付いた題材を基に，地域を守り発展させているボランティアの活動を，小・中・高校生が実際に行うことを通して，思いやりの心を豊かにし自分の大切さを知るとともに社会参加の気持ちを高める。	継続	①国立オリンピック記念青少年総合センターと「青少年のボランティア学習プログラムの在り方に関する調査研究報告書」(1,500部）をまとめ，全国の関係機関にその成果を報告。主な配布先は，文部科学省，国立教育機関，国公立青少年教育施設，都道府県教育委員会，中青連加盟団体等。その他，国立オリンピック記念青少年総合センターHPに全文掲載予定。②平成１５年度の乗鞍青年の家主催事業として「ぼちぼちやらまいかボランティア」を小・中・高校生を対象に年間２回実施し，その成果を発信。
沖縄	いきいき自然体験キャンプ	心因性の不登校児童・生徒を対象に自然体験や集団生活等を体験させることにより，社会的な適応を支援する。	継続	①調査研究報告書（1,000部）を作成し，県内各適応指導教室並びに小・中・高等学校に配布し，不登校対策の参考資料とする予定。②調査・研究に関心の高い大学等へ送付予定。

詳細は，別添資料Ｐ４２参照

中期計画の各項目	評価項目 指標	評価基準 A	B	C	評価に係る実績	評定 ABC評定	留意事項
2 青年の団体宿泊訓練のための利用に供するとともに、青年の団体宿泊訓練についての指導及び助言に関する事項 ・受入れ事業 (1) 施設を、青年の健全育成を目的として学校、団体、グループなどが実施する、青年及び青年教育に携わる指導者を対象にした団体宿泊訓練のための利用に供する。 (2) 広報活動を積極的に行い、これまで青少年教育施設を利用したことのない団体を受け入れる。 (3) 公立施設では受入れが困難な大規模（２００人超）利用・長期利用（５日以上）及び新規団体の利用などにも配慮しつつ、毎年度１４０万人程度の利用者を受け入れる。 (4) 利用団体が利用目的を達成するために必要な指導・助言の在り方を検討し、事前の利用相談等において適切な指導・助言を行い、全利用団体の最低７０％を超える利用団体が目的を達成するよう事業を行う。 (5) 青年の家職員に対し、指導能力向上、企画能力向上、接遇の向上など、施設内外での研修機会を与える。 (6) 利用団体の活動支援のための外部研修指導員、施設利用者に対して様々な援助を行うボランティアなどの確保及び資質・指導力向上のための研修機会を設け、利用団体のニーズに即した支援を行う。	受入れ事業の実施状況	・法人による内部評価の結果を踏まえつつ、各委員の協議により、評定を決定する。			青年の健全育成を目的とした利用対象である大学・各種学校・専門学校・高等学校・青年団体・企業や公共団体等が実施する多様で主体的な学習活動を促進するため，広く学習の機会や場を提供し，青年が「体験」と「交流」を通して，「発見」と「感動」を得ることができるように，活動プログラムの充実，効果的な指導・助言，サービスの向上に努めた。 豊かな自然に囲まれた立地条件を生かした様々な体験活動・野外活動，講堂や研修室を用いた講演・講義・研修・演習，楽器演奏・演劇等の文化活動，体育施設等を用いたスポーツ活動，更に環境学習・奉仕体験活動などを活動プログラムとして提供し，自主的な活動並びに効果的な実施ができるように支援している。	A	○職員の意識改革が進み，利用団体の目的達成のため，指導・助言態勢の充実，利用者のニーズの把握と要望への迅速な対応などサービスの向上が図られ，利用者が少なかった秋から冬の稼働数を大きく伸ばし，１５６万人を超える利用者を確保したことは高く評価できます。 ○広報活動では，対象別に作成した広報資料の配布，広報重点地域を絞り込んだ直接訪問での広報活動に加えて，ホームページを活用して空室状況や活動プログラム等の情報提供，掲示板を利用した利用者との情報交換などの新たな広報活動への取組は評価できますが，今後更にホームページを活用した広報活動の充実を望みます。
	①年間の稼働数 ★目標：１４０万人程度	154万人以上	140万人以上154万人未満	140万人未満	１４年度稼働数：１，５６４，３７６人（団体数１６，０８３団体） １３年度稼働数：１，５０７，５３２人（団体数１３，１５７団体） 稼働数増減：３．８％増　団体数増減：２２．２％増 （1）月別稼働数・利用団体数（下表） （2）青年の家別稼働数・利用団体数（下表）		

（1）月別稼働数・利用団体数

	稼働数	増減比	団体数	増減比
４月	177,057	+7.7%	1,339	+42.8%
５月	200,179	+3.7%	1,521	+26.6%
６月	172,063	－3.9%	1,489	+37.7%
７月	165,073	+0.8%	1,630	+11.3%
８月	214,722	+4.8%	2,166	+17.6%
９月	126,901	+1.0%	1,443	+27.2%
１０月	119,600	+2.5%	1,340	+32.5%
１１月	74,811	+19.7%	1,041	+11.7%
１２月	62,217	+0.1%	751	+7.7%
１月	63,313	-5.9%	844	+15.6%
２月	75,392	+13.0%	1,043	+28.8%
３月	113,048	+11.6%	1,476	+12.1%
合計	1,564,376	+3.8%	16,083	+22.2%

（2）青年の家別稼働数・利用団体数

	稼働数	増減比	団体数	増減比
大雪	113,235	+6.7%	804	+18.1%
岩手山	110,507	+7.8%	1,003	+14.5%
磐梯	151,292	+4.7%	1,409	+33.7%
赤城	116,459	+2.3%	1,218	+32.1%
能登	104,540	+11.4%	788	+14.2%
乗鞍	102,761	+2.0%	889	+56.8%
中央	144,032	+5.6%	1,682	+9.1%
淡路	141,010	-0.5%	997	+41.6%
三瓶	110,826	-0.4%	1,005	+13.3%
江田島	122,992	+0.5%	1,387	+4.3%
大洲	133,567	+1.0%	2,888	+24.1%
阿蘇	142,806	+1.8%	1,339	+27.6%
沖縄	70,349	+13.8%	674	+27.7%
合計	1,564,376	+3.8	16,083	+22.2%

②新規利用団体受入れに対する取組状況				（１）新規利用団体数 １４年度：５，１１２団体（全利用団体数１６，０８３団体） １３年度：４，２１３団体（全利用団体数１３，１５７団体） 団体数伸び率：２１．３％ （２）新規利用団体確保のための広報活動状況 ①各青年の家の特色を生かした広報活動の推進 ア　対象別に作成したパンフレット・リーフレットの作成・配布 イ　広報重点地域を絞込み，直接訪問による広報 ウ　施設ボランティアを「あかぎ大使」に任命し，ロコミでの広報　など ②ホームページの積極的な活用 ア　本部と全国１３青年の家で，本格的なホームページ稼働 イ　利用団体から需要・利便性の高い「空室状況」を情報提供 ウ　活動プログラムや施設・設備について情報提供 エ　「利用者の声」として利用者アンケートでの意見とそれに対する青年の家からの回答を掲載 オ　「掲示板」を作成し，利用者との情報交換を実施 ③連携・協業による広報活動 ア　第１４回生涯学習フェスティバルに出展し，全国的な広報を展開 イ　地元バス会社と協業し，バスカードに広報デザインをプリント ウ　マスコミの協業で，新聞・テレビ・ラジオ等で広報
③指導・助言に対する満足度 ★目標：７０％以上	80%以上	70%以上 80%未満	70%未満	（１）事前打合せでの指導・助言に対する満足度 ９８．７％ （２）受入れ事業実施時の指導・助言に対する満足度 ９８．５％
④アンケート調査による利用者の満足度 ★目標：７０％以上	80%以上	70%以上 80%未満	70%未満	（１）利用に対する満足度：９９．２％ （２）研修や活動のための施設・設備に対する満足度：９７．７％ （３）食堂の施設・設備に対する満足度：９８．１％ （４）宿泊のための施設・設備に対する満足度：９３．７％ （５）入浴のための施設・設備に対する満足度：９３．０％ （６）青年の家職員の対応や指導に対する満足度：９９．０％ （７）食堂職員の対応に対する満足度：９８．３％ なお，不満足と答えた利用団体については，不満足な点について記述意見を参考にしたり，追跡調査を行ったりして改善に努めた。主な改善事例は，①アレルギー対応メニューなど食事メニューの改善，②野外活動コースの整備やマップの作成，③ビデオによる施設利用の説明，④貸出物品や教材などの更新・充実，⑤ネームプレートの着用，⑥宿泊環境の整備，⑦リアルタイムでの気象情報の提供，⑧サービス向上のための職員によるプロジェクト設置，⑨利用者が使用できるパソコンの整備，⑩浴室への時計設置，⑪案内掲示板の更新・充実など，各青年の家の実情に合わせて改善を図った。

⑤利用者サービス向上のための職員に対する研修の計画的な実施状況

　青年の家職員が，常に利用者の立場になった発想と行動を意識するようになり，法人化になったことで職員が変化した最も特徴的なことは，サービス・ホスピタリティーの向上である。各青年の家とも，職員の意識改革と資質向上のため，職員の実情や利用者のニーズに対応した「内部研修」を積極的に行い，また外部機関が実施する実践的な研修や専門的研修の「外部研修」にも積極的に参加させた。
（１）各青年の家が実施した内部研修

区　　分	実施回数	参加者数
接遇に関する研修	８回	１３３人
救急救命等研修	１１回	２３０人
防災に関する研修	２２回	５７２人
活動の安全に関する研修	１４回	２１０人
情報化に関する研修	７回	５６人
職員の意識改革に関する研修	１９回	３５２人
活動プログラムの習得の研修	１２回	１７６人
新任職員に対する研修	１０回	５８人
その他の研修	１２回	２３８人
合　　計	１１５回	２，０２５人

（２）外部機関が実施した外部研修への参加状況

区　　分	実施回数	参加者数
野外教育に関する研修	１４回	６９人
ボランティアに関する研修	３回	２７人
情報化に関する研修	４回	５人
国際性の涵養に関する研修	８回	３１人
施設職員としての資質向上を図る研修	４４回	１３４人
安全管理・健康管理に関する研修	２０回	２９人
教養・啓発に関する研修	３３回	５６人
実務研修	３６回	１１８人
接遇に関する研修	２回	２人
その他の研修	２回	７人
合　　計	１６６回	４７８人

⑥利用団体の活動支援のための人材等の確保及び資質等向上のための研修実施状況

　利用団体が，活動プログラムを効果的かつ円滑に実施するための活動支援として，外部研修指導員・青年の家ボランティアの派遣を行っている。１４年度末で，外部研修指導員は５３４人，青年の家ボランティアは８５３人である。

（１）人材確保への取組実績
①設置県内の高等学校・大学等に対してボランティアの募集を実施し，人材の確保を図った。
②外部研修指導員登録要項を整備し，人材の更なる確保を図った。
③地域に存在する専門家に対して外部研修指導員としての登録を依頼し，より高い技能を持った人材の確保を図った。
（２）研修の実施実績
①各青年の家で，ボランティア及び外部研修指導員のスキルアップを図る研修を実施した。
②各青年の家において実施した主催事業で，指導・運営補助並びに企画及び運営を通して資質の向上を図った。
③ボランティア集会（指導系職員を交えた意見交換会）などを実施し，ボランティアの在り方などについて討議等を行い，資質の向上を図った。
④活動プログラム習得のための研修にボランティアや外部研修指導員を参加させ，資質の向上を図った。

中期計画の各項目	評価項目 指標	評価基準 A	B	C	評価に係る実績	評定 ABC評定	留意事項
3　青年の団体宿泊訓練に関し、青年教育指導者の研修に関する事項 ・主催事業 (1) 特に専門性の高い、青年教育に携わる指導者の資質向上を目的とした、次のようなブロック規模・全国規模の研修事業を実施する。 ア 青年団体指導者、施設職員等を対象にした研修 イ ボランティア養成研修 ウ 外部研修指導員を対象にした研修 エ 指導者の企画力や専門性等を高める研修	青年教育指導者研修の実施状況	・法人による内部評価の結果を踏まえつつ、各委員の協議により、評定を決定する。				A	○青年教育指導者研修として、公立青年の家等の施設職員，学校教育関係者，地域の体験活動指導者等多様な指導者の養成に努め，青年教育の中心的な拠点として，全国規模・ブロック規模で体験活動の専門的・実践的な研修を実施して成果を上げていることは評価できます。 ○ボランティア養成研修では，ボランティア意識の高揚，ボランティア活動の機会の提供など青年の家が持つ教育機能を発揮し，青年の家ボランティアの養成について成果を上げていますが，今後，青年の家ボランティアのネットワーク化や青年の家ボランティア養成カリキュラムの整備について検討されることを期待しています。
	①青年団体指導者、施設職員等を対象とした研修実施状況				青年教育の中心的な拠点として，青年教育に携わる指導者の養成・資質向上を目的とした専門性の高い研修事業を，全国又はブロック規模で実施した。 施設職員の資質向上に関する研修をはじめ，民間や地域の指導者の養成，更には学校教育関係者に向けての研修など多面的な５３事業（新規：１７事業，継続３６事業）を実施し，募集人数２，７７１人に対して，３，０６２人が参加した。 （下表参照） 詳細は、別添資料Ｐ２５～３５参照		
	アンケート調査による参加者の満足度 ★目標：８０％以上	90%以上	80%以上 90%未満	80%未満	98.8%		

事業内容	事業数	参加人数(人)
集団宿泊活動の教育的意義等の理解	４	３０９
施設運営についての研究協議	１０	５１１
自然体験活動指導者の養成	１５	６８２
スポーツ指導者（生涯スポーツ）	９	６４６
学校教育支援	４	１６７
カウンセリング	２	１７７
科学教育	１	２７
ボランティアコーディネーター	２	５５
指導者交流・情報交換	４	４５６
社会教育支援	２	３２
合　計	５３	３，０６２

中期計画の各項目	指標	A	B	C	評価に係る実績	ABC評定	留意事項
	②ボランティア養成研修実施状況				青年の家では，ボランティア活動の「きっかけづくり」「体験機会の提供」「専門知識・技術の習得による資質向上」等を目的として，ボランティアを対象にした研修事業を実施した。青年の家ボランティアや外部研修指導員の養成・資質向上・ネットワーク構築を目的とした各青年の家規模又はブロック規模の研修に加え，一般的なボランティア学習の研修も実施し，合計２２事業（新規：５事業，継続：１７事業）で，募集人数１，１１０人に対して１，２０４人が参加した。 研修内容／事業数：養成事業 9、資質向上事業 9、ネットワーク構築事業 4、合計 22 詳細は，別添資料Ｐ３６～３９参照		
	アンケート調査による参加者の満足度 ★目標：８０%以上	90%以上	80%以上 90%未満	80%未満	98.0%		

研修内容	事業数
養成事業	9
資質向上事業	9
ネットワーク構築事業	4
合計	22

中期計画の各項目	評価項目 指標	評価基準 A	B	C	評価に係る実績	評定 ABC評定	留意事項
4 前項の業務に附帯する計画 (1) 施設・設備の充実 主催事業参加者や利用団体の意見やニーズを把握し、団体宿泊訓練が効果的に行われるような施設・設備の計画的充実を図る。 (2) 広報活動の充実を図るための計画 刊行物等広報関係資料の配布など、事業の広報活動及び実施事業の成果の普及・啓発等を各施設の実状等を踏まえて効率的に行う。	附帯業務の実施状況	・法人による内部評価の結果を踏まえつつ、各委員の協議により、評定を決定する。					※附帯する事項であることから、主業務の各項目の評定に含める。
	①施設・設備の計画的充実に関する取組状況				※「Ⅶ－１　施設・設備の整備状況」に記載		※施設・設備の整備状況に含む。
	②広報活動の充実に関する取組状況				※「Ⅱ－１　主催事業の実施状況，Ⅱ－２　受入れ事業の実施状況」に記載		※主催事業の実施状況、受入れ事業の実施状況、青年教育指導者研修の実施状況に含む。

○財務内容の改善に関する事項

中期計画の各項目	評価項目 指標	評価基準 A	B	C	評価に係る実績	評定 ABC評定	留意事項
III 予算、収支計画及び資金計画							
(1) 期間全体に係る予算 (2) 期間全体に係る収支計画 (3) 期間全体に係る資金計画	収入の確保等の状況	・法人による内部評価の結果を踏まえつつ、各委員の協議により、評定を決定する。				A	○収入の確保について，自己収入，外部資金ともに努力の成果が表れていますが，更に前向きに努力することが望まれます。
	①自己収入の受入状況 ★目標：１００％ 自己収入決算額／自己収入予算額	110%以上	100%以上110%未満	100%未満	青年の家は，「国立青年の家利用規則」第６条の規程において施設の利用に伴う対価を徴収しないこととしている。従って，青年の家における自己収入は，施設内の土地・建物等の貸付料など限られたものとなっている。 １４年度自己収入予算額　４６９万円 １４年度自己収入決算額　５４８万円 実績：１１７％（自己収入決算額５４８万円／自己収入予算額×１００）		
	②外部資金の受入れ状況				外部資金は，事業運営に関して，青年教育の振興を図る目的で実施される委託事業又は共催事業等により関係機関・団体等から当法人に資金提供されるもので，１４年度は８事業で２，５９７万円を確保した。		
IV 短期借入金の限度額							
１ 短期借入金の限度額 ７億円 ２ 想定される理由 運営費交付金の受け入れの遅延及び事故の発生等により緊急に必要となる対策費として借入することも想定される。	短期借入金の借入状況	・法人による内部評価の結果を踏まえつつ、各委員の協議により、評定を決定する。			短期借入金の借入実績と効果，借入理由など なし		
V 重要な財産を譲渡し、又は担保に供する計画							
計画の予定なし	重要財産の処分等状況	・法人による内部評価の結果を踏まえつつ、各委員の協議により、評定を決定する。			重要な財産の譲渡等の実績など なし		
VI 余剰金の使途							
①主催事業、受入れ事業の充実 ②必要な施設設備の充実	剰余金の使用等の状況	・法人による内部評価の結果を踏まえつつ、各委員の協議により、評定を決定する。			剰余金による事業実施実績及び効果，余剰金による事業実施理由など なし		

○その他業務運営に関する重要事項

中期計画の各項目	評価項目 指標	評価基準 A B C	評価に係る実績	評定 ABC評定	留意事項
Ⅶ その他主務省令で定める業務運営に関する事項					
1 施設・設備に関する事項 (1) 研修・宿泊施設等の新設、改修、増設計画等 防災、研修の充実、快適な食・住環境の確保等の観点から、必要な施設設備の新設、改修、増設等を計画的に進める。 (2) 高齢者及び身障者に配慮した施設整備の推進 「高齢者及び身体障害者等が円滑に利用できる特定建築の促進に関する法律」等の基準に従い、高齢者等が円滑に施設・設備を利用できるような配慮を行う。	施設・設備の整備状況	・法人による内部評価の結果を踏まえつつ、各委員の協議により、評定を決定する。	立地条件に恵まれた素晴らしい施設を更に良好な施設環境に資するために、各青年の家の利用形態及び管理運営に即し，かつ安全性・経済性・環境保全等を考慮した長期的な施設整備を行う。	A	○限られた予算の中で効率的な施設・設備の整備に努めていますが，今後，特に自然環境に配慮しながら施設の老朽化や時代のニーズに対応するための施設整備を進めることが望まれます。 ○身障者等の施設利用への配慮や受動喫煙防止等利用者の健康に配慮した施設運営について，一層努力することが望まれます。
	①防災、研修の充実、快適な食・住環境等の確保の観点に立った施設設備の整備状況		長期的視野に立った施設整備の維持管理を実施することを目的に，利用者が快適に施設・設備を利用できるよう防災，研修の充実，快適な食・住環境の確保などを念頭に「研修・宿泊施設等の新設，改修，増設計画等」に基づいた施設整備を実施した。 建物の新築及び環境整備の場合は，当該建物のみに着目することなく，整備建物の周辺及び施設全体の整備状況や敷地周辺の環境にも着目し，自然の中での融合をめざした。既存建物の改修工事の場合は，耐震改修を主眼におき，各青年の家の主要建物の耐震調査を進め，その結果を基に既存施設の利用状況を調査した上で耐震改修工事を行った。また，その他改修工事においても既存施設の立地，現状，利用状況を十分に把握した上で計画し実施した。		

施設整備費補助金事業　（千円）

施設名	事業名	事業費
大雪	屋内プール空調機械改修	117, 695
岩手山	給水設備等改修及び管理研修棟改修エレベータ設置	117, 748
赤城	野外炊事場改修	279, 086
乗鞍	受水槽棟改築等	172, 732
淡路	公共下水道排水管引込等改修	46, 016
三瓶	宿泊棟改修（２－１）	100, 265
江田島	管理研修棟便所改修	35, 790
大洲	本館等改修	248, 814
計		1, 118, 146

施設整備資金貸付金事業　（千円）

施設名	事業名	事業費
大雪	本館バリアフリー化等改修	22, 171
磐梯	宿泊棟内部改修	37, 031
	談話棟耐震補強等改修	71, 983
赤城	浴室棟新営	267, 316
淡路	食堂棟耐震補強等改修	217, 956
阿蘇	食堂棟新営	247, 890
沖縄	多目的グランド整備	220, 091
計		1, 084, 438

②高齢者等に配慮した施設の整備状況

　長期的視野に立った施設整備の維持管理を実施することを目的に，利用者が快適に施設・設備を利用できるよう「高齢者及び身体障害者等が円滑に利用できる特定建築の促進に関する法律」等に基づいた施設整備を実施した。
　高齢者及び身障者が円滑に施設を利用するためには，どのような対策が必要なのかをテーマに，利用者の利便性及び安全性を考慮した上で検討した結果，身障者エレベーターの設置，身障者対応の宿泊室及び便所等の整備を行った。また，新設建物等においては，廊下・扉幅の確保，段差の解消，手摺等の設置等の安全対策を講じた整備をした。

施設整備費補助金事業　（千円）

施設名	事　業　名	事業費
大雪	屋内プール空調機械改修（再掲）	117,695
岩手山	給水設備等改修及び管理研修棟改修エレベータ設置　（再掲）	117,748
赤城	野外炊事場改修（再掲）	279,086
乗鞍	受水槽棟改築等（再掲）	172,732
淡路	公共下水道排水管引込等改修（再掲）	46,016
江田島	管理研修棟便所改修（再掲）	35,790
計		769,067

施設整備資金貸付金事業　（千円）

施設名	事　業　名	事業費
大雪	本館バリアフリー化等改修（再掲）	22,171
磐梯	談話棟耐震補強等改修（再掲）	71,983
赤城	浴室棟新営（再掲）	267,316
阿蘇	食堂棟新営（再掲）	247,890
計		609,360

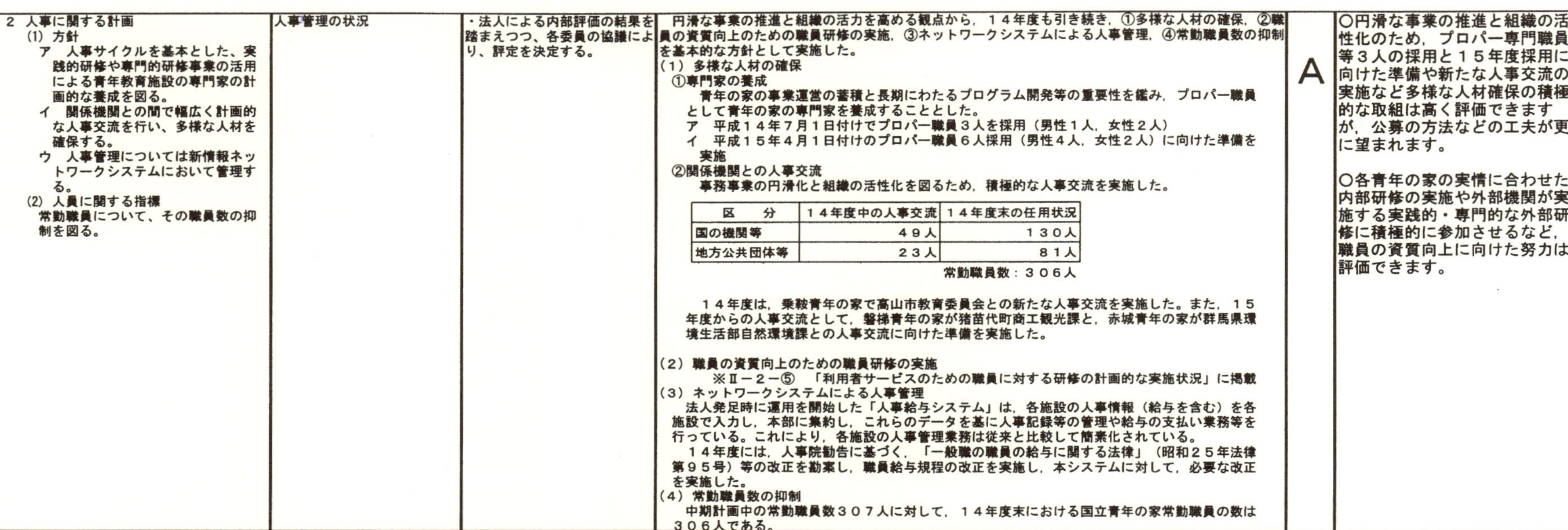

<table>
<tr>
<td>2 人事に関する計画
(1) 方針
ア 人事サイクルを基本とした、実践的研修や専門的研修事業の活用による青年教育施設の専門家の計画的な養成を図る。
イ 関係機関との間で幅広く計画的な人事交流を行い、多様な人材を確保する。
ウ 人事管理については新情報ネットワークシステムにおいて管理する。
(2) 人員に関する指標
常勤職員について、その職員数の抑制を図る。</td>
<td>人事管理の状況</td>
<td>・法人による内部評価の結果を踏まえつつ、各委員の協議により、評定を決定する。</td>
<td>円滑な事業の推進と組織の活力を高める観点から，１４年度も引き続き，①多様な人材の確保，②職員の資質向上のための職員研修の実施，③ネットワークシステムによる人事管理，④常勤職員数の抑制を基本的な方針として実施した。
（１）多様な人材の確保
①専門家の養成
青年の家の事業運営の蓄積と長期にわたるプログラム開発等の重要性を鑑み，プロパー職員として青年の家の専門家を養成することとした。
ア 平成１４年７月１日付けでプロパー職員３人を採用（男性１人，女性２人）
イ 平成１５年４月１日付けのプロパー職員６人採用（男性４人，女性２人）に向けた準備を実施
②関係機関との人事交流
事務事業の円滑化と組織の活性化を図るため，積極的な人事交流を実施した。
<table><tr><th>区　分</th><th>１４年度中の人事交流</th><th>１４年度末の任用状況</th></tr><tr><td>国の機関等</td><td>４９人</td><td>１３０人</td></tr><tr><td>地方公共団体等</td><td>２３人</td><td>８１人</td></tr></table>常勤職員数：３０６人

１４年度は，乗鞍青年の家で高山市教育委員会との新たな人事交流を実施した。また，１５年度からの人事交流として，磐梯青年の家が猪苗代町商工観光課と，赤城青年の家が群馬県環境生活部自然環境課との人事交流に向けた準備を実施した。

（２）職員の資質向上のための職員研修の実施
※Ⅱ－２－⑤「利用者サービスのための職員に対する研修の計画的な実施状況」に掲載
（３）ネットワークシステムによる人事管理
法人発足時に運用を開始した「人事給与システム」は，各施設の人事情報（給与を含む）を各施設で入力し，本部に集約し，これらのデータを基に人事記録等の管理や給与の支払い業務等を行っている。これにより，各施設の人事管理業務は従来と比較して簡素化されている。
１４年度には，人事院勧告に基づく，「一般職の職員の給与に関する法律」（昭和２５年法律第９５号）等の改正を勘案し，職員給与規程の改正を実施し，本システムに対して，必要な改正を実施した。
（４）常勤職員数の抑制
中期計画中の常勤職員数３０７人に対して，１４年度末における国立青年の家常勤職員の数は３０６人である。</td>
<td>A</td>
<td>○円滑な事業の推進と組織の活性化のため，プロパー専門職員等３人の採用と１５年度採用に向けた準備や新たな人事交流の実施など多様な人材確保の積極的な取組は高く評価できますが，公募の方法などの工夫が更に望まれます。

○各青年の家の実情に合わせた内部研修の実施や外部機関が実施する実践的・専門的な外部研修に積極的に参加させるなど，職員の資質向上に向けた努力は評価できます。</td>
</tr>
</table>

① 独立行政法人国立オリンピック記念青少年総合センターの平成14事業年度に係る業務の実績に関する評価（全体評価）

評価項目	評価の結果
○ 事業活動	・主催事業等について 主催事業を体系的に進めていることや教育情報衛星通信ネットワーク（エル・ネット）を活用して研修の拡充を図り情報の提供を行ったことは評価できます。また、社会教育実習生やインターンシップの受入れを積極的に行うなど大学等と連携を図っていることや、センターが主体となって、青少年教育施設及び青少年団体等と相互の連携協力や海外の関係機関と連携を促進したことは評価できますが、今後においては、事業の目的をより明確にするとともに事業の成果を積み重ねることを期待します。 調査研究成果については、その成果として「研究紀要」の発行や「青少年教育施設職員の手引」などの調査研究報告書を作成し、それをインターネット等によって公表したことは評価できます。今後においては、より一層のＩＴを活用した情報発信や、客員研究員などを活用した実践的な調査研究に努め、引き続き研究体制づくりの推進を期待します。 ・受入れ事業について オリエンテーション用のＣＤ・ＤＶＤの製作・貸出・視聴コーナーの設置など利用者サービスに努め、新しい利用者の開拓に努力し、利用者数が前年度より大幅に増えたことや、利用申込みの受付けを利用者の立場に立ち、平成１５年４月から電話やＦＡＸでも可能にするための準備を行ったことは評価できます。今後においても、更なる利用者サービスの向上を期待します。 ・助成業務について 子どもゆめ基金助成金の応募が前年度を上回る団体があったことや団体の活動規模が市区町村規模及び法人格を有しない団体（草の根的な団体）から多数応募があったこと、助成金の交付を受けて実施された活動の成果や効果についての調査も進めたことは評価できます。 今後更に、助成業務に当たっては、子どもゆめ基金の社会的な認知度の向上に取り組むことを期待するとともに、透明性や公平性の確保や、その成果や効果の調査について引き続き努めていただきたい。
○ 業務運営	・事務組織の整備について 各課の係等の再編や指導系職員の位置付けを明確にしたことなど組織の見直しを図り、事務の迅速化及び効率化を努めたことは評価できます。 ・職員の資質の向上について 国際化に対応した外国語の研修や利用者サービスのための対応能力向上などの研修に努め、職員の資質向上を図ったことは評価できます。今後も更なる職員の意識改革の取組みに期待します。
1 財務	・業務の効率化について ポスターなどの掲示等による節電、節水に対する利用者への協力依頼、配管等の漏水検査や契約方式・内容の見直しなどを行い、省エネに取組み、光熱水料を前年度比13.9%の節約を図ったことは評価できます。今後においても、利用者サービスの低下を招くことがないように配慮しながら、電気や水道等の使用量にも注目した努力も望まれます。 また、外部委託については、引き続き委託の必要性、コストとの比較などを考慮した業務運営や効率的な業務運営に努めていただきたい。 収入の確保について、自己収入の増収を図ったことは評価できます。今後においても、更なる自己収入を確保し、工夫をこらした外部資金の確保に努めていただきたい。
2 人事	・人事管理について 道・県教育委員会や民間からの人事交流を行うなど指導系職員の充実・強化を図ったことや職員の意識改革のための職員研修などに努めていることは評価できます。今後においても、ナショナルセンターとして専門性を有するプロパー職員の養成・確保に取り組むことを期待します。
3 その他	・施設整備について 受動喫煙の防止や施設の維持保全のための必要な改修などを随時行い安全の確保、また身体障害者等が利用しやすい施設づくりに積極的に努力している姿勢は評価できます。今後においても、引き続き自然環境に配慮した施設・設備の整備や快適な研修ができる施設の整備に努めていただきたい。

事業活動全体、業務運営（財務、人事等）など法人の業務全体にわたる横断的な観点から、項目別評価の結果を踏まえつつ、法人の業務実績について記述式により評価する。

評価項目	評価の結果
◎ 総評	青少年の体験活動や規範意識の欠如などにより、凶悪犯罪が増加し社会問題となっている現在において、青少年の自主性・協調性、社会参加・社会貢献に対する意識や課題探求能力、公共心、コミュニケーション能力、国際性の育成などが求められています。 センターは、青少年教育のナショナルセンターとして、これらの課題に対し青少年教育指導者の養成・確保のため、国公立の施設指導系職員の研修の実施、エル・ネットを利用した遠隔研修の展開、指導者のための国際交流の推進やＩＴを活用した青少年に関する各種情報の発信などを展開していることは評価できます。 また、理事長のリーダーシップのもと、青少年教育施設や青少年関係者等と連携協力し、様々な事業を展開していることや子どもの体験活動や読書活動の振興を図る取組への助成を行うなど、次代を担う青少年の健全育成に取り組まれていることは評価できます。 さらに、業務活動、業務改善や効率的・効果的な業務運営等について、自ら点検・評価を実施し、その結果についてセンターの外部有識者による評価を行い、今後の課題や改善点を明らかにし、報告書としてまとめたことは評価できます。 今後も青少年教育のナショナルセンターとして大いに期待するところです。

項目別評価及び上記の横断的な評価を総合し、法人の活動全体についての総評を記述する。

② 独立行政法人国立オリンピック記念青少年総合センターの平成14事業年度に係る業務の実績に関する評価（項目別評価〈抜粋〉）

<table>
<tr><th rowspan="2">中間計画の各項目</th><th>評価項目</th><th colspan="3">評価基準</th><th rowspan="2">評価に係る実績</th><th colspan="2">評価</th></tr>
<tr><th>指標</th><th>A</th><th>B</th><th>C</th><th>ABC認定</th><th>留意事項</th></tr>
<tr><td></td><td>③利用団体が利用目的を達成するための支援等の状況</td><td></td><td></td><td></td><td>利用団体が自主的な研修計画に基づき、効果的、快適に研修が実施できるよう次のことを実施し、利用者サービスの向上に努めた。
① 心身障害者等対策
・ 身体障害者用便所整備（宿泊B棟２か所に設置）
・ 駐車場における心身障害者等の駐車料金の免除
② 受動喫煙防止対策
・ 宿泊D棟全室を禁煙とし、３階と６階に喫煙スペースを設置
③ 給食業務
・ 輸入中国野菜に基準以上の農薬が含まれていた問題など食材に関する様々な問題が発生したため、給食業務委託業者に対して、食中毒対策はもとより食材の安全管理について注意喚起
・ 利用者の声を反映させるために各食堂で実施している食事に関するアンケートの結果について、改善を要するものには速やかな対応を行うよう指導
（各レストランにおいて、メニューの改善や料金の値下げを実施）
④インターネット接続サービス
・ 研修室、宿泊棟でのインターネット接続サービスの開始
⑤ その他
・ 利用申込受付に係る入力業務を外部委託し、迅速な事務処理を実施
・ 利用者用としてコピー機を増設し、併せて料金を値下げ
・ 利用者の利便性を考慮し、サービスコーナーを国際交流棟交流プラザに移転
・ 利用案内のカウンターの一部を改修し、窓口受付手続の箇所がより明るくするために表示照明を設置
など

以上のほか、平成１５年度から新しく提供する利用者サービスの実施に向け、次の準備を行った。
① ホームページ上でのセンターの施設の空き状況の公開、利用申込書のダウンロード
② 電話による利用相談、ファックスによる利用申込受付
③ 利用申込受付業務の開館日の拡大
④ 銀行振込等による施設使用料金の支払いの実施</td><td></td><td></td></tr>
<tr><td></td><td>④施設の効率的利用の状況</td><td></td><td></td><td></td><td>施設の公平・効率的な利用を図り、できるだけ多くの団体が利用できるようにするために、研修計画の十分な検討や利用施設数等について、出来る限り正確な内容で申込みをしていただくよう協力依頼を行った。
また、安易なキャンセルを防止するために、大幅なキャンセルを行った団体については、その理由や以後の利用についての改善策等を書面で提出していただく等の個別の協力依頼を行った。</td><td></td><td></td></tr>
<tr><td></td><td>延べ利用者数
★目標：１００万人以上</td><td>110万人以上</td><td>100万人以上110万人未満</td><td>100万人未満</td><td>135万4千人</td><td></td><td></td></tr>
<tr><td></td><td>⑤アンケート調査による利用者の満足度
★目標：７０％以上</td><td>80%以上</td><td>70%以上80%未満</td><td>70%未満</td><td>引率者：93.6%
利用者：92.8%

センターの施設設備、運営状況等について、利用者の満足度を把握するとともに、今後の施設運営の充実及び利用者サービスの向上に資することを目的としたアンケート調査を平成14年8月～10月に実施した。
調査は、自記入法で、調査対象団体を無作為に抽出し、利用団体の引率者に調査の協力を依頼し、利用終了時までに回収する方法で実施した。
回収結果は、利用者3,110人（配布数5,520）、引率者110人（配布数155）であった。
利用者アンケートの結果は次のとおりであり、センターを利用しての総合的な満足度においては、引率者、利用者とも90%以上の高い率となった。

利用者アンケート調査の結果 （単位：%）
区分 / 引率者 / 利用者
研修施設の総合的な満足度 / 91.8 / 91.2
宿泊施設の総合的な満足度 / 89.7 / 88.0
今後もセンターを利用したいか / 98.2 / 93.4
センターを利用しての総合的な満足度 / 93.6 / 92.8</td><td></td><td></td></tr>
</table>

<table>
<tr><th rowspan="2">中間計画の各項目</th><th>評価項目</th><th colspan="3">評価基準</th><th rowspan="2">評価に係る実績</th><th colspan="2">評価</th></tr>
<tr><th>指標</th><th>A</th><th>B</th><th>C</th><th>ABC認定</th><th>留意事項</th></tr>
<tr><td rowspan="5">2 青少年教育関係者等に対する研修のための利用に供するとともに、青少年教育関係者等の研修に対する指導及び助言に関する事項

・受入れ事業
施設利用の促進を図るため、以下のような利用者に対するサービスの向上、新規利用団体の開拓を行う。
①施設を青少年教育指導者その他の青少年教育関係者及び青少年が実施する研修の利用に供する。また、利用者の多様化を図るため、新規の利用団体の受入れに必要な措置を検討し、利用の促進を図る。
②利用団体が利用目的を達成するために必要な以下のような支援等を行う。
ア．活動・研修のためのモデル・プログラムの開発
イ．外国語版を含め、活動・研修のための案内資料等の作成
③施設を青少年教育に関する業務の遂行に支障のない範囲内で、施設の効率的利用の観点から、生涯学習の場としての利用に供する。
④利用団体を対象に、毎年度計画的にセンター利用に関するアンケート調査（抽出調査）を実施し、施設利用に関して適切な評価を行う。</td><td>受入れ事業の実施状況</td><td colspan="3">・法人による内部評価の結果を踏まえつつ、各委員の協議により、評定を決定する。</td><td></td><td rowspan="5">A</td><td rowspan="5">・利用者数の大幅な増加を図ったことや、施設の概要・利用方法等を解説したオリエンテーション用のＣＤ・ＤＶＤの製作・貸出し及び視聴コーナーを設置したことは評価できます。

・外国人利用者等に対し、英語版、韓国語版に加え、中国語版のセンターの案内の作成・配布などを行ったことは評価できます。

・平成１５年度から新しく提供する利用者サービスとして、①ホームページ上でのセンターの施設の空き状況の公開、利用申込書のダウンロード、②電話による利用相談、ファックスによる利用申込受付、③利用申込受付業務の開館日の拡大などの準備を行ったことは評価できます。

・今後においても、更なる利用者サービスの向上が望まれます。</td></tr>
<tr><td>①青少年教育関係者等（青少年教育指導者その他の青少年教育関係者及び青少年）の受入れ状況</td><td></td><td></td><td></td><td>平成１４年度の利用者数は次のとおり１３５万４千人である。
その内訳は、青少年教育関係者等は７３万９千人で、一般団体は６１万５千人である。

平成14年度　利用者数
<table><tr><th rowspan="2">区　分</th><th colspan="2">宿泊利用</th><th colspan="2">日帰り利用</th><th rowspan="2">総　計
（千人）</th></tr><tr><th>利用者数
（千人）</th><th>構成比
（%）</th><th>利用者数
（千人）</th><th>構成比
（%）</th></tr><tr><td>青少年</td><td>289</td><td>73.5</td><td>450</td><td>46.8</td><td>739</td></tr><tr><td>一　般</td><td>104</td><td>26.5</td><td>511</td><td>53.2</td><td>615</td></tr><tr><td>計</td><td>393</td><td>100.0</td><td>961</td><td>100.0</td><td>1,354</td></tr></table></td></tr>
<tr><td>宿泊利用の青少年教育関係者等の割合
★目標：７０％以上

宿泊利用の青少年教育関係者等数÷延べ宿泊利用者数</td><td>80%以上</td><td>70%以上
80%未満</td><td>70%未満</td><td>73．5%</td></tr>
<tr><td>日帰り利用の青少年教育関係者等の割合
★目標：４５％以上

日帰り利用の青少年教育関係者等数÷延べ日帰り利用者数</td><td>55%以上</td><td>45%以上
55%未満</td><td>45%未満</td><td>46．8%</td></tr>
<tr><td>②新規利用団体の受入れに必要な措置状況</td><td></td><td></td><td></td><td>新規利用団体の拡大を図るため、次の案内資料の作成や利用者サービスの向上を行った。
①　オリエンテーション用のＣＤ・ＤＶＤ製作、貸出し、視聴コーナーの設置
入所手続きや所内施設の概要及びその利用方法等を利用者に分かり易く解説した貸出用オリエンテーションＣＤ・ＤＶＤを製作し、必要に応じて利用者に貸出しを行うとともに利用窓口に視聴コーナーを設置し、利用者が常時利用できるようにした。
②　活動マップの作成
利用者が都内及び近隣の教育資源を活用するための活動マップ「アクセス」を作成した。
③　センターの案内（中国語版）
従来から広く利用者に配付することを目的としたパンフレットを作成し、青少年関係団体、青少年教育施設及び外国人利用者等へ配付しているが、従来の日本語版、英語版、韓国語版に引き続き、中国語版を作成し、利用者の拡大を図っている。</td></tr>
</table>

中間計画の各項目	評価項目 指標	評価基準 A B C	評価に係る実績	評価 ABC認定	評価 留意事項
3 青少年教育に関する施設及び団体相互間の連絡及び協力の促進に関する事項 ①青少年教育施設及び青少年団体の連携の促進を図るため、青少年教育施設・団体連絡協力会議を毎年度開催する。 ②大学、民間団体及び関係機関との共催事業の推進を図り、より効率的に現代的課題や今日的な青少年教育の課題に対応したプログラム等を実施する。 ③高等教育機関等に在学する社会教育実習生やインターンシップの受入れ体制の充実を図る。 ④国立青少年教育施設との情報の交換を図るなど、次のような連携を促進する事業を実施する。 (ｱ) 各施設の主催事業の案内情報データベースの構築及び定期的な更新 (ｲ) 各施設の主催事業プログラムデータベースの構築及び定期的な更新 ⑤青少年教育に関する関係機関・団体と連携し、青少年の体験活動に関する案内情報データベースの充実を図る。	連携協力事業の実施状況 ①青少年教育施設・青少年団体との連携を促進する事業の実施状況 ②大学、民間団体及び関係機関等との共催事業の実施状況	・法人による内部評価の結果を踏まえつつ、各委員の協議により、評定を決定する。	青少年教育施設・青少年団体との連携を促進するため、次の事業を企画・実施した。 ① 「青少年教育施設・団体連絡協力会議」の開催 青少年教育施設及び青少年団体の関係者等が集い、相互の連携協力の在り方等について意見交換、研究協議を行った。 協議のテーマは、前年度の「効果的な青少年教育施設利用の方策」を引き継ぎ、「利用者の視点に立った受け入れ事業の在り方について」とし、センターの受け入れシステムの改善をモデルケースとして協議を行った。 ② 「青少年国際交流団体連携促進会議」の開催 センターを利用する国際交流団体等の連携を促進するために、新たに行った。 各団体の事業を把握し、連携協力をより促進すること及び国際交流事業推進上の諸問題の協議を行った。 ③ 海外の関係機関等との連携協力 韓国国立中央青少年修練院を訪問し、視察調査とともに今後の連携に向けて院長・理事長で協議を行った。 青少年及び青少年教育に関する各機関・施設及び団体等との連携による効果的な事業実施の観点から、共催・委託等により、次の事業を実施した。 ① 共催事業の実施 国、青少年教育施設、団体等と共催で次の１１事業を実施した。 なお、文部科学省との共催事業「全国青少年相談研究集会」では、全国の青少年教育、学校教育、社会福祉、警察行政など、省庁間を超えた幅広い分野の担当者が共通の課題について協議を実施した。	A	・社会教育実習生やインターンシップの受入れを積極的に行うなど、大学等との連携を図ったことは評価できます。 ・「全国青少年相談研究集会」を実施し、省庁間を超えた関係者と青少年の分野に携わっている関係者との連携を図っていることは評価できます。 ・センターが主体となって青少年教育施設及び青少年団体の関係者等と相互の連携協力や、海外の関係機関との連携を促進したことは評価できますが、連携協力の方向性をより具体化すること、今後に向けて各事業や連携先とのフォローアップに努めてほしい。

共催事業一覧

機関・団体等の区分	機関・団体等名	実施事業名
国の機関	文部科学省（青少年課）	全国青少年相談研究集会
		青少年自然体験活動全国フォーラム
	文部科学省（生涯スポーツ課）	生涯スポーツ推進指導者講習会
	内閣府	アジア青年のつどい
青少年教育施設	独立行政法人国立青年の家・同少年自然の家	青少年教育施設新任指導系職員研修
		青少年教育施設新任事業課長等会議
青少年団体・文化団体	(財)世界青少年交流協会	日独青少年教育施設等指導者研究会
	(社)青少年交友協会	野外伝承遊び国際大会
		野外伝承遊び国際会議
	出会いのフォーラム実行委員会	子どもと舞台芸術 （出会いのフォーラム 2002）
	日本打楽器協会	日本パーカッション・フェスティバル 2002

<table>
<tr><td></td><td></td><td></td><td>② 委託事業の実施
次の３事業を委託で実施した。

委託事業一覧
<table><tr><th>機関・団体等の区分</th><th>機関・団体等名</th><th>実施事業名</th></tr><tr><td>青少年教育施設</td><td>独立行政法人国立乗鞍青年の家・同花山少年自然の家</td><td>中学生ボランティア学習講座
乗鞍:「小・中・高校生ボランティア学習講座」
花山:「中学生ボランティア学習講座」</td></tr><tr><td rowspan="2">文化団体</td><td>(社)全日本郷土芸能協会</td><td>子ども民俗芸能ワークショップ</td></tr><tr><td>(有)扉座</td><td>子ども演劇ワークショップ</td></tr></table></td><td></td><td></td></tr>
<tr><td></td><td>③高等教育機関等との連携・協力の推進状況</td><td></td><td>高等教育機関等との連携協力を推進するため、次のことを行った。

① 社会教育主事を養成する大学を対象として、「社会教育実習」（４単位）の科目を受講する学生を実習生として受け入れた。
学生が興味・関心とともに意欲をもって実習を修了できるようコース制を導入し、受入事業の実習を行う「受入事業コース」を４回、主に主催事業・情報提供事業の実習を行う「主催・情報事業コース」を４回実施した。
受け入れた実習生は３大学１８名で、実施に当たっては、各大学と準備、実習、修了後の各段階で連絡・協議を行い内容の充実に努めた。
実習生へのアンケート調査では、「実習を通して青少年教育施設のもつ目的や仕組みについて理解が深まった」などの感想が寄せられた。
② 学生が大学において習得した知識や技術をセンターの実際のフィールドで実践・体験し、学習意欲の向上、職業意識の育成に寄与することを目的として、インターンシップの受け入れも実施した。
なお、大学等からの社会教育実習生及びインターンシップの受け入れは、センターのホームページに広報し、募集した。</td><td></td><td></td></tr>
<tr><td></td><td>④国立青少年教育施設との連携を促進する事業の実施状況</td><td></td><td>国立青少年教育施設との連携を促進し、情報の交換・共有化を図るため、次の事業を行った。

① 案内情報データベース「イベントガイド」の構築・更新
青少年教育関係者等への案内情報の提供を目的に、センター及び独立行政法人国立青年の家・同国立少年自然の家において、本年度中に実施予定の主催事業の概要をデータベース化し（今年度５５２事業）、インターネットを通して閲覧できるシステムを「イベントガイド」として広く一般に公開している。
年間アクセス数は１７，９８７件である。

② 事例情報データベース「学習プログラム事例」の構築・更新
本データベースは、青少年教育の充実において何より実践的、先進的な事例情報を交換・共有することが重要であるという観点から構築し、現在まで５，４６７事例をデータベース化している。
年間アクセス数は１８，０２９件である。</td><td></td><td></td></tr>
<tr><td></td><td>⑤青少年の体験活動に関する情報を保有する機関・団体との連携を促進する事業の実施状況</td><td></td><td>「子どもイベント」データベースの構築・更新
国が推進する「新子どもプラン」の一環として、青少年教育施設・団体等が企画・実施する全国規模の広域的な子ども向け事業に関する情報について、小学生も気軽に利用できる「子どもイベント」データベースを構築し運用している。
イベント登録数は１，３０７件、年間アクセス数は９３，５９０件である。
また、全国の「子どもセンター」の情報誌作りを支援するためのソフトウェア（ＣＤ−ＲＯＭ）を開発し配布している。</td><td></td><td></td></tr>
</table>

中間計画の各項目	評価項目 指標	評価基準 A B C	評価に係る実績	評価 ABC認定	評価 留意事項
4 青少年教育に関する専門的な調査及び研究に関する事項 ①調査研究事業の充実を図るため、専門的知識・技術を有する外部の有識者の協力を得て調査を行う調査研究体制を構築する。 ②青少年及び青少年教育に関する統計資料や青少年教育関係文献のデータベース構築など、青少年教育の推進に係る以下の基礎的調査及び研究を計画的かつ継続的に実施する。 ア．青少年教育施設の事業運営に関する調査研究を３年毎に実施する。 イ．青少年教育関係文献の調査等を毎年実施する。 ウ．青少年及び青少年教育に関する各種のデータの調査等を３年毎に実施する。 エ．青少年教育シソーラスに関する調査研究を５年毎に実施する。 ③青少年教育の今日的課題として文部科学省がみなす問題等に関し、新規に調査研究事業を実施する。 ④青少年及び青少年教育に関する研究紀要を毎年度刊行するとともに、調査研究報告書をインターネットを通じて閲覧できるオンラインサービスを実施する。 ⑤青少年教育情報センターの充実を図るため、蔵書を毎年度計画的に増やす。また、利用者に対し、利用に関して毎年度計画的にアンケート調査（抽出調査）を実施する。	調査研究事業の実施状況	・法人による内部評価の結果を踏まえつつ、各委員の協議により、評定を決定する。		B	・「青少年教育施設職員の手引」など各調査研究の報告書をまとめ、それをインターネット等によって公表したことは評価できます。 ・客員研究員などを活用した調査研究体制作りを推進し、より実践的な調査研究に努めることを期待します。
	①調査研究体制の整備状況		「今後の青少年教育の方向に関する調査研究」（平成１３・１４年度） センターにおける調査研究体制構築の具体案の検討と今後の青少年教育に関する専門的な調査及び研究活動の充実を図るため、学校教育、社会教育、野外教育、青少年心理などの多分野にわたる研究者や学校の教頭、青少年教育施設職員等の実践者の協力を得て実施した。 調査研究事項は、①青少年教育に関する研究と実践の動向について、②青少年教育に関する調査研究課題の分析抽出について、③青少年教育に関する調査研究体制及び方法論についてである。 青少年教育に関わる現代的課題である「自然体験活動」、「奉仕活動・ボランティア」、「学社連携・融合」を中心にセンターとしての研究課題や調査研究体制について検討し、今後の研究課題の整理とともに客員研究員制度等の人的体制、委託研究の活発化や研究交流機能の充実などの提案を報告としてまとめた。		
	②青少年教育の推進に係る基礎的調査及び研究の計画的かつ継続的な実施状況		青少年及び青少年教育の現状を把握するための基礎的な調査及び研究を次のとおり実施した。 ①　「青少年教育施設の事業運営に関する調査」 青少年教育施設における主催事業の中から特色ある事例について、その事業企画・実施の成功要因等を分析し、事業運営に関する知識やノウハウ等を広く一般に普及・共有するために実施した。 調査は、主催事業を実施している９７２施設のうち、特色ある事例を持つ２０施設を抽出して、事業担当者に直接ヒアリングを行い、その結果を分析し報告書としてまとめた。 ②　「青少年教育関係文献の調査収集」 国、地方公共団体、青少年教育施設等が発行する青少年教育に関する行政資料及び青少年一般に関する資料等約１，３００件を調査収集、分類、抄録化を行い、「青少年問題に関する文献集」としてまとめた。 ③　「青少年及び青少年教育に関する各種データの調査収集」 青少年及び青少年教育に関する各種データの調査収集を行い、その集録として「青少年教育データブック」（ＣＤ－ＲＯＭ）を作成した。 なお、主に青少年教育施設職員にとって有用な基礎的な資料（関係法令、答申等）も新たに追録した。 ④　「海外青少年教育施設等視察調査」 主にアジア地域の青少年事情及び青少年教育に関する資料・情報を収集・分析するための視察調査を実施した。 友好関係にある韓国青少年教育施設（国立中央青少年修練院・同平昌青少年修練院・韓国青少年相談院）について視察調査を行い、韓国の「青少年修練活動」や「青少年指導士制度」等についての情報や関係資料の収集を行った。 また、調査報告を速報としてエル・ネットで放送し、成果の普及を図った。		

③青少年教育の今日的課題等に対応した、新規調査研究の実施状況		①　「青少年教育施設におけるボランティア学習プログラムの在り方に関する調査研究」（平成１３・１４年度） ボランティアの学習効果に着目したモデルプログラムの開発を目的に、社会教育やボランティアに関する研究者、学校教員等の協力を得て、平成１３年度に引き続き実施した。 この調査研究では、センターの主催事業である「中学生ボランティア学習講座」を開発プログラムの試行事業として位置付け、より実践的なプログラムの開発を目指した。 平成１４年度の実施に当たっては、平成１３年度事業参加後の学習効果を把握した追跡調査等の分析を踏まえ試行プログラムの改善を行い、主催事業として実施した。また、試行プログラムの検証とより多くのデータを得るため、本調査研究を国立乗鞍青年の家・同花山少年自然の家と連携を図り、同様の試行事業を委託で実施した。 また、調査研究の基礎資料とするために、青少年教育施設を対象にボランティアに関する事業及びボランティアの活動状況についてアンケート調査を実施した。 ②　「青少年教育施設職員の資質向上の在り方に関する調査研究」（新規） 施設職員（指導系）の資質向上や現職研修の充実を目的に、生涯学習・青少年教育に関する研究者、国公立の青少年教育施設職員、民間の青少年教育事業者等からなる調査研究協力者会議を設置した。調査研究事項は、ア．青少年教育施設職員に必要とされる資質・能力について、イ．資質・能力の向上のための具体的方策について、ウ．青少年教育施設指導系職員のための指導資料の作成について、である。 １年次目は、主として新任の指導系職員の資質・能力確保が急務と考え検討を進め、その成果をもとに、新任職員向け指導資料を作成した（「青少年教育施設職員の手引」）。 ③　「青少年教育施設におけるＩＴ（情報通信技術）を活用した学習プログラムの在り方に関する調査研究」（新規） ６ページ「⑤ＩＴを活用した主催事業の開発・実施状況」を参照（再掲）
④研究紀要の発刊などによる調査研究の成果の普及状況		①　「研究紀要」の発行 青少年教育の調査研究や実践の活発化に資するため、研究紀要を発行している。本紀要の特徴は、センターの調査研究成果の普及とともに広く青少年教育関係者の実践の成果を求める観点から研究者による論文以外にも実践報告等の投稿を募集している点にある。平成１４年度は投稿数が３０（前年度１３）、その内、半分以上の１６投稿が青少年教育施設、教育委員会事務局、学校現場の教職員等の実践者によるものである。青少年教育に関する学識経験者等で構成する研究紀要委員を中心とした査読を経て掲載原稿を決定し、「研究紀要第３号」を刊行した。 ②　その他の成果の普及 基礎的及び専門的な調査研究の成果については報告書等を作成、全国の青少年教育施設・青少年団体、都道府県・指定都市教育委員会、関係の研究者・実践者等に配布し、普及を図った。 また、センター及び関係機関等による重要な調査研究の成果については、全文を電子化した。現在、インターネット上で全文を入手できる資料は１４１件である。
⑤青少年教育情報センターの運営等による情報提供事業の実施状況		国・地方公共団体及び青少年団体等が発行する答申・事業報告書及び調査研究報告書等の「行政資料・団体資料」（約１７，３００冊）、青少年教育や青少年心理、学校教育・社会教育等の青少年教育関係図書（和書約２５，７００冊、洋書約３，０００冊）、青少年教育関係機関等が発行する定期刊行物等（２５０誌、２２，０００冊）を所蔵している。図書その他の資料等は、計画的に収集するとともに、情報センター利用者からの要望を参考にしている。入館者数は、３３，１６５人である。 ①　蔵書の収集状況 青少年及び青少年教育に関する一般図書、地方公共団体等が発行する行政資料・団体資料の購入・収集に努め、平成１４年度は５，２３２冊の増となった。 内訳としては、行政資料・団体資料等１，１５６冊、一般図書１，５０７冊、雑誌等２，５６９冊である。前年度に比して行政資料等の収集に重点化し、一般図書の購入は教育関係（学校教育、社会教育等）を中心とした。 ②　利用者サービスの向上 図書の整理・配架・貸出といった日常業務を委託とすることで、日曜・祝祭日閉館からセンターの休業日を除く日（年間３３３日）を開館とするとともに、閉館時間を１７時から１８時に１時間延長した。 その他、新刊図書や所蔵本の紹介などの情報を掲載した「青少年教育情報センターニュース」を毎月発行、４月に「新刊図書コーナー」、５月に「テーマ別特設コーナー」を設置した。 また、本年度もアンケート調査を平成１４年１１・１２月の入館者に対して実施し、３５０名から回答を得た。調査の主な結果は、次のとおりである。 ア．情報センターに対する総合的な満足度は、「満足」「やや満足」を合わせて９４％であった。 イ．情報センターの周知度は、「センターへ来て知った」が８０％であったが、又利用したいと回答したのは９０％を超えた。

		指標				実績		
		青少年教育情報センターの蔵書の収集状況 ★目標：１００％ 実収集冊数÷計画収集冊数	110%以上	100%以上110%未満	100%未満	104．6% （実収集冊数）÷（計画収集冊数） 5,232冊 ÷ 5,000冊 ＝ 1.046		
		アンケート調査による利用者の満足度 ★目標：８０%以上	90%以上	80%以上90%未満	80%未満	94%		

①　独立行政法人国立女性教育会館に係る業務の実績に関する評価（平成14年度）（全体評価）

評価項目		評価の観点	評価の結果
事業活動			項目毎の総合評価ではほとんどが「Ａ」評定であり、中期目標・中期計画に基づき、年度計画が達成されている結果となっている。
	研修事業の充実	○女性教育関係者の実践的な研修機関としての役割を果たしているか。	研修事業は、国立女性教育会館の中核的事業であり、平成１４年度は9事業が計画され、女性教育指導者、家庭教育指導者、子育てサークルの指導者、女性関連施設の長及び職員、アジア太平洋地域政府機関・NGOの女性情報指導者等を対象に各種事業が行われた。 「女性のエンパワーメント支援」「国際女性情報研修」等については、前年度のアンケート調査を踏まえ、研修内容や方法の改善が図られており、参加者からの評価も高く、女性教育関係者の実践的な研修のナショナルセンターとしての役割を果たしている。 「子育てサークル支援」「男女平等教育セミナー」等は、現代的課題の解決を図る上からも時宜を得たものである。特に「子育てサークル支援」は、年度途中に文部科学省からの委託を受け事業を企画・実施したものであり、対処能力の柔軟性と企画力、実施能力の高さが伺われる。 「子育てサークル支援」「男女共同参画学習推進フォーラム」等は、関係機関等と共催事業とすることによって対象が拡充したことは評価する。 その上で、今後更なる改善の方向として以下の点を検討する必要がある。 ①共催事業の実施にあたっては、地域課題の解決に向けた研修内容の充実を図る上からも企画委員会の役割は重要であり、会館が一層リーダーシップを発揮すること ②アンケート項目に「満足度の理由」「企画の貢献」等を加え、参加者のニーズが的確に把握できるようにすること。また、「研修成果の活用と普及」等についてフォローアップ調査を行い、事業の広がりについて検証すること 今後とも、参加者アンケートやフォローアップ調査を踏まえ、より実践的・効果的な研修プログラムの開発を行い、ナショナルセンターとしての役割を期待する。
	交流事業の充実	○女性関連施設、女性団体・グループ等のネットワーク形成及び交流の拠点としての役割を果たしているか。	交流事業は、平成14年度は3事業が計画され、女性のエンパワーメントに関する多様な研究や実践活動の情報交換を行う女性学等に関するフォーラム、全国の生涯学習を行っている団体・グループの交流のためのフェスティバル、女性情報に関する国際フォーラムが実施され、女性関連施設、女性団体・グループ等のネットワーク形成及び国内外の交流の拠点としての役割をよく果たしている。 また、ナショナルセンターならではの交流事業を定着させ、全国の女性関係団体から大きな期待が寄せられている。これらの事業が全国女性団体等の自立と体質向上を促している点は注目に値する。 なお、各事業実施後のフォローアップ調査を取り入れるなど、前年度に比べ自己評価の方法に改善が見られる。 その上で、今後更なる改善の方向として以下の点を検討する必要がある。 ①交流事業の効果をより高めるため、フォローアップ調査の回収率の向上に一層努力すること ②各事業の評価、受講者の意見や時代の変化等を踏まえ、将来的には事業の重点化等についても検討すること
	調査研究事業の充実	○女性教育及び家庭教育等に関する専門的・実践的な調査研究機関としての役割を果たしているか。	国立女性教育会館は、男女共同参画の視点から女性教育及び家庭教育に関し、専門的かつ実践的な調査研究機関としての役割が期待されている。平成１４年度に行われた各調査研究は、それぞれテーマ、内容が明確であり時宜を得たものといえる。 また、テーマ、内容、時期的な面も含め、民間では実施出来ない分野や実施が難しい分野についても調査研究を行っており、独立行政法人としての役割を果たしている。特に、「女性の生涯学習の調査研究（日韓共同研究）」、「女性の学習関心、行動の国際比較調査（日・米・韓・ノルウェー）」のような国際的な共同研究を行うことは、ナショナルセンターとして重要な役割であり一層充実することを期待する。 ジェンダー統計については、研究成果に基づいた研修プログラムを開発するなど、実践的な調査研究が行われている。 その上で今後更なる改善の方向として以下の点を検討する必要がある。 ①調査研究の結果がより速やかに広く公表されて、多くの場で共有され、活用されるよう、研究成果の普及について一層工夫すること ②複数年継続して実施する調査については、年度内に得られた成果をある程度具体的に示し、当該事業の進捗状況を公表すること

評価項目		評価の観点	評価の結果
	情報事業の充実	○女性及び家庭・家族に関する国内外の情報センターとしての役割を果たしているか。	情報事業は、国立女性教育会館がナショナルセンターとしての役割を果たす上で非常に重要な分野である女性関連施設職員に対するICTスキル確保のためのサポート、施設間のICTによる連携、各種データベース化など着実な進展が見られ、中期計画に沿って各事業が実施されており、国内外の情報センターとしての役割を果たしている。 また、女性が情報過疎の立場に置かれがちなICTの分野において、国内外を対象に積極的にかかわっている点を高く評価する。 さらに、大学等と共同構築している「女性学関連科目に関するデータベース」は、大学等との連携・協力が非常によく行われており（315機関、1,159講座）、国内の関係機関とのネットワーク形成が図られている。 なお、民間等にはない情報を収集・提供してる点では評価するが、数値目標の達成においては、更に努力を要する項目もある。 今後とも、データベースの構築・更新等の充実に努め、女性及び家庭・家族に関する国内外の情報センターの中核的機関としての役割を期待する。
	受入事業の充実	○利用者へのサービスの向上が図られているか。	利用案内書等の充実、利用時間の延長、受付・利用案内の一元化を図るとともに、利用者のニーズに応じた施設改修等を行うなど利用者へのサービス向上が図られている。 国立女性教育会館は、設置以来ボランティアの協力を得て各種事業等を行ってきており、利用者のサービスの充実を図る上でボランティアは重要な役割を果たしているといえる。ボランティア活動の一層の活性化を図るための方法等について検討する必要がある。 なお、13年度の項目別評価が「C」評定であった「利用者に対する情報提供の実施件数」については、前年度比27%増となるなど改善の後が見られる。 今後とも、利用者の利便性を考慮したサービスの質的向上を期待する。
	広報活動の充実	○広報資料の充実が図られているか。 ○広報活動の充実により、新規利用者の利用促進が図られているか。	事業実施成果等の刊行物、WINET情報など広報資料の充実が図られている。また、地域の関係機関との連絡協議会を設置するなど、広報面での連携・協力が図られてきている。 その上で、今後更なる改善の方向として以下の点を検討する必要がある。 ①広報内容そのものは改善されてきているが、もっと多くの人々に国立女性教育会館そのものの存在を知ってもらいサービスを利活用してもらうための努力が必要である。各種事業の評価は高いので、より多くの人々の利用促進を図るための広報活動を充実すること ②iモードホームページについては、情報の更新を適宜行うなど利用者が必要な情報を適切に提供できるようにすること
業務運営			項目毎の総合評価ではほとんどが「A」評定であり、中期目標・中期計画に基づき、年度計画が達成されている結果となっている。
	理事長等の主導性	○法人全体としての目標の達成、任務の遂行に向けて、法人の長等としてのリーダーシップや役割を発揮しているか。	理事長は、中期目標、中期計画の達成に向け、企画・事業分析機能の組織強化、自己点検・評価及び外部有識者による評価体制の導入、施設の有効利用の推進等、財務・運営全般にわたってリーダーシップを発揮し成果を上げている。 理事（一人）は、理事長を補佐し業務全般に精通しており、特に利用促進や財政運営等にリーダーシップを発揮している。 監事は、業務監査（毎年度1回）、会計監査（毎四半期及び年度決算時）を実施しているが、主催事業等に適宜会館を訪れ実施状況を把握するなど公正かつ適正な監査が行われるよう努めている。 役員会（理事長、理事、監事）や運営会議（理事長、理事、各課室長）を定期的に開催するなど、会館の運営方針、取り組むべき課題、重要な連絡調整等について、理事長のリーダーシップが発揮されるとともに、役職員の意思疎通が図られるよう努めている。 今後は、外部有識者による評価体制の充実や運営委員会の活用を図ることにより、独立行政法人としてより生産性が高く、質の高いサービスの提供を目指すことが望まれる。
	効率性	○業務運営の効率化に努力しているか。	関係機関等との共催、プログラムの共同開発、データベースの共同構築、外部委託の推進等、業務運営の見直しにより効率化が図られている。 経費削減率は1．03%と前年度を下回ったが、各種事業の充実、利用者へのサービス向上を図った上で、効率化が進められており評価できる。 今後は、外部委託や施設の有効利用の推進など効率的な業務運営について、更に改善する必要がある。

評価項目		評価の観点	評価の結果
	収益の増加	○外部資金、施設使用料等自己収入の増加に努めているか。	宿泊料金や施設使用料金の改訂等を行い、14年度計画収入額に比べ約16百万円自己収入が増加している。また、受託事業等の外部資金の確保など自己収入の増加に努めている。 施設使用料については、女性教育会館の事業目的等との関係を考慮しながら長期的な計画を立て、利用者の増加を図るなど稼働率を上げることを主眼に進める必要がある。 国立女性教育会館は、質の高い調査研究や情報提供及び各種事業の実施と、その効率的な広報活動により、施設利用料や版権使用料、研究受託などが増加していくことを期待する。
	人事の適正	○計画的な人事交流の推進が図られているか。 ○人材育成が図られているか。	計画的な人事交流が推進され、また人材の育成にも努めており人事の適正化が進められている。 調査研究体制の充実を図るための研究国際室の設置など、中期計画で定めた範囲で国立女性教育会館の事業内容の拡充のための適切な人事配置が行われている。
その他		○前記項目以外の評価委員会による指摘事項のほか、中期計画Ⅲ（予算（人件費の見積もりを含む。）、収支計画及び資金計画）、Ⅳ（短期借入金の限度額）、Ⅴ（重要な財産の処分等に関する計画）、Ⅵ（余剰金の使途）、Ⅶ（その他主務省令で定める業務運営に関する事項）についても、業務運営WGにおける検討結果等を踏まえつつ、適宜記載	客観的な指標（金額、人数の実数値、前年比伸率等）については、前年度に比べ盛り込まれてきているが、更に充実し中期計画の中での今年度の取組の位置付け、達成度合い、経年比較が国民にわかりやすいようにする必要がある。 人事異動、昇任、昇給等については、能力主義の観点から職員の業務実績や勤務成績等に基づき選考を実施している。 財務状況については、国立女性教育会館からヒアリングを行い、財務諸表、決算報告書及び業務監査に関する監事の意見を踏まえ検討したところ、特に指摘事項等は見当たらず健全な経営が行なわれていると評価する。
総評		○女性教育に関するナショナルセンターとしての機能が発揮されているか。 ○各事業が相互に関連して活用されているか。	項目毎の総合評価ではほとんどが「A」評定であり、中期目標・中期計画に基づき、年度計画が着実に達成されている結果となっている。 国立女性教育会館は、昭和52年の発足以来、国連主導による地球規模での女性の地位向上の動きの中で、教育、学習事業を基本に位置づけた機関として活動を広げており、国内外の女性関連施設・機関等との連携を図りつつ、研修・交流・調査研究・情報の4つの機能を軸とした活動を通して、女性教育に関するナショナルセンターとしての機能を発揮してきた。 その実績を踏まえ、平成13年度からは独立行政法人として存在意義を示し、ナショナルセンターとしての機能を発揮しつつあるといえるが、国内外における認知度という点では更に努力を要する。 各種事業及び活動そのものは、時代のニーズに適切に対応しており質的にも高いレベルにあることから、利用者の評価は高いが、サービスを必要としている人への広報の在り方、サービスを受けることが出来なかった人への情報提供の在り方やITの使い方などの改善を図り、「利用される独立行政法人」を目指すことが重要である。 13年度の評価において指摘された事項については、役員会、運営会議等で検討され、その結果を各種事業や運営等に反映されている。 国立女性教育会館においては、研修・交流・調査研究・情報の各事業が、相互に関連して進められるところに特徴がある。13年度に比べ関連性は深まってきているといえるが、更に事業内容を改善することが望まれる。 調査研究は重要であり、高い評価を得ているが、その成果が研修・交流・情報などの事業において一層活用され、ナショナルセンターして一層発展することを期待する。 情報については、利用者の利便性を考慮した見直しが行われているが、情報化の進展等によりホームページ等へのアクセス件数もますます増加することが予想される。研修・調査研究等との関連を深め、最新の情報を提供できるようデータベースの更新・再構築を計画的に行うことが望まれる。 職員の一人一人が、独立行政法人の一員としてコスト意識を持ちながら、個々の業務レベルを向上させていくような仕組みが一層充実し、結果的に国立女性教育会館全体の質が向上していくことを期待する。

中期計画に記載されていない事項であっても、独立行政法人化の趣旨に沿った取り組み等として積極的に評価すべきものについて、必要に応じて、全体評価に含める。

②　独立行政法人国立女性教育会館に係る業務の実績に関する評価（平成14年度）（項目別評価<抜粋>）

<table>
<tr><th rowspan="2">中期計画の各項目</th><th rowspan="2">年度計画の各項目(平成14年度)</th><th rowspan="2">評価指標又は評価項目</th><th colspan="3">評価基準又は評価の観点</th><th rowspan="2">評価指標又は評価項目に係る点検・評価</th><th rowspan="2" colspan="2">評定</th><th rowspan="2">留意事項等</th></tr>
<tr><th>A</th><th>B</th><th>C</th></tr>
<tr><td>◎ 毎事業年度につき1%の業務の効率化を図る。ただし、新規に追加される業務・拡充業務分等はその対象としない</td><td></td><td>経費の削減率
(毎事業年度1%減)</td><td>1.5%以上</td><td>1.0%以上
1.5%未満</td><td>1.0%未満</td><td>1.03%</td><td colspan="2">B</td><td>13年度　1.94%</td></tr>
<tr><td colspan="9">1　関係機関との共催事業の開催</td><td></td></tr>
<tr><td rowspan="3">・女性関連施設・団体と連携・協力して共催事業を毎年度企画・実施する。</td><td></td><td>共催事業の実施件数</td><td>3事業超</td><td>3事業</td><td>3事業未満</td><td>4事業（推進フォーラム、子育てサークル交流支援研究協議会、公開シンポジウム、公開講演会（計画外））</td><td>A</td><td rowspan="3">A</td><td>13年度　2事業計画　2事業実施</td></tr>
<tr><td>・「男女共同参画学習推進フォーラム」
地域の実情と人々の学習要求に応じた生涯学習の推進と広域的な施設間のネットワーク形成の充実を図るため、女性関連施設、生涯学習センター等の生涯学習関連施設と連携して、学習プログラムの共同開発を含め全国4地域においてフォーラム等を実施し、男女共同参画社会の形成の促進を図る。</td><td>効率化状況</td><td colspan="4">○共催事業を企画・実施できたか。
・会館と4地域の共催先を中心に企画委員会を組織し、事業を企画・実施。

開催地域｜共催団体等
秋田県｜(財)秋田県婦人会館
埼玉県｜埼玉県男女共同参画推進センター
富山市｜富山市女性交流センター、富山市市民学習活動センター
滋賀県｜滋賀県立男女共同参画センター

・共催先による自主的な実施運営が図られ、担当者の負担軽減、会議開催の効率化、会場借料等の減免などにより、約145万円の合理化が図られている。

○事業の質的な側面での効率化が図られているか。
・地域毎に企画委員会を設置することにより、それぞれの地域性に即した学習課題やニーズに応じたプログラムづくりが行われている。
・文部科学省の情報提供、国立女性教育会館のパネル展示、会館紹介ビデオの放映等により、男女共同参画学習について国の動向を周知することができている。</td><td>A</td><td>13年度　約243万円</td></tr>
<tr><td>・「子育てサークル交流支援研究協議会」
家庭生活の都市化、核家族化等の影響で、子育てに対する不安や負担を感じる親が増えている。身近な相談をする場として全国各地で広がりをみせている「子育てサークル」の交流を支援するため、各地方教育委員会、生涯学習関連施設及び民間団体と共催で情報交換及び意見交換を内容とした研究協議会を3回（うち1回は会館）実施する。</td><td>効率化状況</td><td colspan="4">○共催事業を企画・実施できたか。
・共催先である女性関連施設や子育て支援ボランティア団体を中心に実行委員会を組織し、事業を企画・実施

開催地域｜共催団体等
埼玉県｜（国立女性教育会館）
神奈川県｜(財)横浜女性協会
大阪府｜こころの子育てインターねっと関西

○経費の合理化が図られているか。
・担当者の負担軽減、会場借料の免除、広報費削減等により、約285万円の合理化が図られている。
○事業の質的な側面での効率化が図られているか。
・実施にあたり、共催団体・機関と地域の子育てサークル・ネットワークの関係者、行政担当者等が実行委員会を組織し、事業の企画を行うことにより、開催地域における広域的な子育てサークル関係者のネットワーク形成の機会となっている。
・事業の質の向上及び有機的連携を図るためには、会館が企画の段階から積極的に参画する必要がある。</td><td>A</td><td>新規事業</td></tr>
</table>

I　業務運営の効率化に関する目標を達成するためとるべき措置

中期計画の各項目	年度計画の各項目(平成14年度)	評価指標又は評価項目	評価基準又は評価の観点 A	B	C	評価指標又は評価項目に係る点検・評価	評定		留意事項等
	・「ヌエック公開シンポジウム」 会館の女性教育・家庭教育に関する調査研究で得られた最新の成果を発表し、男女共同参画に向けた調査研究の充実を図るため大阪府男女協働社会づくり財団と共催でシンポジウムを開催する。	効率化状況	○共催事業を企画・実施できたか ・財団法人大阪府男女協働社会づくり財団との共催により実施 ○経費の合理化が図られているか ・担当者の負担軽減、会議借料の免除、広報費削減等により、約16万円の合理化が図られている。 ○事業の質的な側面での効率化が図られているか ・他機関と連携することにより、企画・準備・運営上の効率化が図られている。 ・シソーラスという専門的なテーマを取り上げたが、情報関係者だけではなく、研究者、行政担当者など幅広い参加者を得ることができ、シソーラスの普及を図るとともにWinetCASSの活用につながるものとなっている。				A	A	13年度　約13万円
	・「公開講演会」 男女共同参画社会の形成に向けて、女性・男性、家庭・家族等に関する今日的課題について解決の手がかりを得る。 主題:「今、生命を考える」		○共催事業を企画・実施できたか ・国連人口基金東京事務所との共催により実施 ○経費の合理化が図られているか ・国連人口基金東京事務所との共催により、講師旅費及び謝金の負担分が節減され、約113万円の効率化が図られている。 ○事業の質的な側面での効率化が図られているか ・国連人口基金東京事務所と共催することにより、国際的にも著名な専門家(2名)を招聘することができるなど、プログラムの充実が図られている。				A		年度計画外
2　男女共同参画社会の形成の促進に資する学習プログラムの共同開発									
・女性関連施設・団体と連携・協力して学習プログラムの共同開発を行う。	・「男女共同参画学習推進フォーラム」 地域の実情と人々の学習要求に応じた生涯学習の推進と広域的な施設間のネットワーク形成の充実を図るため、女性関連施設、生涯学習センター等の生涯学習関連施設と連携して、学習プログラムの共同開発を含め全国4地域においてフォーラム等を実施し、男女共同参画社会の形成の促進を図る。	学習プログラム共同開発の進捗状況。	○学習プログラムの共同開発に向け、適切に業務が進められているか。 ・会館と4地域(秋田県、埼玉県、富山市、滋賀県)の関係者による企画委員会を設置することにより、地域性を考慮した学習課題やニーズの解決に向け、地域性を重視した学習プログラム開発が進められている。				A	A	
		効率化状況	○経費の合理化が図られているか。 ・企画委員会において、効率的な学習プログラム開発が行われ、約79万円(145万円に対する内数)の合理化が図られている。 ○業務の質的な側面での効率化が図られているか。 ・実施に当たっては、各共催機関とも県の教育委員会をはじめ、幅広く生涯学習関係団体等と連絡を取りながら事業が進めている。 共催機関の評価としては、 ・行政からの呼びかけにより県内外のネットワークが形成されていること ・企画段階から県内の市町村の関係施設等との連携が図られたことにより、共催機関を核としたネットワークが構築されたこと ・首長部局の男女共同参画関係課と教育委員会の連携を図ったことにより、多くの参加者が得られたこと ・共催機関と地域や個人とのネットワークを再構築することができたこと 等があげられている。				A		
3　生涯学習関連機関等との女性、家庭・家族に関するデータベースの共同構築									
(1)　女性関連施設と連携・協力して5年間で200件の女性関連施設に関するデータベースの共同構築を行う。	・WinetCASSの整備充実を目指し、女性関連施設に関するデータベースの共同構築を20件実施する。	データベース共同構築件数(14年度)	21件超	19～21件	19件未満	133件	A	A	13年度　25件
		効率化状況	○経費の合理化が図られているか。 ・Web上でのデータ更新機能を活用することにより、会館の作業負担(アルバイト1日:5,400円)が減少し、さらに入力経費(133施設×@1,000円＝133千円)の合理化が図られている。 ○業務の質的な側面での効率化が図られているか。 ・各女性関連施設(共同構築相手先133施設)と連携・協力し、Web上でデータ入力・更新を行うことにより、速報性、正確性等の品質向上が図られている。				A		13年度　25千円

I　業務運営の効率化に関する目標を達成するためとるべき措置

中期計画の各項目	年度計画の各項目(平成14年度)	評価指標又は評価項目	評価基準又は評価の観点 A	B	C	評価指標又は評価項目に係る点検・評価	評定		留意事項等
(2)　高等教育機関と連携・協力して5年間で100件の女性学関連科目に関するﾃﾞｰﾀﾍﾞｰｽの共同構築を行う。	・Wine:CASSの整備充実を目指し、高等教育機関における女性学関連科目ﾃﾞｰﾀﾍﾞｰｽの共同構築を10件実施する。	データベース共同構築件数(14年度)	11件超	9～11件	9件未満	315件	A	A	13年度　8件
		効率化状況	○経費の合理化が図られているか。 ・Web上でのデータ更新機能を活用することにより、会館の作業負担（アルバイト1日：5,400円）が減少し、さらに入力経費（1,159科目×＠500円＝580千円）の合理化が図られている。 ○業務の質的な側面での効率化が図られているか。 ・各大学（共同構築相手先315機関、入力更新科目数1,159科目）と連携・協力し、Web上でデータ入力・更新を行うことにより、速報性、正確性等の品質向上が図られている。				A		13年度　58千円
4　外部委託の推進									
(1)　利用受付・案内業務 利用の受付案内業務の外部委託化について検討を行い、平成14年度から試行し、平成15年度から実施する。	・利用受付・案内業務の外部委託を一部実施する。	外部委託の推進状況	○経費の合理化が図られているか。 ・受付・案内業務の一部を試行的に外部委託したことにより、非常勤職員１名(3,035千円)及びアルバイト2名(2,440千円)分として5,475千円の合理化が図られている。 ○業務の質的な側面での効率化が図られているか。 ・最初の申込みから当日の利用まで一貫した対応が可能となり、利用者サービスの向上が図られている。				A		
(2)　施設使用料収納業務 施設使用料の収納業務の外部委託化について検討を行い、平成16年度から試行し、平成17年度から実施する。	・施設使用料収納業務の外部委託を一部実施する。	外部委託の推進状況	○経費の合理化が図られているか。 ・平成13年度に引き続き、休日について試行されている。また、平成14年度については宿泊棟施設使用料以外に研修施設使用料についても徴収を行ったことにより、約75時間、約109千円（平成14年：908件の収納を1件当たり5分で処理人件費時間単価@1,441円(3-9相当）と試算）の人的資源を他の業務に注ぐことができ、合理化が図られている。 ○業務の質的な側面での効率化が図られているか。 ・窓口で一貫して行っているため、処理が円滑に行われるようになっている。				A		13年度　約40千円
5　事務、事業、組織、施設管理等の見直しによる業務運営の効率化									
(1)　企画・事業運営分析機能の組織強化 内部組織の見直しにより、企画・事業運営分析機能の強化を図る。	・内部組織の見直し（定員の振替等）により、企画・事業分析機能の充実を図る。	企画・事業運営分析機能の組織強化の推進状況	○企画・事業運営分析機能の組織強化が図られているか。 ・評価、事業運営機能を充実するため、庶務課(庶務係、会計係、専門職員)を廃止し総務課(総務係、企画係、会計係、専門職員)を設置(H14.4.1) ・研究機能を充実するため事業課研究員を1名増員(H14.7.1) ・研究機能の充実及び国際化に対応するため、研究国際室（研究員3名及び国際企画係)を設置し情報交流課から情報課へ改組。これに伴い、事業課研究員、国際交流係を廃止(H14.11.1) ○業務運営の効率化が図られているか。 ・上記組織を強化することにより、国際化の推進や業務運営の効率化が図られている。				A		
(2)　自己点検・評価及び外部有識者による評価体制の導入 業務運営に関して自己点検・評価及び外部評価を実施し、評価結果を反映した組織・業務運営を行う。	・自己点検・評価を実施する。 ・運営委員会において、外部評価の取り組みための会議を開催する。	自己点検・評価及び外部有識者による評価体制の導入状況	○自己点検・評価及び外部評価の組織体制が整備されているか。 ・自己点検・評価委員会を設置し、平成14年度の自己点検・評価が実施されている。 ・外部評価の実施に向け、運営委員会（2回）及び外部評価に関するワーキンググループ(5回)が開催され、外部評価にかかる実施方針がとりまとめられている。 ○業務運営の効率化が図られているか。 ・自己点検・評価委員会等の評価等を踏まえ、常に効率化を念頭に置いて業務の遂行に当たっている。				A		

Ⅰ　業務運営の効率化に関する目標を達成するためとるべき措置

<table>
<tr><th rowspan="2">中期計画の各項目</th><th rowspan="2">年度計画の各項目(平成14年度)</th><th rowspan="2">評価指標又は評価項目</th><th colspan="3">評価基準又は評価の観点</th><th rowspan="2">評価指標又は評価項目に係る点検・評価</th><th rowspan="2">評定</th><th rowspan="2">留意事項等</th></tr>
<tr><th>A</th><th>B</th><th>C</th></tr>
<tr><td rowspan="2">(3)　施設の有効利用の推進
施設の利用状況を調査し、有効利用のための計画を策定する。</td><td>施設の利用状況を調査するとともに、施設の有効利用のための計画を策定し、有効利用を推進する。</td><td>施設の有効利用計画の達成状況</td><td colspan="4">○施設の有効利用計画が策定されているか。
・平成13年度に実施したアンケート等を基に、宿泊施設、研修施設について快適な生活環境・研修環境が提供できるよう、施設整備の改善を計画している。
○施設の有効利用が推進されているか。
・施設設備の改善を図った箇所については、利用者から寄せられていた苦情が解消されている。
・延べ利用者数の推移　（人）<table><tr><td>年度</td><td>11</td><td>12</td><td>13</td><td>14</td></tr><tr><td>延べ数</td><td>102,492</td><td>95,918</td><td>94,210</td><td>108,498</td></tr><tr><td>対前年比</td><td>+9,107</td><td>-6,574</td><td>-1,708</td><td>+14,288</td></tr></table>・宿泊室利用率の推移　（%）<table><tr><td>年度</td><td>11</td><td>12</td><td>13</td><td>14</td></tr><tr><td>宿泊室利用率</td><td>35.5</td><td>38.2</td><td>41.5</td><td>34.3</td></tr></table></td><td>A</td><td></td></tr>
<tr><td>ITの活用による事務の効率化の推進
・年２回発行していたWINET情報を電子媒体により随時発信する。

・施設使用料改定に伴う使用料算定を効率的に行うために施設使用料徴収システム</td><td>事務の効率化の達成状況</td><td colspan="4">○経費の合理化が図られているか
・WINET情報をWeb上で発信することにより、印刷費用が不要となり、印刷製本経費128万円の縮減が図られている。
○事業の質的な側面での効率化が図られているか。
・Web上で随時更新することにより、年2回の冊子体の発行に比べてより迅速な情報提供が行われている。
○事務の効率化が推進されているか。
・施設使用料徴収システムの導入により、使用料算定等の事務が効率化されている。</td><td>A</td><td>新規事項</td></tr>
</table>

参考：ＵＲＬアドレス一覧

［第７章］

文部科学省の政策評価	http://www.mext.go.jp/a_menu/hyouka/main_a11.htm
文部科学省の実績評価	http://www.mext.go.jp/a_menu/hyouka/020602.htm
文部科学省の政策目標	http://www.mext.go.jp/a_menu/hyouka/020601.htm
地域子ども教室推進事業	http://www.mext.go.jp/a_menu/hyouka/kekka/03082902/004.pdf
文部科学省実績評価書	http://www.mext.go.jp/a_menu/hyouka/kekka/03073102/004.pdf
文部科学省総合評価書	http://www.mext.go.jp/a_menu/hyouka/kekka/030305.pdf
平成15年度地方公共団体における行政評価の取組状況(総務省)	http://www.soumu.go.jp/click/jyokyo_2003.html
秋田県の政策・事業評価	http://www.pref.akita.jp/tyosei/sys/hyouka/system3.htm
秋田県の政策・事業評価(知事部局及び教育庁が行った政策等の評価の結果)	http://www.pref.akita.jp/tyosei/sys/hyouka/h14/gaiyou.htm#seisaku
秋田県生涯学習課が所管する事業の事業評価	http://www.pref.akita.jp/tyosei/sys/hyouka/h14/tyuukan/kyouiku.htm
新生わかやまベンチマーク～数字で示す政策目標	http://www.pref.wakayama.lg.jp/prefg/000800/h14bmhp/h14mokuji.htm
北海道釧路市の事務事業評価	http://www.city.kushiro.hokkaido.jp/kikaku/gyouseihyouka/h135-02.pdf
青森県三沢市の事務事業評価	http://www.net.pref.aomori.jp/misawa/admin/estimat/estimat/179.pdf

［第８章］

宮城県の政策評価・施策評価	http://www.pref.miyagi.jp/hyoka/15seisakuhyoka/23.xls
三重県の政策評価・事務事業評価	http://www.pref.mie.jp/pdf/jh/jh02k/job20010000000121.htm
滋賀県の『しがベンチマーク』	http://www.pref.shiga.jp/gyokaku/mar2003
大阪府の施策評価	http://www.pref.osaka.jp/G214070/B2.asp?Nendo=2004&TaikeiCode=010206&Scrflg=C3
兵庫県芦屋市の市民サービス・施設運営評価	http://www.city.ashiya.hyogo.jp/pm/s15/h1510sheet.pdf
大分県臼杵市の政策評価	http://kensyou.usuki.oita.jp/webapp/usuki/
千葉県市川市中央公民館	http://www.city.ichikawa.chiba.jp/net/kikaku/gyokak/hyoukahyou13/29komin.pdf
東京都調布市東部公民館	http://www.city.chofu.tokyo.jp/contents/7d339df10ef/other/7d339df10ef255.pdf
東京都調布市図書館	http://www.city.chofu.tokyo.jp/contents/7d339df10ef/other/7d339df10ef262.pdf
大阪府立中央図書館	http://www.pref.osaka.jp/gyokaku/hyoka/H13_hyouka/oyake/kaikakupro/kp22.pdf
北九州市中央図書館曽根分館	http://www.city.kitakyushu.jp/~k0501050/ad.evaluation/assessment/h14/pdf/098_0.pdf
東京都調布市郷土博物館	http://www.city.chofu.tokyo.jp/contents/7d339df10ef/other/7d339df10ef265.pdf
三重県立博物館	http://www.museum.pref.mie.jp/miehaku/h14nenpou.pdf
大阪府立近つ飛鳥博物館	http://www.pref.osaka.jp/gyokaku/hyoka/H13_hyouka/oyake/kaikakupro/kp30.pdf
独立行政法人国立科学博物館	http://www.mext.go.jp/a_menu/hyouka/d_kekka/03082902/005.pdf
独立行政法人国立少年自然の家	http://www.mext.go.jp/a_menu/hyouka/d_kekka/03082902/008.pdf
独立行政法人国立青年の家	http://www.mext.go.jp/a_menu/hyouka/d_kekka/03082902/007.pdf
独立行政法人国立オリンピック記念青少年総合センター	http://www.mext.go.jp/a_menu/hyouka/d_kekka/03082902/006.pdf
独立行政法人国立女性教育会館	http://www.mext.go.jp/a_menu/hyouka/d_kekka/03082902/004.pdf

［事項索引］

1．索引は五十音順に配列した。外国語の略語は、ローマ字読みを原則とし、慣用に従って読み下したものもある。
2．索引ページの太字は、「用語解説」の掲載ページである。

□監修者紹介

井内慶次郎（いないけいじろう）
㈶日本視聴覚教育協会会長、元文部事務次官
東京帝国大学法学部卒業。文部省社会教育局に入省後、千葉県社会教育課長、文部省視聴覚教育課長、会計課長、官房長、文部事務次官。退官後、国立教育会館館長、東京国立博物館館長、文部省生涯学習審議会社会教育分科審議会会長を歴任。
主な著書　『改訂社会教育法解説』(共著、全日本社会教育連合会、平成13年)、『明治文教の曙』(雄松堂出版、平成16年）など。

□編者紹介

山本恒夫（やまもとつねお）
現職／八洲学園大学教授、筑波大学名誉教授、教育学博士
専門領域／生涯学習学、関係論
略歴／東京教育大学大学院博士課程（教）修了後、筑波大学、大学評価・学位授与機構教授を経て現職。日本生涯教育学会会長、同常任顧問、文部省生涯学習審議会委員(同審議会社会教育分科審議会会長)などを歴任、現在文部科学省中央教育審議会委員（生涯学習分科会長)、高等教育情報化推進協議会委員など。
主な著書／『生涯学習概論』(編著、東京書籍、平成10年)、『改訂社会教育法解説』(共著、全日本社会教育連合会、平成13年)、『「総合的な学習の時間」のための学社連携・融合ハンドブック』(共編著、文憲堂、平成13年)、『21世紀生涯学習への招待』(協同出版、平成13年）など。

浅井経子（あさいきょうこ）
現職／八洲学園大学教授
専門領域／生涯学習学、社会教育学
略歴／筑波大学大学院博士課程(教)修了後、淑徳短期大学教授を経て現職。日本生涯教育学会理事、評議員、文部省生涯学習審議会専門委員等を歴任。現在、文部科学省中央教育審議会生涯学習分科会臨時委員、高等教育情報化推進協議会推進委員会委員など。
主な著書／『生涯学習の設計』(共著、実務教育出版、平成７年)、『改訂社会教育法解説』(共著、全日本社会教育連合会、平成13年)、『「総合的な学習の時間」のための学社連携・融合ハンドブック』(共編著、文憲堂、平成13年)、『生涯学習概論』(編著、理想社、平成14年）など。

椎　廣行（しいひろゆき）
現職／国立教育政策研究所社会教育実践研究センター長
略歴／国立オリンピック記念青少年総合センター主幹、独立行政法人国立科学博物館教育部長を経て現職。
主な著書／『学校と地域の教育力を結ぶ』(分担執筆、(財)全日本社会教育連合会、平成13年)、『変化する時代の社会教育』(分担執筆、(財)全日本社会教育連合会、平成16年）など。

□執筆分担一覧

山本　恒夫　　八洲学園大学教授、筑波大学名誉教授
（分担）　　［第１章、第６章］

浅井　経子　　八洲学園大学教授
（分担）　　［第２章－１］

椎　　廣行　　国立教育政策研究所社会教育実践研究センター長
（分担）　　［第３章、第７章、第８章］

原　　義彦　　秋田大学教育文化学部助教授
（分担）　　［第２章－２］

蛭田　道春　　大正大学文学部教授
（分担）　　［第４章］

佐々木　亨　　北海道大学大学院文学研究科助教授
（分担）　　［第５章］

村田　智己　　国立教育政策研究所社会教育実践研究センター社会教育調査官
（分担）　　［Q＆A］

井浦　政義　　国立教育政策研究所社会教育実践研究センター専門調査員
（分担）　　［Q＆A］

加藤　美幸　　国立教育政策研究所社会教育実践研究センター専門調査員
（分担）　　［Q＆A］

井上　昌幸　　国立教育政策研究所社会教育実践研究センター専門調査員
（分担）　　［Q＆A］

北島　泰雄　　国立教育政策研究所社会教育実践研究センター専門調査員
（分担）　　［Q＆A］

伊原　浩昭　　国立教育政策研究所社会教育実践研究センター専門調査員（前）
（分担）　　［Q＆A］

生涯学習［自己点検・評価］ハンドブック
——行政機関・施設における評価技法の開発と展開——

2004年7月22日　初版第1刷発行

監 修 者　井内慶次郎
編　　者　山本恒夫・浅井経子・椎　廣行
発 行 者　小林恒也
発 行 所　株式会社　文　憲　堂
〒163-8671 東京都新宿区大京町4番地
☎03-3358-6370　FAX03-3355-0186
振替　00140-1-123289
製　　版　株式会社 タイプアンドたいぽ
印刷製本　株式会社 フクイン

ISBN4-938355-18-3 C3037